语言学论丛

THE QUOTATIVE SYSTEM IN MODERN JAPANESE

现代日语引用体系研究

李翠翠 /著

北京大学出版社
PEKING UNIVERSITY PRESS

图书在版编目（CIP）数据

现代日语引用体系研究 / 李翠翠著. —北京： 北京大学出版社，2024.3
ISBN 978-7-301-34445-3

Ⅰ. ①现…　Ⅱ. ①李…　Ⅲ. ①日语 – 研究　Ⅳ. ① H36

中国国家版本馆 CIP 数据核字（2023）第 174721 号

书　　名　现代日语引用体系研究
XIANDAI RIYU YINYONG TIXI YANJIU
著作责任者　李翠翠　著
责 任 编 辑　兰　婷
标 准 书 号　ISBN 978-7-301-34445-3
出 版 发 行　北京大学出版社
地　　址　北京市海淀区成府路 205 号　100871
网　　址　http：//www.pup.cn　新浪微博：@ 北京大学出版社
电 子 邮 箱　编辑部 pupwaiwen@pup.cn　总编室 zpup@pup.cn
电　　话　邮购部 010-62752015　发行部 010-62750672
编辑部 010-62759634
印 刷 者　北京虎彩文化传播有限公司
经 销 者　新华书店
720 毫米 ×1020 毫米　16 开本　18.75 印张　360 千字
2024 年 3 月第 1 版　2024 年 3 月第 1 次印刷
定　　价　68.00 元

序

李翠翠的博士学位论文《现代日语引用体系研究》即将付梓，可喜可贺。她让我为之做序，作为往日的导师为自己指导过的学生的学术专著撰写序言，在国内似乎已成为惯例，我感到义不容辞，遂有如下文字。

《现代日语引用体系研究》最大的特点是第一次建构了日语引用句的体系，并进行了系统的实证性的研究。虽然关于日语引用句的研究可以上溯到日语语法大家山田孝雄（1873—1958），其后也不乏专门的论述，但在前人研究的基础上系统地把日语引用句讲得既全面又比较透彻，可以说在本书之前是没有的。

本书将日语引用句的构成要素分为三个部分：①引语；②引用词；③引用动词。其中“引语”（即所引用的内容）再分为“直接引语”和“间接引语”，二者在表现形式上有所不同。总之，“引语”是引用句的核心，是不可或缺的要素，如果没有引语，引用句就不能成立，正所谓“皮之不存，毛将焉附”。三要素的重要程度可以归纳为：引语>引用词>引用动词。

关于“引用词”，在此需要交代几句。所谓“引用词”，就是表示引语的一个语法标记，因为日语在语序上属于“SOV”型的语言，这决定了引用词一定要出现在引语的后面。众所周知，日语是有标记的语言，词语之间的语法关系大多通过特定的语法标记来表示。但是，对于语法标记的定位历来存在很大的分歧，同样一个语法标记，有的学者认为是词（功能词、虚词），有的学者则认为不是词，而是语素（大多为后缀），即便承认语法标记是功能词的学者，其使用的术语也未必相同。仅就本书所认定的“引用词”而言，最具代表性的是「と」，以日本学校语法（教学语法）为代表的传统语法将其视为“格助词”[①]，后来的一些学者认为它不能认定为“格”，这样一来格助词之说也就站不住脚了。本书中也提到，因为“格（case）”（指语法格）是表示词（主要是名词）与（其他）词之间的语法关系的词法（形态学）范畴，但是「と」在引用句中所标记的（引语）往往不是词（名词）而是句子，所以就无法将其视为格标记了。主张日语中存在“助词”的语法学家大多将标记引语的「と」称作“引用助词”，这也不无道理；但也有的学者（如小岛刚一等）称之为“引用词”[②]，因为笔者不承认日语中存在助词，所以也支持后者的观点[③]。

在引用词当中，「と」与「って」形成了语体上的对立，前者可以用于书面语，也可以用于口语，而后者则只能用于口语。这种对立也反映出日语的书面语与口语存在较大的差异，而重视语体的差异，对于日语研究和日语教学都是非常重要的[④]。另一方面，「と」与「との」形成了连用格与连体格的对立。“连用”与“连体”的对立，不仅反映在词法的层面上，例如日语的格标记（格后缀）形成了连用格与连体格的系统上的对立[⑤]，而且这种对立同样反映在引用词上。在句法层面上，连体修饰语（定语）与连用修饰语同样形成了明显的对立，但它们都位于中心语的前面，这也是日语在语言类型学上的语序特点使然。可以说，“连用”与“连体”这组对立的概念是连接日语词法与句法的一个桥梁[⑥]。

引用动词位于引语和引用词之后，而且引用动词常常省略，具体而言，“引语+引用词”的后面可以出现与“引用”没有直接关系的其他的动词，在这

① 参见沖森卓也『日本語文法百科』（朝倉書店，2021）第 14 章第 2 节「格助詞：『が・の・を・に・へ・と・や（やら）・から・より・で』など」（野村贵郎执笔）。

② 参见小島剛一『再構築した日本語文法』，ひつじ書房，2012。

③ 参见彭广陆《从语言类型学看日语“格助词”的特点》，《华西语文学刊》第一辑，四川文艺出版社，2009；彭广陆《论日语的系词》，《日语学习与研究》2013 年第 4 期。

④ 参见彭广陆《从日语教科书看文体与语体的教学》，《日语教育与日本学》第 1 辑，华东理工大学出版社，2011。

⑤ 参见鈴木重幸『日本語文法・形態論』，むぎ書房，1972；彭広陸「日本語の格について」，《日本学研究 7》，世界知识出版社，1998；（日）高桥太郎等《日语语法概论》，王忻等译，华东理工大学出版社，2023。

⑥ 详见彭広陸「『連体』と『連用』について—日本語教育における新しい文法体系の構築のために—」，『ことばの科学 11』，むぎ書房，2006。

种情况下其句法功能相当于连用修饰语（状语）。不仅如此，“引语+引用词”甚至可以直接结句。这不能不说是日语的一个特点。详见本书的有关论述。

本书不仅对引语、引用词、引用动词分别进行了较为详尽的描写，还对三者的关系进行了专门论述。此外，第8章还就汉语对日语引用句的影响进行了探讨，难能可贵，当然，对此还需进一步、全面地进行论证。

本书的独创性和闪光点显而易见，然而，关于日语引用句的探索不应该以本书的出版而终止，还有许多相关的问题亟待解决，比如日语与汉语的引用句的对比研究就是一个重要的研究课题。

就笔者的切实感受而言，通过博士学位论文的写作，李翠翠的问题意识和研究能力有了明显的增强和提高，她是一位勤奋努力、在学术上有所追求的年轻学者，希望她在今后的学术道路上奋勇直前，也相信她在日语语法研究中还会有新的作为。

如果想了解日语的引用句，那么这部专著就不得不读，特此推荐。

是为序。

彭广陆

2024年元月于京都

目　录

第1章　绪　论

第2章　引用研究文献综述

第4章 引用词

第5章 引用动词

第7章 汉语对日语引用句的影响

第8章 汉语对日语引用句的影响

第9章 结 论

第1章　绪　论

1.1　研究对象

本书是以现代日语的“引用”表达为研究对象的。本书所使用的“引用”这个术语实际上包含两层含义：其一指称这样一种言语行为——以特定的语言形式直接或间接地引述原话语；其二指称这样一个体系，它包括与“引用”行为有关的原话语、引语、引用词、引用动词、引用句等概念，换言之，引用是一个上位概念。本书中在使用“引用”时，上述两层含义都会涉及。

“引用”这一言语行为必然产生一定的有形的结果，而这一结果通常编码为句子的形式，这就是“引用句”，它又多以陈述句的形式表现出来。

对于作为引用产物的“引用句”而言，“引语”是其核心内容，所谓“引语”就是引用句所引述的内容，也可以说是原话语的再现形式，从这个意义说，原话语是引语的本源，没有原话语，也就无所谓引语，引用句就更无从谈起。但是，原话语在语境中未必出现，语境中是否出现原话语，这成为区分引语类型的重要依据。从语言单位来看，引语可以是词，还可以是短语，但最为常见的是以句子或句组的形式出现。当然不能否认有时所引述的原话语是段落，甚至是整篇文章，这种情况称之为“引文”更为恰当，另当别论。

作为虚词的“引用词”则是引语的形式标记，其功能是明示引语的所在。可以说，“引语”和“引用词”是日语引用句必不可少的两个要素，这是日语引用句的一个特点。

引用句还有一个构成要素，就是“引用动词”，它是将引用这一行为具体化的实词，但对于引用句而言，引用动词并非不可或缺的要素，有时它也可以隐含（省略），尤其在对话体中，引用动词隐含的现象非常普遍。

从有无引用动词的角度看，引用句可以分为两大类，一类是以引用动词结句的引用句，即引用动词出现在主句谓语位置上；另一类则是句中隐含了引用动词的引用句，这又分为两种情况：一种是以“引语＋引用词”的形式结句的；另一种是“引语＋引用词”的后面出现不表示引用的动词，并以其结句。

本书是以“引用”体系为研究对象的，在本书中，我们将重点地对构成引用体系的要素——引语、引用词、引用动词、引用句进行全方位的描写研究。由于引用在不同的文体中的表现形式差异很大，所以在研究时必须对文体加以区别，本书主要考察引用在日语影视作品这种对话体中的表现形式和用法。

1.2 研究目的与意义

关于日语引用的研究，在我国可以说还相当薄弱，有关的研究论文寥寥无几，遑论系统的论述和研究专著。在日本，二百多年以前就有学者对于引用有过论述，相关的研究成果可谓不少，但研究成果以专著的形式出版都集中在进入21世纪以后。而且，这些专著虽然也都各具体系，但均未对本书所说的引用词进行过系统的论述，也未能给予它合理的语法定位，更未将其视为引用句不可缺少的要素。

本书的研究目的在于，以日本学者的先行研究为出发点，以明晰的形式尝试建构现代日语“引用”体系。具体而言，首先明确引用体系的前提是要有原话语的存在，继而对于构成引用体系的主要要素——引语、引用词、引用动词、引用句等重要的概念给出明确的定义和合理的定位，并基于其各自的基本特征进行下位分类，在此基础上对具体的用法进行细致的描写和分析，最后阐明引用体系诸要素之间的相互关系。

本书对日本学者的有关理论和观点有所修正和补充，首次清晰地构建了现代日语的引用体系，不仅对日语语法理论的研究有所贡献，而且对我国的日语语法教学也不乏借鉴意义和实用价值。

1.3 研究方法与使用的语料

研究方法的重要性是不言而喻的，可以说研究方法直接决定着研究成果的质量和研究的走向。本书首先坚持从语言事实出发，运用实证的方法，对于与日语引用有关的主要语言形式（引语、引用词、引用动词、引用句）进行多角度全方位的描写研究，从定义出发，从形式入手，对其基本特征进行描写，对其基本用法进行细致的考察和归纳。

前文提到，日语的引用在不同文体中的表现形式有很大的差异，所以在确定研究对象时就必须对文体进行选择，因为客观条件的限制，本书不可能对所有文体中的引用的表现形式都进行考察，只能有所侧重。本书选择对话体中的引用表现形式为考察对象，对基本特征和用法以及特殊性进行论述。

本书具体的考察对象是对话体中与引用有关的实例，所用实例绝大多数来自日本的电视剧，这些电视剧在日本首次播出的时间是2012—2021年间，本书作者从中找出与引用有关的实例17000个左右。可以说这些实例大体上反映了现代语对话体中的引用形式的使用现状。

这里需要指出，本书使用的语料主要源自日本电视剧中对话的实例，但本书的目的是建构现代日语的引用体系。由于源自日本电视剧的语料有一定的局限性，难以从中找到所有的引用词、引用动词的实例。而且有的引用词、引用动词本身较少出现在对话中，所以本书在论证过程中不得已使用了日本国立国语研究所研制的语料库「現代日本語書き言葉均衡コーパス（BCCWJ）」的例句。源自该语料库的例句，均标记为“（BCCWJ）”。笔者把日剧中的语音形式转换成文字形式，在这个过程中，难免有一定的主观性。

1.4 基本观点

本书的研究对象是日语的引用体系，主要包括引语、引用词、引用动词、引用句以及它们之间的共现关系。在进入具体的考察之前，有必要用与引用体系有关的基本概念陈述本书的观点。

1.4.1 关于引用

关于“引用”，《现代汉语词典（第7版）》（商务印书馆，2016年。以下简称《现汉》）中是这样定义的：“用别人说过的话（包括书面材料）或做过的事作为根据”。《大辞林》（三省堂，1988年）的定义如下：

いんよう【引用】（名）スル
① 古人の言や他人の文章、また他人の説や事例などを自分の文章の中に引いて説明に用いること。「古典の例を一する」
② ポスト-モダンの芸術や建築で作品の中に過去の様式や他人の作品を部分的に組み入れる手法。

本书所用的“引用”表示这样一种引述行为：引用是把不同于当前时空点进行的言说内容、思考内容或书写内容嵌入到当前情景之中。换言之，引用表示引用者把听到、想到或看到的话语，以引语的形式，嵌入引用句中，并传达给听话者或读者。

引用发生的过程如图1.1：

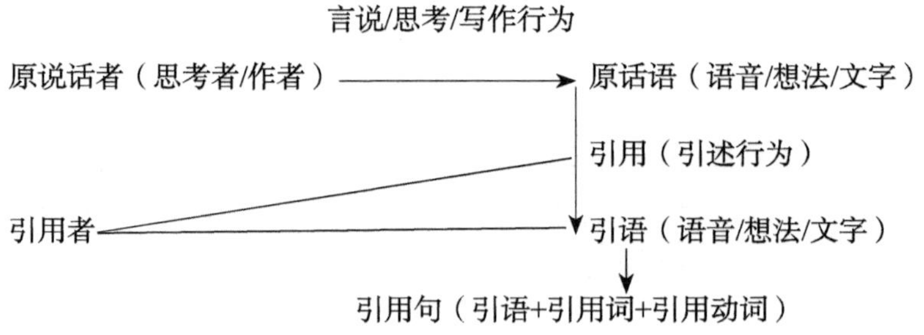

图1.1　引用发生的过程

具体地说，原说话者、思考者或作者所进行的言说行为、思考行为或写作行为导致原话语的产生，原话语又通过引用者的引述行为（引用）而转换成引语。引语通常又是以引用句的形式出现在语篇中，引语由引用词进行标识，引用词后面多出现引用动词。换句话说，引用句一般由引语、引用词、引用动词构成。

1.4.2 关于引语

《现汉》中对“引语”的解释是“引文”。而“引文”词条的释义是：“引自其他书籍、文章或文件等的语句：～索引。也叫引语。”

“引语”是引用者对原话语引述的产物，它构成引用句的核心。从与原话语一致性的角度，可以将引语分为“直接引语”和“间接引语”。直接引语与原话语的一致性高于间接引语，前者又分为“显性直接引语”和“隐性直接引语”。语篇中出现了原话语，并与原话语内容一致的直接引语叫作“显性直接引语”。它又根据与原话语是完全一致还是部分一致而细分为“显性完全直接引语”和“显性部分直接引语”；语境中未出现原话语，但通过特定的标记，可以判断为与原话语的视角一致的引语为“隐性直接引语”。“间接引语”也分为两小类，一类是“显性间接引语”，它指的是语篇中出现原话语，但与原话语内容不一致的引语；另一类是“隐性间接引语”，它指的是语篇中未出现原话语，但通过特定的标记可以判断为与原话语的视角不一致的引语。另外还有一类，在语篇中既没有出现原话语，又没有特定的标记来判断其视角与原话语是否一致，这类引语我们称之为“直接/间接引语”，即这类引语有可能是直接引语，也有可能是间接引语，二者必居其一。如图1.2所示：

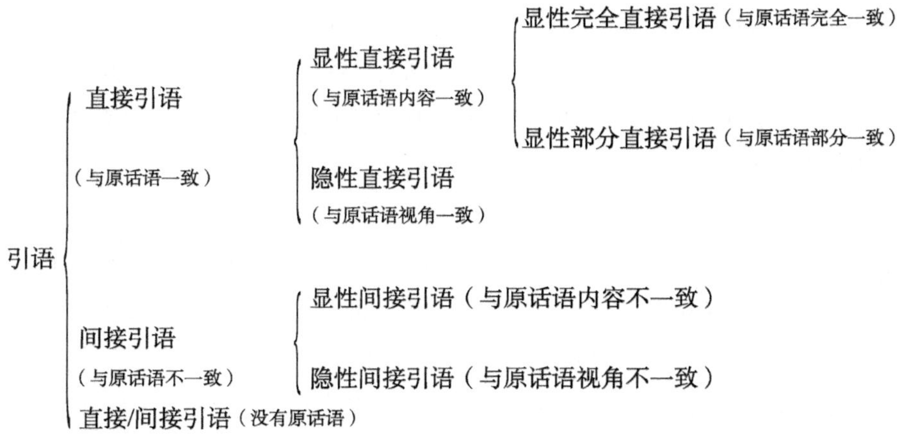

图1.2 引语的分类

[1][①]谷繁直樹：お前が殺したんだ！

証人：殴ってた方が、「お前が殺したんだ」と叫んでたな。

（『99.9 -刑事専門弁護士-』）

[2] 光：好きだよ。

…

康太：光は、何度も、俺のこと、好きだって言ってくれた。でも、一回も、愛してるとは、言ってくれなかった。

（『奪い愛、冬』）

[3] 蒼穹：おばあちゃんがウソが一番いけないって言ってたよ。

（『家売るオンナ』）

例[1]中「お前が殺したんだ！」是直接引语。例[2]中「俺のこと、好きだ」是间接引语。例[3]是直接/间接引语。

1.4.3 关于引用词

本书赞成将表示引用的标记「と」等形式看作“引用词”这一观点（小島剛一，2012；彭广陆，2013），即将其单独立类，视为虚词中的一种——关系词。虚词相当于日语中的「機能語」。《中国语言学大辞典》（江西教育出版社，1991年）中有关“虚词”的定义是：虚词同“实词”相对。不表示实在的意义，只表示语法关系的词。虚词不作短语或句子成分，绝大部分不能独立成句……虚词是封闭类，可以在语法书里一一列举其成员。日语中的引用词是标记引语的定位虚词，它总是出现在引语的后面，起连接引语与引用动词并表示二者之间关系的作用。具体而言，引用词的语法功能是连接并隔开前后的句法成分（引语和表示引用的谓语），并明示二者之间的关系（引用与被引用的关系）。可以说，「と」等作为引用标记具有双重意义：它既是引语的直接标记（表明其前面的成分是引语），又是引用句不可或缺的标记之一。引用词不能充当任何句法成分。

① 在本书中，单下画线表示引语，加粗线表示引用词，双下画线表示引用动词，波浪线表示原话语。

正因为引用词「と」的后面可以不出现引用动词，所以“连接”对其而言不是本质的功能，这也是我们不将其视为连词的一个重要依据。

1.4.4　关于引用动词

“引用动词”也可以叫“引述动词”，它包括言说动词、思考动词和书写动词。所谓引用动词是指称言说、思考或书写行为的一类词。言说动词，就是专门用于指称言说行为（通过语音的形式进行语言表达行为）的一类动词，日语最典型的言说动词是「言う」。思考动词，则是把思考作为一种行为来指称的一类词，思考动词是一种内部语言行为，日语最典型的思考动词是「思う」。书写动词，则是把书写作为一种行为来指称的一类词，日语最典型的书写动词是「書く」。引用动词在引用句中可以隐含，在对话体中引用动词隐含现象表现得尤为突出。

1.4.5　关于引用句

“引用句”是表示引用者将出自原话语者的原话语内容转述给第三者这一事件的句子。可以说，引用句是“引用”这一行为的结果（产物），它是根据功能划分出来的句子的一种类型，可以通过各种句类（陈述句、疑问句、祈使句、感叹句）的形式表现出来。引用句通常由引语、引用词和引用动词构成。引语是引述内容的表现形式，它是引用句的核心所在，因此是必不可少的。引用词既是引语的形式标记，指明其前面的成分是引语；也是引用句的形式标记，标明该句子是引用句。引用动词在一定的语境中可以省略。

本书认为应该根据引用动词的有无将引用句分为引用动词句和隐含引用动词句这两类，隐含引用动词时又分为两种情况：①以引用词结句；②引用词后面出现其他动词（非引用类动词）。我们把具有“引语+引用词”这种句法结构的句子都叫作“引用句”，但主句的谓语由引用动词充当时，为“完整引用句”；隐含引用动词而又以“引语+引用词”的形式结句时，为“不完整引用句”；主句谓语的位置上出现非引用类动词时，“引语+引用词”这一句法成分为“引用从句”，它对后面的主句谓语起到连用修饰的作用。

引用句实际上由两部分组成：一是引语所表示的事件A，二是引用者说了（想了或写了）引语这个事件B。事件A和事件B是两个命题，两个命题出现在一个句子中，二者之间是包含关系。这两个事件是通过引用者表达出来的。具体而言，引用者借助引用词、引用动词，将引语嵌入引用句中，两个命题融入到一个句子中。完整形式的引用句是由引语、引用词和引用动词三部分组成的，如例[4]所示：

[4] 荻原：紗和ちゃんは3時までって言ったろ。

↓ ↓ ↓

引语 引用词 引用动词 （『昼顔』）

[5] 半沢：まずは一歩を踏み出すべきだと思う。 （『半沢直樹』II）

[6] 涼：体調不良で店休みって書いてあったから。

（『東京タラレバ娘』）

其中，「紗和ちゃんは3時まで」是引语，「って」是引用词，「言ったろ」是引用动词。例[4]是言说动词引用句，例[5]是思考动词引用句，例[6]是书写动词引用句。

引用句的句法结构是“主语$_1$（当前说话者）+主语$_2$（原说话者）+引语+引用词+引用动词”。其中主语充当话题（在特定的语境中可以省略），引语和引用词充当补足语从句，引用动词充当谓语。引用句的语义结构如图1.3所示：

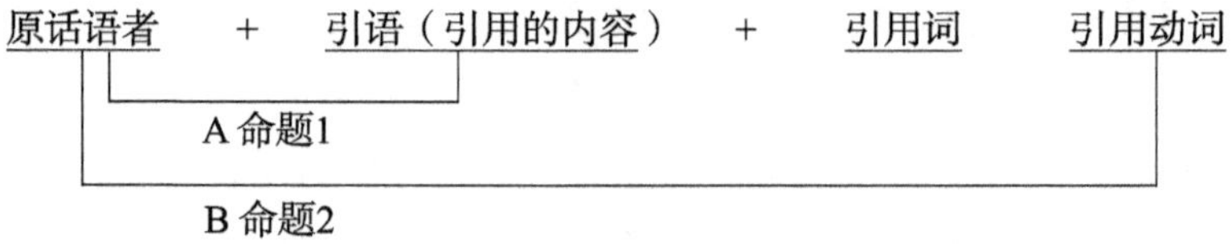

图1.3 引用句语义结构

1.5 结构框架

本书共由9章构成，除第1章“绪论”和第9章“结论”外，第2—8章为本书的重点。本书的独创性则集中地体现在第1章第4节和第3—6章的相关论述中。下面是本书各章的主要内容。

第1章“绪论”。在本章介绍了本书的研究对象、研究目的和意义、研究方法与使用的语料、基本观点和结构框架。

第2章“引用研究文献综述”。以贯穿本书的关键词“引用”“引语”“引用词”“引用动词”“引用句”为线索，对日本学者有代表性的相关理论和学说进行系统的介绍，在此基础上指出其各自研究中存在的问题和不足。

第3章“引语”。在对引语的基本特征进行论述的基础上，区分了引语的三种类型：“直接引语”“间接引语”“直接/间接引语”。在描写其各自的用法和特点之后，对直接引语和间接引语进行了比较。此外，还对引语的句类（陈述句、疑问句、祈使句、感叹句）进行了考察。

第4章“引用词”。首先对引用词的基本特征进行了描写，在此基础上，对有代表性的几个引用词的具体用法和特点进行了考察。

第5章“引用动词”。在从定义、分类、功能的角度对引用动词的基本特征进行论述的基础上，对引用动词的基本用法和使用规律进行了描写。

第6章“引用句”。在对引用句的基本特征进行描写后，对引用句的结构特点和引用句中的引语、引用词、引用动词的共现规律进行了探讨。

第7章“引用和传闻”。对比引用和传闻的基本特征，探讨引用与传闻的异同。

第8章“汉语对日语引用句的影响”。古代汉语曾对日语产生了多方面而又深远的影响，这为汉日语言接触带来了极大的便利。

第9章“结论”。总结了本书的主要内容、主要结论、创新点以及不足之处，并展望了今后的课题。

第2章　引用研究文献综述

引用作为一种特殊的语言现象，很早就受到了语言学家们的关注，有关日语引用的研究可以上溯到富士谷成章[①]的年代，其中山田孝雄、奥津敬一郎、砂川有里子、藤田保幸、鎌田修等学者有关引用的研究具有代表性，在本章中，将重点介绍这些人的有关学说。

国内有关引用的研究论文并不多见，主要有钟晓君（2016）、余弦（1995、2003）、吕晓东（2003）、丁贤土（2004）、陈红（2007）等，其中大多数是从对比（日汉对比、日英对比）的角度研究了日语的引用问题。

2.1　关于引用的研究

在日本，有关引用研究已有两百多年的历史，许多语言学者对此都有专门的论述。

2.1.1　奥津敬一郎的观点

奥津敬一郎（1970）认为引用分为直接引用和间接引用。引用结构是包含引用从句的结构。当引用句中有人称代词时，根据人称代词的指代来确定是直接引用还是间接引用。奥津敬一郎从生成语法的角度，阐述了直接引用和间接引用的关系。认为间接引用句是直接引用句的间接化。直接引用句和间接引用句之间的相互转换，是有变形规则的。例如，表示时间的名词之间的转换问题；间接引用句需要去掉感叹词（「感動詞」）和语气词（「終助詞」）等变

---

① 日本语言学家富士谷成章认为引用句的基本句式是「～ト言フ／思フ／見ル／聞ク／スル」。

形规则。

2.1.2　砂川有里子的观点

砂川有里子（1988）也认为引用分为直接引用和间接引用。并提出了一个重要的观点——双重情景（「場の二重性」）。所谓的“情景”是指言说的时间、地点和状况（「状況」），包括第一言说场（「第１の発話の場」）和第二言说场（「第２の発話の場」）。所谓的“双重情景”是指引语的话语内容所发生的时间、地点先于引用句话语内容的时间、地点。

2.1.3　藤田保幸的观点

藤田保幸（2000）在前人研究的基础上，提出了“意图引用”（「意図引用」），如「仇を討とうと旅に出る」（为报仇而去旅行）。除此之外，藤田保幸还进行了许多个案研究，如「～と疑う」「～と約束する」「～と名付ける／言う／呼ぶ」「～と名のる」「～と宣言する」等。通过个案研究试图总结出一般规律。

2.1.4　鎌田修的观点

鎌田修（2000）强调引用表示传达的引用。他认为“传达”（「伝達」）是引用的本质特征，强调引用者对原话语的理解至关重要，并从认知语言学的角度去研究分析引用。

藤田保幸、鎌田修、砂川有里子对引用的定义，如表2.1所示：

表2.1 引用的定义

代表性学者	定义
藤田保幸（2000）	引用とは所与と見なされる言葉を実物提示の形で発話の場に再現することである。
鎌田修（2000）	引用とはある発話を誰かに伝える言語行為。
砂川有里子（1988）	引用とは常識的には、ある発話の中に別の発話を引いてくることが引用である。

2.2 关于引语的研究

2.2.1 山田孝雄的观点

山田孝雄（1936）将引语（「引用の語句」）分为直接引语（「直接引用の句」）和间接引语（「間接引用の句」）两种。

2.2.2 藤田保幸的观点

藤田保幸（2000）把“引语+「と」”（「文中引用句」）看成一个整体。认为这一结构是副词性质的成分，修饰后面的引用动词。

2.2.3 鎌田修的观点

鎌田修（2000）把直接引语分为单卵直接引语（「一卵性直接引用」）和双卵直接引语（「二卵性直接引用」）。单卵直接引语要求和原话语相似；双卵直接引语不要求和原话语相似。直接引语的两个特征：一是视点统一（「視点統一の原理」），二是话语的产生（「発話生成の原理」）。直接引语之外还有准直接引语、准间接引语和间接引语。准直接引语的视点不统一并且没有话语的产生；准间接引语的视点可以统一也可以不统一，并且没有话语的产生；间接引语的视点统一于引用者，并且没有话语的产生。例[1]至例[5]①分别是单卵直接引语、双卵直接引语、准直接引语、准间接引语和间接引语：

[1] この前、パーティーでお会いしたら、（ポーズ）「いや、もうこれっきりです」ってずいぶん念を押されていたんで。

[2] 加山：それでおばあちゃんに「行ってくれ」っつって、おばあちゃんに行ってもらうことにしたんですね。

[3] 昨日、太郎は僕に、今日は誰も僕の家へ来ないだろうと言った。

[4] 僕が来いと山田先生がおっしゃるものだから、来ざるを得ませんでした。

① 例 [1] 至例 [5] 出自鎌田修（2000）。

[5] 昨日松島君は僕に今日僕のうちへ来ると言った。

2.3　关于引用词的研究

通过阅读和梳理关于引用的先行研究文献，笔者发现日本学界关于表示引用的「と」并没有明确的界定，学者们的观点大相径庭。如表2.2所示，表示引用的「と」称谓不一，语法定位也不相同。

表2.2　表示引用的「と」的称谓

语法性质	称谓	代表性学者
词	格助词（「格助詞」）	山田孝雄（1936） 奥津敬一郎（1970）
	引用助词（「引用助詞」）	藤田保幸（2000） 鎌田修（2000） 山口治彦（2009） 加藤陽子（2010） 日高水穂（2013
	引用词（「引用詞」）	小島剛一（2012） 彭广陆（2013）
语素	助辞（「助辞」）	松下大三郎（1928）
	语素（「形態素」）	鈴木重幸[1]（1972）

2.3.1　山田孝雄的观点

山田孝雄（1936）基于体词后面可以接格助词这一前提，认为日语的引语（「引用の語句」）相当于体词，因此表示引用的「と」相当于格助词。格助词包括主格（「主格」）格助词、宾格（「賓格」）格助词、补足格（「補格」）格助词、连体格（「連体格」）格助词等，它们前面都可以出现引语。

2.3.2　奥津敬一郎的观点

奥津敬一郎（1970）的观点与山田孝雄（1936）没有本质上的区别，他认为引语（「引用文」）已经名词化了，并举出以下例子①加以说明：

[6]「もっと光を」がゲーテの最後の言葉であった。

[7] 先生は孔子の「身を殺して仁をなす」をしばしば口にされた。

[8] a. ゲーテはその最後に「もっと光を」と言った。

b. ゲーテが最後に言った「もっと光を」がこの碑に彫られている。

例[6]、[7]的引语分别处于主语和宾语的位置上，特别是例[7]的引语前还有连体修饰语（定语）。例[8]a的引语在例[8]b中其前面也加了连体修饰语。基于此，奥津敬一郎认为表示引用的「と」是格助词，它用于名词化了的引语之后。他还进一步指出引用句与授受动词句和被动句之间有相似之处，如例[9]a至[10]b所示：

[9] a. 太郎は花子に本をあげた。

b. 太郎は花子に「あした君の家に行くよ」と言った。

[10] a. パンダは妊娠後120日から168日の間に出産すると言われている。

b. （人は） パンダは妊娠後120日から168日の間に出産すると言っている。

例[9]a是授受动词句，主语是「太郎」，间接宾语是「花子」，直接宾语是「本」；例[9]b是引用句，主语是「太郎」，间接宾语是「花子」，直接宾语由引语充当，格助词「と」和授受动词句中的格助词「を」的语法功能相同。例[10]a是直接被动句，主语是引语「パンダは……出産する」，与之对应的主动句是例[10]b。主动句在变成被动句之后，原来的宾语出现在主语的位置。例[10] b这个主动句的宾语不是用格助词「を」表示，而是用格助词「と」表示。

2.3.3 藤田保幸的观点

藤田保幸（2000）则认为表示引用的「と」不是格助词，而是表示情状的

① 例 [6] 至例 [10] 出自奥津敬一郎（1970）。

助词，用来引导副词从句（「副詞節」）。他认为“引语+「と」”（「引用句」）这一结构是副词性质的修饰成分，它与拟声词、拟态词的用法有相似之处。例如，「兎がピョンと跳ぶ」（兔子轻盈地跳跃）中的「ピョンと」是拟态词，用来修饰后面的谓语「跳ぶ」。同理，“引语+「と」”也是副词性质的成分，它用于修饰后面的引用动词，并且“引语+「と」”可以用指示副词来替换。例如，「正恵は「布団乾燥機を買おう」と思った」（正惠想买个烘干机）可以替换成「正恵はそう思った」（正惠是这样想的）。

2.3.4　鎌田修的观点

鎌田修（2000）认为引用基本句式「〜と言う」中的「と」是格助词；特殊句式「誠一郎が「お早う」と入ってきた」（诚一郎说着“早上好”进来了）中的「と」是副词性修饰结构的标记。他把这两种用法中的「と」统称为“引用助词”。

2.3.5　加藤陽子的观点

加藤陽子（2010）把表示引用的「と」称作“引用标记”，在介绍术语名称的第二章中，她又把引用标记「と」定性为“引用助词”。

2.3.6　鈴木重幸的观点

鈴木重幸（1972）则认为，表示引用的「と」究竟是语素还是其它成分，虽然还有进一步讨论的必要，但不妨暂且将其看成语素，并将其定位为格后缀（「格のくっつき」），即它与「が」「を」「に」「で」等其他格后缀的语法地位是相同的，都属于格标记。

2.3.7　小島剛一和彭广陆的观点

小島剛一（2012）和彭广陆（2013）都主张日语的引用词是一个独立的词类。其中，小島剛一把引用词分为句中引用词（「と」「って」「なんて」「とか」）和句尾引用词（「とさ」「って」）两类。还介绍了句中引用词通常与引用动词形成固定的搭配，如“名词+「という」”“名词+「っていう」”“名词+「や」+名词+「といった」”“引用句+「という」”等。但他

并没有给出引用词的定义，并且不区分实词和虚词。

彭广陆在小島剛一的基础上，把引用词看成单独的词类，而且第一次明确指出它在词类体系中所占的位置。认为它是虚词的次类——关系词中的一个小类。他所划分的日语词类如图2.1所示：

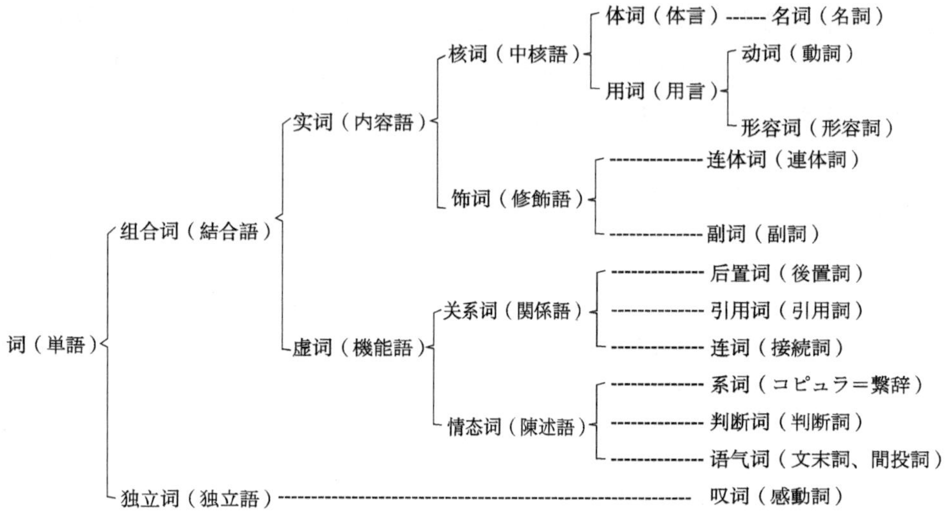

图2.1　彭广陆（2013）对日语词类的分类

2.4　关于引用动词的研究

2.4.1　藤田保幸的观点

藤田保幸（2000）从引用句式的角度对引用动词进行了个案研究。他从引语和引用动词相互制约的角度研究了引用动词，如「～と疑う」。他认为「と疑う」前的引语不能只有感叹词，如例[11]①；也不能只出现怀疑的对象，如例[12]；还不能只有疑问的内容，如例[13]；「と疑う」的引语内容不仅要求有疑问的内容，并且"怀疑"的主体要有心理预设，如例[12']和例[13']②所示：

① 例 [11] 至例 [13'] 的例句引自藤田保幸（2000），其中"？"代表不自然的语句。
② 例 [13'] 中"怀疑"的主体已有预期的想法，即"没有人会来这样的地方"。

[11] ? 彼はおやっと疑った。

[12] ? 彼はあんなところに帽子があると疑った。

[12'] 彼は「あんなところに帽子がある。智子が忘れていったのではないか」と疑った。

[13] ? 彼は「いったい誰が来たのか」と疑った。

[13'] 彼は「いったい誰が来たのか（＝誰も来るはずない）」と疑った。

除此之外，藤田保幸还列举了「と宣言する」「と約束する」「と名乗る」等个案研究的实例。

2.4.2　砂川有里子的观点

砂川有里子（1988）按照引用句谓语动词的语义进行分类，将其分为“语音动词、以言说为媒介的行为动词、主观臆断的思考动词、相对客观的判断动词”等。

2.5　关于引用句的研究

2.5.1　山田孝雄的二分说

山田孝雄（1873—1958）是日本20世纪具有代表性的语法学家，在『日本文法学概論』（1936）中首次用一个独立的章节阐述了引用，并把引用句分为直接引用句和间接引用句①两种。他认为直接引用是引语后接助词的用法；间接引用是引语后接「と」再接助词的用法。在例[14]、[15]中，例[14]②是直接引用句，引语后接的是助词「は」；例[15]是间接引用句，引语接「と」后再接助词「は」。之所以称之为间接引用句，是因为他把「とは」看成「というは」

---

① 引用の語句が引用せらるるには二の方法あり。一はそのまま直ちに格助詞その他、その位格に相当するものとして或る助詞に接して、然るべき位格として用ゐらるるものなり。二は語の補格として引用し、その『といふ』までを合せて体言の取扱をなしたるものに基づくものなり。

② 例 [14] 至 [17] 引自山田孝雄（1936）。

省略动词「いう」后而得到的间接形式。

[14]「古池や蛙とびこむ水の音」は、芭蕉の名句なり。

[15]「古池や蛙とびこむ水の音」とは、芭蕉の名句なり。

至于下面这两个例句，他则认为例[16]是直接引用句，例[17]是间接引用句。

[16]「くる人なし」の宿の庭にも。

[17]「諸国に洪水出でたり」との電報。

2.5.2 奥津敬一郎的情景说

奥津敬一郎（1970）的引用理论对其后的引用句研究产生了深远影响。他主张需要根据语境来判断到底是直接引用还是间接引用，如例[18]①是一个有歧义的例句：

[18] あなた$_1$は　私$_2$に　私$_{\mathrm{I}}$は　あなた$_{\mathrm{II}}$を　憎んでいる　と言った。

「あなた」$_1$=「私」$_{\mathrm{I}}$；「私」$_2$=「あなた」$_{\mathrm{II}}$ <直接引用>

「あなた」$_1$=「あなた」$_{\mathrm{II}}$；「私」$_2$=「私」$_{\mathrm{I}}$<间接引用>

主语的「あなた」$_1$与引语中的主语「私」$_{\mathrm{I}}$同指，且宾语的「私」$_2$与引语中的宾语「あなた」$_{\mathrm{II}}$同指时，这种用法是直接引用；主语的「あなた」$_1$与引语中的宾语「あなた」$_{\mathrm{II}}$同指，且宾语的「私」$_2$与引语中的主语「私」$_{\mathrm{I}}$同指时，这种用法是间接引用。

奥津敬一郎把间接引用句看成是直接引用句的间接化。所谓间接化是指叙述者理解原说话者的意图，根据新场景的需要对原话语进行重新组构（叙述者站在当前说话者的立场转述原话语内容）。这种转换有变形规则，对时间词、人称代词、语气词等都要做一定的调整。他还指出引语和引用句不是同一层面

① 例[18]引自奥津敬一郎（1970）。

的语言现象，这为后来引用研究双重情景概念的提出奠定了理论基础。

2.5.3　砂川有里子的双重情景说

砂川有里子（1988）不再像前人那样关注直接引语和间接引语的区别，而是开辟了新的视角来研究引用，并提出了一个全新的概念，即情景的双重性。双重情景分别指原说话者的情景和当前说话者（引用者）的情景。引用就是把原说话者的话语融入到当前话语（引用句）中，如例[19][①]所示：

[19] 恵美子は、「友ヶ島へ行こう」と提案した。

原话语「友ヶ島へ行こう」，用于当前话语「恵美子は、「友ヶ島へ行こう」と提案した」之中。原话语「友ヶ島へ行こう」由两部分组成，「友ヶ島へ行く」这一命题内容和「う／よう」所表示的邀请的语气形式，“邀请”是原说话者「恵美子」的语气。当前话语「恵美子は、「友ヶ島へ行こう」と提案した」也由两部分组成，「恵美子が…提案した」这一命题内容和「た」所表示的肯定的语气形式，“肯定”是当前说话者的语气。

此外，砂川有里子把研究对象限定于带「と」的引用句。并将引用句分成三种类型：类型一是典型的引用句「～と言う」型；类型二是「～と思う」型；类型三是「～と見える」型。类型一中的原话语和当前话语在不同的时空点进行（例[19]）。类型二「～と思う」型是引用者在当前的“情景”转述自己或他人思考“情景”的思考内容，如例[20]所示：

[20] 来年にはもう一度友ヶ島へ行こうと思う。

当谓语是现在时态「思う」时，主语只能是第一人称。当谓语是「思った」或「思っている」时，主语对人称没有限制。类型三「～と見える」型和类型二的区别在于，前者句子中不能出现「見える」的动作主体。「と見える」表示说话者当前说话时点的判断，如例[21]所示：

① 例 [19] 至 [21] 引自砂川有里子（1988）。

[21] 恵美子は友ヶ島の景色が気に入ったと見える。

例[21]没有“情景”的双重性，整个句子由「恵美子は友ヶ島の景色が気に入る」这一命题内容和「見える」所表示的说话者的推断语气这两部分组成，只有一个“情景”。换言之，命题的话语情景与主句的话语情景是融合在一起的。「と見える」可以和「らしい」「そうだ」互换。动词「見える」的语义虚化，「と見える」整体发展成表示推断语气的句尾形式，它表示说话者当前说话时点的判断。「と見える」是采用引用句（引语+「と」+引用动词）的形式来表示推断语气的句尾形式。

2.5.4 藤田保幸的新二分说

进入21世纪以后，藤田保幸关于引用的两本专著问世①。藤田保幸（2000）把引用句分成两类：单一事态型和事态共存型。单一事态型中的引语表示言说或思考的具体内容，谓语表示“说”“想”等行为，如例[22]、[23]所示。事态共存型中的引语表示话语或思考内容，谓语是直接指称话语或思考行为的，如例[24]、[25]所示。

[22] ②誠は、こんにちはと言った。

[23] 明浩は、困ったことだと思った。

[24] 誠は「ごめん下さい」と戸を開けた。

[25] 相澤氏は、窓をあけようと立ち上がった。

事态共存型中的引语和谓语分别表示共存于一个“情景”（「場」）中的两个不同事件，它们各自指称言说行为、思考行为或动作行为。就例[24]而言，引语指称的「ごめん下さい」这个事件和谓语（动词短语）所指称的「戸を開けた」这个事件发生在同一个情景之中。主句的动作事件「戸を開けた」和引

① 分别是『国語引用構文の研究』（東京：和泉書院，2000）；『引用研究史論』（東京：和泉書院，2014）。

② 例 [22] 至 [25] 引自藤田保幸（2000）。

语的言说事件「ごめん下さい」是同一个动作主体「誠」所为。事态共存型引用句表示同一主体的两个不同行为——言说或思考行为（引语）和动作行为（谓语）。

2.5.5 鎌田修的五分说

鎌田修（2000）把引用句分为五种类型：①单卵直接引用句；②双卵直接引用句；③准直接引用句；④准间接引用句；⑤间接引用句。这五种类型的引用句判断标准有两个：一是视点原理，二是话语原理。详见表2.3所示：

表2.3 鎌田修引用句五种类型及分类标准

<table>
<tr><th>引用句</th><th>引语特点</th><th>视点原理</th><th>话语原理</th></tr>
<tr><td>单卵直接引用句</td><td>要求和原话语相似</td><td rowspan="3">引语是原说话者视点；
引用句是引用者视点</td><td rowspan="2">引语表示话语</td></tr>
<tr><td>双卵直接引用句</td><td rowspan="4">不要求和原话语相似</td></tr>
<tr><td>准直接引用句</td><td rowspan="3">引语不表示话语</td></tr>
<tr><td>准间接引用句</td><td>引语中的人称代词等是引用者视点；
引语中的动词是原说话者视点</td></tr>
<tr><td>间接引用句</td><td>视点统一于引用者</td></tr>
</table>

2.6 先行研究中存在的问题

2.6.1 引用词研究中的问题

2.6.1.1 关于「と」是助词的观点

鈴木重幸（1972）[①]和彭广陆（2013）等都不把表示引用的「と」看成助词，笔者同意这一观点。这是因为，传统语法中的所谓的助词大多数并不具备词的资格，其语法性质是语素。具体而言，有的是后缀，有的是词尾。而所谓的「終助詞」则应该单独分类，并将其称为“语气词”（彭广陆：2013）。

① 鈴木重幸（1972）不承认助词，并把这一类词称为后缀（「くっつき」）。

退一步讲，即便承认日语中助词的存在，表示引用的「と」也不能完全等同。

首先，表示引用的「と」不是格助词，因为所谓的格助词通常是接在表示概念的名词后面。但表示引用的「と」不仅有时接在词（名词）的后面，更多是接在句子的后面。因此，表示引用的「と」的功能与助词，尤其是格助词有着本质的区别。即便引语可以名词化，但它与表示引用的「と」没有直接的关系。所以，引语的名词化不能成为将表示引用的「と」视为格助词的根本理由。

其次，表示引用的「と」独立性强。如上所示，基本的引用句式是由引语、引用词和引用动词三部分组成的，不能把引用词「と」等看成是引语的一部分。在口语中，引语和表示引用的「と」以及「って」之间有明显的语音停顿，而且如果引用句式要凸显引语部分时，正确的语音停顿并不是“引语+「と」+「は」”，而是“引语+「とは」”。显而易见，引用词独立性强，它并不是依附于词的后面，而是作为定位的虚词用于引语之后的。更何况在书写时，引用词也总是位于表示引语的引号后面的。

再次，正因为「と」等所标示的引语部分通常是句子，所以引语部分往往带有述谓性（「陳述性」）。由此可见，引语与引用词之间的关系和名词与格后缀之间的关系有着明显的不同。

最后，对于引用动词而言，引语是必有成分；而对于谓语动词而言，副词性成分不是必有成分。因此，把引用词「と」视同为副词性成分后面的「と」也是不合理的，更何况副词性成分与后面的「と」之间不能有语音停顿，而表示引用的「と」则不然。

2.6.1.2 关于「と」是语素的观点

鈴木重幸（1972）把表示引用的「と」看成是语素。语素是最小的语音、语义结合体，是最小的有意义的语言单位。语素分为不自由语素和自由语素。不自由语素不能作为语言单位独立使用，其主要功能是充当构词的材料；自由语素可以作为更高一级的语言单位——词来单独使用。

然而，表示引用的「と」的功能不是构词，它独立于前面和后面的句法成分，并且连接前后的成分，标示前后成分之间的关系，或是赋予前面成分一定的意义，这些特征都表明表示引用的「と」是词，而且是虚词，是定位词，即它总位于引语的后面，起到连接和隔开引语和谓语的作用，明确表示引用。

2.6.1.3 关于「と」是“引用标记”的观点

笔者也不赞成将表示引用的「と」直接称作“引用标记”。理由是，表示引用的「と」是标记这是事实，且其用法来源于「と」的指示副词①用法，但“引用标记”的说法有失笼统且模糊不清。标记可以是语素，也可以是词，甚至还可以是短语，称之为“引用标记”只是指出了它的功能，并没有明确它的语法定位。

正因为表示引用的「と」等在功能上具有诸多的特殊性，所以笔者认为有必要将其单独立类。之所以将其称之为“引用词”，一方面可以明示其基本的功能是引用，同时也可以明确地赋予其“词”的资格。

2.6.2 引用动词研究中的问题

日本的大部分学者都主张将思考类动词纳入到引用动词之中，如奥津敬一郎（1970）、砂川有里子（1988）、藤田保幸（2000）、山口治彦（2009）、加藤陽子（2010）等。而小島剛一（2012）使用的引用动词都是言说类引用动词，没有思考类引用动词、书写类引用动词，但他并没有给出引用动词的定义和分类。

2.6.3 引用句研究中的问题

2.6.3.1 关于山田孝雄的观点

如上所述，山田孝雄（1936）认为引语后接助词是直接引用句，引语后接「と」后再接助词是间接引用句，如「～とは」「～との」等形式。他认为「とは」是「というは」省略「いう」后得到的间接形式，但并没有提及「との」是省略什么后得到的间接形式。由此可见，这一判断标准并不十分妥当。笔者认为直接引用句和间接引用句的判断标准要看引语是站在原说话者的视角重现原话语，还是站在当前引用者的视角转述话语内容。主观性强的语气词、

① 关于指示副词「と」有如下介绍：「もともとは遠称または中称の指示語の文脈指示に固定化したものと思われ、引用の助詞のトはこれから成立したものであろう。」

约定俗成的谚语等是直接引用句的标记；引用词「ように」等是间接引用句的标记。

2.6.3.2　关于奥津敬一郎的观点

奥津敬一郎（1970）把直接引用句和间接引用句的判断标准定位在有无原说话者的主观性要素上。他认为客观性要素可以被引用到间接引用句中，而表示原说话者的主观性要素不能被引用到间接引用句中。前者属于“词”“命题”“客观性要素（「客観的な要素」）”；后者属于“辞”“语气”“主观性要素（「主観的な要素」）”。他解释说，主观性要素不能间接化，这些主观性要素只属于原说话者，引用者不能将这些要素转换到间接引用句中。的确，感叹词和语气词等主观性要素不能出现在间接引用句中，引用者对其进行间接化时就要去掉，但是主观性要素「だろう」「かもしれない」是可以用于间接引用句的。因此这个判断标准并不十分妥当。

我们认为上下文有语境时，应该用视点原理。感叹词和语气词能让听话者有身临“原情景”之感，这些显性的形式，能帮助我们判断这是不是引语话语。引语话语是区别于引用句的。如果引语看不出是区别于引用句的，那么引语就融合到引用句中了，就是间接引用句。

2.6.3.3　关于砂川有里子的观点

砂川有里子（1988）关于引用句的研究只局限于「と」，但实际上除了「と」之外，「って」在口语中出现的频率很高，此外还有「ように」「とか」「なんて」「とは」「みたいな」等也都是表示引用的标记。这些成分都可以指示引语内容，因此不宜把研究对象局限于「と」。其次，「と見える」和「と言う」「と思う」不是同一层面的问题，并且「と見える」并不表示引用，它表示说话者当前时点的判断。

2.6.3.4　关于藤田保幸的观点

藤田保幸（2000）把引用句分成两种，并对两种引用句的主句动词进行了分类。单一事态型中的主句动词，有动作类动词，如「受け（てくれ）る」[①]

① 「おやまあ、それはそれは」と練れた人柄のAの細君は、笑いにまぎらしうまい具合に受けてくれたのだが、……［引自藤田保幸（2000）］

等；事态共存型中的主句动词亦然，很多和「受け（てくれ）る」一样都属于动作类动词，如「持って来てくれる」[①]。单一事态型和事态共存型中的主句动词都存在动作类动词。这就造成动词分类的混乱，所以我们认为对主句的动词分类不尽合理。

藤田保幸并不认为事态共存型引用句隐含了引用动词，其理由有以下两点：一是他认为谓语很重要，不能随便省略；二是他认为省略只能有一个还原结果，而引用可以有多个还原结果，所以事态共存型引用句不是省略用法。而笔者认为：

第一，一般情况下谓语的确较难省略，但是引用句比较特殊，在口语中，常看到下面的例句：

[26] 彼は、何度も、本部に、足を運んだそうだ。もう一度、試験をやり直してほしいと。　　　　（『5→9ー私に恋したお坊さんー』）

[27] 不謹慎だけど、捨てられなくて、たまったものが、一斉に整理できるかもって。　　　　（『昼顔』）

[28] ラブラブなカップルは、皆さん、ペアルックをすると、この文献に。　　　　（『5→9ー私に恋したお坊さんー』）

从以上例子可以看出，引用句中不仅可以省略谓语动词，而且所省略的动词也是多种多样的，言说类、思考类、书写类引用动词都可以被省略。换言之，即便引用句中只出现引语和引用词这两个引用句的构成要素，但可以根据它们以及引语句类、引用句式等，推断出被省略的引用动词。

第二，还原可以有多种形式，不同的听者或读者进行还原会得到不同的结果。虽说是不同的结果，但其主要语义不变。如「「おはよう」と入ってきた」可以有多个还原结果。分别是：「「おはよう」と言って入ってきた」「「おはよう」と挨拶をして入ってきた」「「おはよう」と元気のいいとこ

① 急をきいた別の友人が奉加帳を廻して何がしかの金を集め、「足りなければまた何とかする」と持って来てくれた。[引自藤田保幸（2000）]

ろを見せて入ってきた」等。这三个句子中都有「「おはよう」と入ってきた」这一必有成分，不同之处在于附加成分（「言って」「挨拶をして」「元気のいいところを見せて」）。之所以可以省略，是因为听者或读者都不难理解「おはよう」是言说内容，「と」这个标记表示引用。

2.6.3.5　关于镰田修的观点

镰田修（2000）的视点原理是指引用句中存在两个视角，一是原说话者的视角，二是引用者的视角，我们赞成他的观点。但是对于他的发话原理，我们存在疑问。他认为由终助词或以「です」「ます」结句的引语表示话语，而以「だろう」「かもしれない」「だ」结句的引语不表示话语。笔者认为判断引用句是直接引用还是间接引用要看原语境，引语在形态和语义上都和原说话者的话语一致时，是直接引用句。从引用者的立场出发，对原话语进行了调整和转换时，则是间接引用句。当缺少原语境时，直接引语的判断依据有语气语调、表示原说话者语气的词、敬语形式、人称代词（称呼语）、语词反复、疑问句、命令句、禁止句、意愿句、表示建议的形式等，语义上要和原说话者一致。间接引语的判断依据有人称代词、引用词、时间词、处所词等，它从引用者的视角出发，转述原话语。

第3章 引 语

3.1 引语的基本特征

3.1.1 引语的定义

在日语中，并没有与“引语”完全对应的固定的术语，学者们使用的称谓也各不相同，而且也基本上看不到有关引语的明确定义，如表3.1所示：

表3.1 日语中关于“引语”的称谓

学者	文献	与“引语”对应的说法
山田孝雄	『日本文法学概論』（1936）	引用の語句
奥津敬一郎	『引用構造と間接化転形』（1970）	引用文
鎌田修	『日本語の引用』（2000）	引用句
藤田保幸	『国語引用構文の研究』（2000）	引用された言葉

本书将“引语”定义为“引用者所引述的原说话者的话语（包括思考者的想法和书写者的书写内容）”。

3.1.2 引语的分类

我们将引语三分为“直接引语”“间接引语”“直接/间接引语”。“直接引语”是直接引述别人的话。书面语一般有引号标注。“间接引语”是用自己的话转述别人的话。书面语句子中一般无引号标注。在语境中出现了原话语的引语为直接引语或间接引语，但未出现原话语者为直接/间接引语。

直接引语中引用者的视角与原话语者的视角是一致的。引用者基于原说话者的时空环境、叙述角度，扮演原说话者的角色表述，这样的引语我们称之为“直接引语”；引用者用自己的话语间接转述原说话者的话语，这样的引语我们称之为“间接引语”。当没有特定的语境，看不出引用者是用自己的话语转述原话语内容，还是直接引述原话语内容时，这样的引语我们称之为“直接/间接引语”。“直接引语”是引用者原封不动地表达“他人”的话语；“间接引语”是引用者修改过的“他人”的话语，符合当前的语境要求；“直接/间接引语”则是看不出是否经过了引用者修改的“他人”的话语。

直接引语的末尾可以出现语气词，句首可以出现称呼语。这些词语的使用让人感受到有听话者的存在，使人置身于原话语语境之中。间接引语的句尾既可以是原说话者的语气，也可以是引用者的语气，但间接引语中人称代词的视角要由原说话者视角调整为引用者视角，详见本章后面的小节。

3.1.3 引语的功能

3.1.3.1 直接引语的功能

直接引语的功能之一是基于原状，重现原话语的内容。由于直接引语基本上是原封不动展示原话语的内容，所以使人感觉到直接引语没有受到引用者的干预。而对于话语内容的真假，引用者不负责任。总而言之，直接引语表现的是与原话语的等值性，如例[1]是直接引语。

[1] 庭野：誰ですか？このおっさん。

…

よしき：その美人の横にいた男が俺を見て、「誰ですか？このおっさん」と言った。（『家売るオンナ』）

直接引语功能之二是吸引听话者的注意，具体地表现为表现形式的生动性。直接引语站在原说话者的视角“重现事件”，让听话者有身临其境之感。直接引语能使听话者展开丰富的想象。因逼真，故可信度高，感染力强，可以营造出鲜活的现场气氛。直接引语的句式和语法手段能增强现场感和生动感。直接引语力求维持原话语内容和辅助语言[①]成分的特征，包括语义内容和语法结构，如例[2]所示：

[2] 三軒家万智：ゴー！

…

宅間：そうなんだけど。電話で「ゴー！」って言われたら、飛び出してたんだよね。（『家売るオンナ』）

3.1.3.2 间接引语的功能

间接引语可以看作是对原话语的一种重新描述。引用者从自己的视角出发，不仅改变了述说角度，而且也改变了语词、话语结构，甚至语义内容。引用者归纳概括原话语，对原话语进行加工改造。间接引语是从引用者的角度和时空领域，用自己的话语转述原说话者的话语。间接引语的语言形式不同于原说话者的原话语，如例[3]所示：

[3] 宮澤：君も知っての通り、子供はまだ小さい。だから、妻子への責任からも、逃げる気はない。だが…、この人のことも本気なんだ。

…

足立：奥さんも子供も愛してるし、愛人も愛してるって言うんですけど。（『家売るオンナ』）

3.1.4 引语的标记

如果存在原话语，通过对比原话语和引语，可以判断出这种引语属于何种引语。当原话语和引语文字一致时，是直接引语；当原话语和引语文字不一致时，是间接引语。当隐含原话语，引语视角与原说话者的视角一致时，是直接引语；当引语视角与引用者视角不一致时，是间接引语。当运用视角原理时，

① 辅助语言是讲话的声音成分，包含音高、语速、音量和语调等。

就需要一些标记性质的词语，如具有指示性质的成分或方向性质的成分，具体是指人称代词、时间词、处所词、指示词、位移动词、授受动词等。当没有指示性质或方向性质的成分时，直接引语具有现场性，能够重现原话语情景。话语情景被重现时，会凸显原听话者。称呼语、敬语、重复表现、表示原说话者语气的词的运用，能让人感觉到听话者的存在，这些词语或表现都被看成是直接引语的标记词。

我们又将标记形式分为一级标记和次级标记。当句子中有一级标记时，可以直接判断出引语是何种类型。当一级标记和次级标记同时存在时，以一级标记为主，次级标记为辅。次级标记看谓语，当谓语是疑问句、祈使句、感叹句时，是原说话者语气的可能性较大，直接引语的可能性也较大。

3.1.5 引语的视角

引用者要传达原说话者的目的，必须描写原话语产生时的一些语境因素。直接引语和原话语在语音、语调、语法上基本相同。如果说直接引语模仿原话语的发音行为，不带有引用者的任何感情色彩，具有客观真实性，那么引用动词作为引用者对引语发生时语境因素的描写，则带有主观色彩。引用句指明说话者，有时提及听话者。指示代词的指称单凭即时语境有时无法实现，需要依据上下文语境才能判断出来。引语是原说话者视角时，我们判断此引语为直接引语；当引语中有引用者视角时，我们判断此引语为间接引语。如例[4]至例[7]是直接引语，例[8]至例[10]是间接引语。

[4] マミ：彼氏に「黒髪、似合うんじゃないか<原说话者视角>」って言われて染めちゃいました。（『東京タラレバ女』）

[5] 別府：九条さんが言った。別府君<原说话者视角>、私<原说话者视角>、多分、結婚するって。（『カルテット』）

[6] 真紀：夫は、そういう私を連れ出してくれました。真紀ちゃん<原说话者视角>、僕の手<原说话者视角>、握ってな、火が飛んできたら、連れて逃げてあげる<原说话者视角>からって。（『カルテット』）

[7] 白洲：言っちゃった、言っちゃった、サンーチに、「庭野さん<原说

话者视角>は、あなた<原说话者视角>が好きですよ」って。

（『家売るオンナ』）

[8] 涼：KEYにも怒られたんですよ。

倫子：えっ？

涼：リナ<引用者视角>と別れないなら、香<引用者视角>を自由にしてやれ<原说话者视角>って。　　（『東京タラレバ女』）

[9] ただ、もしそれで、あなたが無罪になったとして、それが、あなたの人生<引用者视角>を狂わせないことになったのかと問われれば、私には分かりません。　　（『99.9 -刑事専門弁護士-』）

[10] 申し上げにくいんですが、ご家族の方は、罪を犯したあなた<引用者视角>をどうにでもしてほしい<原说话者视角>とおっしゃってるそうです。　　（『99.9 -刑事専門弁護士-』）

当引语是原说话者视角时，该引语是直接引语。当原说话者视角和引用者视角同时出现时，此引语是间接引语，即引语中只要有引用者视角，该引语就是间接引语。

3.2　直接引语

3.2.1　直接引语形式

直接引语还可以根据是否原样引用原话语而进行下位分类。

（1）显性完全直接引语

[11] 谷繁直樹：お前が殺したんだ！

…

証人：殴ってた方が、「お前が殺したんだ」と叫んでたな。

（『99.9 -刑事専門弁護士-』）

（2）显性部分直接引语

[12] マリア：さっきのメールは偽物よ。私は射殺許可命令なんか恐れない。射殺したければすれば？私は逃げも隠れもしないわ。

…

しゃらく：「私は逃げも隠れもしないわ」と書かれている。

…

しゃらく：君が確実にモニターをチェックしない時間がほんのわずかだがあった、それは君が警視庁に向け、「私は逃げも隠れもしないわ」とメールを打ってた間だ。

（『IQ246～華麗なる事件簿～』）

3.2.2 直接引语标记

我们在“3.2.1直接引语形式”中，从引语与原话语的相似度的角度对直接引语的形式进行了考察和分类，在此再从标记的角度对直接引语的表现形式进行进一步的考察。所谓标记就是区分直接引语和间接引语的标记性的词语、表现或句类。

3.2.2.1 一级标记

在隐含原话语的前提下，可以依据视点原理对引语进行判别。视点原理具体体现在，直接引语的标记形式为是否有指示性成分或方向性成分，如人称代词、带有方向性的位移动词等。

（1）人称代词

引用者站在原说话者的立场上，使用带有指示性的词语时为直接引语；站在引用者的立场上，使用带有指示性的词语时为间接引语。在特定的语境中，当「私」代指原说话者；「今日」代指原话语的时间点；「ここ」代指原话语所指的地点时，此时的引语为直接引语。

[13] 倫子：だから、あんた達はダメなんだよ。すぐ、女子会、女子会って、女同士つるんで、俺はあんたとは恋愛できない…って言われたなんて、言えねえ！絶対無理！

（『東京タラレバ娘』）

（2）时间词、处所词、指示词

引语中的时间词这一判断标准，要看引语事件和转述事件时间发生的先后顺序。引语中的处所词这一判断标准，如果引语的第一语境和转述事件的第二语境是在同一地点，那么就无法通过处所词来判断是直接引语还是间接引语。如果第一语境和第二语境发生在不同的地点，就可以通过处所词来判断是直接引语还是间接引语，「ここ」「今日」代指原语境时，是直接引语；代指当前语境时，是间接引语。如例[14]中的「今日」代指原语境中的时间，那么即是直接引语。

[14] 前原：「今日もお仕事、頑張ってね」っていうの、ずっと、やってると、顔も心も疲れっから。<「今日」代指原语境的时间>

（『家売るオンナ』）

当指示词等都是原说话者的视角时，此引语即是直接引语；当指示词是引用者的视角，即使引语中的谓语是原说话者的视角，此引语也是间接引语。引用者是否调整了原话语的视角，要从人称代词、时间词、处所词等词语去判断。直接引语不涉及视角转换问题，是引用者从原说话者视角转述话语。间接引语是引用者从自己的视角转述他人话语。

（3）位移动词、授受动词

带有方向性的位移动词和授受动词，需要依据引用句提供的语境来判断此引语是引用者的视角还是原说话者的视角，如例[15]、[16]所示：

[15] 律子：管理人さんに言ってくれたのよ。お母さんだから、入れてあげてって。<「あげる」是原说话者的视角>

（『家族ノカタチ』）

[16] 高瀬和弥：407に持ってきてって電話で言われまして、それで来たんですが、誘われるがままに、ついメシまで。<「来る」是原说话者的视角>

（『家族ノカタチ』）

如例[15]中，「てあげる」表示原语境中的原说话者「陽三」让原听话者「管理人さん」允许「律子」进去，引用者「律子」引用原说话者的话语。例[16]中的「てくる」表示向原说话者的方向移动，引用者「高瀬和弥」站在原说话者的视角转述原话语。

（4）称呼语

使用称呼语的目的在于具体而生动地重现原话语，如例[17]、[18]所示，「貴美子」「親父」这两个称呼语指代原话语语境中的听话者（引用者），引用者站在原说话者的视角模拟原说话者的话语。

[17] 貴美子：昨日の夜、お父さんが突然言い出したの。「貴美子には悪いが、愛する人ができた。別れてくれ」って。
＜「貴美子」是原说话者的视角＞　　（『家売るオンナ』）

[18] 陽三：上の自慢のロフトから、「やめろ、親父」って、ビックリしちゃったら、ぎくって。＜「親父」是原说话者的视角＞
（『家族ノカタチ』）

（5）敬语

日语敬语是日语中用于表达敬意的形式，用来表示说话者、说话对象、话中人物之间的社会关系和亲疏关系。使用敬语时，我们可以推断出引语内容是站在原说话者的视角还是站在引用者的视角，如例[19]：

[19] 宮澤の奥さん：あなた、何度も私に言ったわよね？「宮澤様ご一家の幸せをお祈りしています」って。＜「宮澤様」「ご一家」「お祈りする」是原说话者的视角＞
（『家売るオンナ』）

例[19]中的「宮澤様」「ご一家」「お祈りする」，从这三个表达中，我们可以看出引语是原说话者「足立聡」[①]的话语，而不是引用者（原听话者）

① 例[19]中原话语中的原说话者（当前听话者）是「足立聡」。

「宮澤の奥さん」的话语，因为自己不可能对自己用「宮澤様」「ご一家」等词汇。直接引语中的用词、语气等应符合原说话者的身份，直接引语保持了原说话者的风格，从敬语中还可以看出说话者和听话者的身份地位高低。

「です」「ます」的使用，表示说话者对听话者的尊敬。例[20]、[21]中的引语是引用者假想的话语，「です」「ます」的使用会让人有身临原语境之感，如例[20]、[21]所示：

[20] 惠：私、何て、自己紹介したらいいんだろう。「永里陽三の妻です」って。（『家族ノカタチ』）

[21] 静香：だから、美蘭との仲も応援します！って言ったかしら、私。（『お義父さんと呼ばせて』）

通常敬体变简体，会令表达简洁。保留敬体、敬语时，会令表达生动形象。

（6）重复表现

重复表现是有意连续使用同一个词语或句子，以达到突出某种感情，强调某个意思的目的。将结构、长度相同的句子排列起来，以达到一种加强语势的效果，如例[22]至例[24]所示：

[22] 庭野：それって、課長が売れ売れって言ってる、坂の上の、あれですよね？（『家売るオンナ』）

[23] 色々あるよ、事あるごとに。別れる別れるって言ってたんじゃ、身がもたねえぞ。（『家族ノカタチ』）

[24] 永里大介：何、子供見たら、カワイイねカワイイねって言わなきゃいけないわけ？（『家族ノカタチ』）

例[22]中的引语「売れ売れ」可以看出原说话者「課長」希望卖出房子的迫切性，词语的重复达到了强调的目的。

（7）表示原说话者语气的词语

语气词①是表示语气的虚词，常用在句尾表示种种语气。语气词的语法特征有两个：一是附着性强，只能粘着在句子或别的词语后面，起一定的语法作用；二是语气词常常跟语调一起共同表达语气。引用者灵活运用语气词，能够生动重现原说话者的语气和语调，如例[25]—[27]：

[25] 陽三：惠ちゃんのことよ、世間は、ダメな女ね②って言うけどよ。

（『家族ノカタチ』）

[26] 保：ミーちゃんに、あれ懐かしいねって話しても、ミーちゃんまだ生まれる前の話だったってこと、よくあるからさ。

（『お義父さんと呼ばせて』）

[27] 大介：いつも自分が言ってんだろ。一人より二人、二人より三人。人に何かあったら相談しろよって。（『家族ノカタチ』）

3.2.2.2　次级标记

之所以称之为次级标记，是因为引语中即使存在这些谓语标记，也不能保证此引语是直接引语。这类引语中的谓语以原说话者的视角为基点来把握整个事件内容，人称代词可能是引用者的视角。即间接引语中存在人称代词是引用者视角，谓语是原说话者视角的情况。这种情况我们将在间接引语中会有所论述。

（1）疑问句充当直接引语

如例[28]所示，引语「誰ですか？」是原说话者「庭野」的发问，不是引用者「よしき」的发问。

[28] よしき：その美人の横にいた男が俺を見て、「誰ですか？このおっさん<原说话者视角>」と言った。（『家売るオンナ』）

① 彭广陆在《论日语的系词》中将学校语法中的“终助词”叫做“语气词”。

② 表示原说话者语气的词语「ね」和「よ」。

（2）祈使句充当直接引语

说话者命令或请求某人做某事的句式是「～せよ／しなさい／してくれ／してください」。表达命令或请求等句子的引语表示说话者命令某人做某事。因祈使句（表达命令或请求等）可以表示原语境的行为要求，所以引语用表达命令或请求等的祈使句可以重现原语境的行为要求，如例[29]—[32]：

[29] 鍵谷：もう、彼女のこと<引用者视角>は忘れてくれ<原说话者视角>って。

倫子：えっ、誰に言われたの？

鍵谷：彼女のお父さん。（『東京タラレバ娘』）

[30] 陽三：出てけ<原说话者视角>って言われたから、今夜は、ここで寝ようかなと。（『家族ノカタチ』）

[31] 莉奈：だから、葉菜子さんに頑張れ<原说话者视角>って、信じるからって言われると頑張らなくちゃって気持ちに。（『家族ノカタチ』）

[32] 森尾：『Lassy』の読者向けだから、ぜひ紹介させてください<原说话者视角>って、言ってました。（『地味にスゴイ！校閲ガール・河野悦子』）

（3）否定性命令句充当直接引语

说话者命令或请求某人不要做某事的句式有「～するな／しないでくれ／しないでください」等。这种否定性命令句也叫禁止句。一般用于尊对卑，长对幼，上级对下级。但禁止句放入引语中并不一定表达这种关系，如例[33]、[34]所示：

[33] 足立：じゃあ、白洲にそういうことするなって言っておきます。（『家売るオンナ』）

[34] 永里大介：30代なんてさ、自分のことで、精いっぱいなんだから、俺達の秩序のある暮らしに、余計なもめ事、持ち込む

なって言いたいよね。　　　　　　（『家族ノカタチ』）

使用禁止句时，多数情况下引语并没有实际发生，是引用者假想的话语。「言う」采用的形态也是意志形或否定式①，如例[35]：

[35] 熊谷葉菜子：恋するなとは言わない。　　　　　　（『家族ノカタチ』）

禁止句的引语即使实际发生了，也表示一种经常性，「言う」采用的形态多是「いつも～言われてる」「いつも～言ってんの」，如例[36]：

[36] 庭野：「もたもたするな、すぐ動け」って、いつも会社で、言われてるもんですから。　　　　　　（『家売るオンナ』）

（4）　陈述句充当直接引语

A. 意愿句充当直接引语

意愿句主要表达人的美好愿望和期盼，常用的表达形式有「たい」和「ほしい」，如例[37]、[38]所示：

[37] 三軒：足立聡、あなたが放っておいたお客が、私のまいたチラシに食い付いた。それで買いたい<原说话者视角>と言った。（『家売るオンナ』）

[38] 庭野：この前、パートナーが欲しい<原说话者视角>っておっしゃってましたもんね。　　　　　　（『家売るオンナ』）

B. 推测句充当直接引语

如例[39]、[40]所示，「だろう」「でしょう」代指原说话者「まさお」「証人」的语气。

[39] カズ：そうだ、お前に俺の気持ちなんか、分かんねえだろう<原说话

---

① 如「言っておく」「言ってください」「言いたい」「言わない」等。

者视角〉って言われたから、よく考えてみたけど、やっぱり分かんねえわ。　　　　　　　　　　　　　（『A LIFE』）

[40] 証人：素晴らしい恋人に巡り合えるでしょう〈原说话者视角〉と言いました。　　　　　　　　　　（『リーガル・ハイ』）

C. 判断句充当直接引语

判断句「はずだ」「べきだ」「のだ」「ものだ」「ことだ」充当直接引语，例[41]中的「はずだ」、例[42]中的「べきだ」分别表示原说话者「記者」和「羽生晴樹」的语气。

[41] 黛：いや、記者は「安奈さんと、後藤さんの仲も、また、あれは、間違いなく、男女の仲だったはずだ〈原说话者视角〉」とおっしゃっています。　　　　　　　　　　（『リーガル・ハイ』）

[42] 羽生晴樹：だから、言ったじゃないですか！情状酌量に変えるべきだ〈原说话者视角〉って！　　　（『リーガル・ハイ』）

疑问句、祈使句、否定性命令句、陈述句等可以保持原话语的效力不变。当引语是疑问句时表示原说话者的疑问请求；当引语是命令、禁止句时，表示说话者（命令者）单方面的要求，要求对方做什么。命令、禁止句对听话者有行为要求，指示听话者进行某行为。当引语用祈使句时，可以表示原说话者对原听话者的命令、号召、建议、请求等；当引语是陈述句「Vう／Vよう」时，表示原说话者自己的意志或号召他人做某事；当引语是陈述句「Vたい」时，表示原说话者的愿望；当引语是陈述句「Vだろう」「Vでしょう」时，表示原说话者的推断语气；当引语是陈述句「Vべきだ」「Vはずだ」「～ことだ」「～ものだ」「～のだ」等形式时，表示原说话者的判断。

3.3　间接引语

引用者用自己的话语转述的原说话者的话语，我们叫做间接引语。

3.3.1 间接引语的形式

3.3.1.1 语义内容不变，调整话语结构和语词

因引用者记忆力的限制或受转述态度的影响使引语和原话语不尽相同，如例[43]—[45]所示：

[43] 美加：あとあと、ヤモリもいます。

…

客：でも、この人がヤモリが出るって。　　　（『家売るオンナ』）

[44] 庭野：保坂様は、今、流行りのミニマリストですね？この前行った本屋さんにもミニマリストのコーナーがありましたよ。

…

保坂：「最近、流行りのミニマリスト」と言われると心外ですね。

（『家売るオンナ』）

[45] 美加：私、お魚、苦手なんです～。

…

足立：魚苦手って言いながら、バクバク食べてたね。

（『家売るオンナ』）

3.3.1.2 对语义内容进行了适当的概括或补充

引用者根据自己对话语内容的理解，用最简单的语词来转述原来的话语，也可以用一个词语来代替整句话语。间接引语使得描述更流畅，如例[46]所示：

[46] 葉菜子：ずっと誰にも言わずにフタしてきたことがあったんですけど、でも、誰かに聞いてもらいたくなって…

陽三：で、それをうちの大介に話してくれたの？

葉菜子：迷惑ですよね。人の打ち明け話なんて、みんな自分のことで、精いっぱい生きてるのに、そんな人のシビアな悩みなんか聞かされても。

陽三：でもさ、葉菜子ちゃん、迷惑なんてさ、かけあいながら、生

きてくもんでしょう。俺、思うんだけどね。葉菜ちゃんは、何か…ちゃんとしようとしすぎてんじゃねえかな？何か、一人で、こう、頑張りすぎてんじゃねえかなと思うよ。でも嬉しかったな。それを…大介に話してくれて。

葉菜子：困らせちゃいましたけど。

…

陽三：余計なことを打ち上げなきゃ、よかったって、何か…葉菜ちゃん、後悔してたぞ。（『家族ノカタチ』）

3.3.1.3 替换个别语词

引语经过了引用者的改动，替换了个别词语，如「は」「が」「も」等，但语义不变，并且是从原话语者视角进行的引用，如例[47]所示：

[47] 三軒：課長のことは、好きです。統率力がない、はっきりしない。強いものに弱い。長いものに巻かれる。ひとに気を使い過ぎて、何事も後手後手だ。でも、好きです。庭野も好きです。誠実と言えば聞こえはいいが、バカ正直で融通が利かない。一生懸命だが、独自の戦略はない。でも、好きです。ただ、課長と庭野が、私のことを女として愛していないように、私も男として、課長と庭野を見詰めることはありません。

…

庭野：あの、自分、この前、「庭野のことが好きです」って言われたんです。

こころ：「庭野のことが好きです」じゃなくて、「庭野のことも好きです」って言ったんだよ、サンチーは、「屋代課長は好きです、庭野のことも好きです」って。

（『家売るオンナ』）

3.3.1.4 人称代词的变化

引语在人称上有所改动，但语义不变，并且是原话语者的视角，如例

[48]：

[48] 白洲：庭野さんって、三軒家チーフのこと好きですよ。
…
白洲：言っちゃった、言っちゃった、サンーチに、「庭野さんは、あなたが好きですよ」って。（『家売るオンナ』）

从上下文语境来看，并不是原封不动的引用，应该属于间接引语；但是从话语者的视角来看，此引语是原说话者视角，如果没有上文语境，应该将此引语归为直接引语。

3.3.1.5　歪曲客观事实的间接引语

这类引语，如例[49]所示：

[49] 布施：捨てちゃえば？便所とかに。
八戸：今、白洲に、どんなアドバイスしたんですか？
布施：俺達の時代は、チラシ、一日、3000枚は配ったぜって言っただけ。（『家売るオンナ』）

3.3.1.6　语义内容不变，叙述角度改变

引用者要对这类引语中的人称代词和带有方向性的动词进行调整，即对原话语中的人称代词、时间词等要进行严格的转换。引语的产生是引用者对原说话者话语引用的结果。指示词、时间词等均是需要注意的词语。说话者、听话者发生了变化，指示词也要相应地发生变化，否则会出现所指不同，无法准确传递信息的情况。如例[50]中人称代词「あなた」代指当前听话者。例[51]中「私」是引用者的视角。

[50]大介：あなたに<引用者视角>渡してくれ<原说话者视角>って、浩太から。試験受かって、看護学校入ったら、使ってくれって。ちゃんと使ってやってください。（『家族ノカタチ』）

[51] 倫子：向こうも、私のこと〈引用者视角〉、好きだって言ってくれてる。　　（『東京タラれば娘』）

在实际会话中，要做到真正意义上的“原封不动”地引用是很困难的。如例[48]所示，引语中的人称代词表现的是原说话者的视角，而实际上原话语语境中，并没有使用引语中的人称代词，而是用了「三軒家チーフのこと」，可见人称代词的使用，有时候是引用者的一种策略，让听话者有身临其境之感，营造出原话语语境。

例[43]至[49]有原话语，人称代词、带有方向性的动词虽然是原说话者的视角，但话语却经过了引用者的修改。例[50]、[51]没有原话语，人称代词是引用者的视角。引用者根据自己的需要对话语进行了适当的调整，由于个人使用习惯的不同，会使用不同的语词和不同的语法结构。引用的目的不是对原话语形式的准确重现或转换，而是对原话语意义的准确述说。引语与原话语相比，尽管意思基本相同，但形式各不相同。间接引语是引用者的重新创造与加工。由于引用者和原说话者的语言习惯不同，如习惯用词、语气、口头禅等会有所不同。引用者的用语习惯会在引语中得到体现，而这和原话语会呈现出差别。引语是引用者对话语的概括和总结，有时能够使话语更加简洁明了。

3.3.2 间接引语的标记

3.3.2.1 一级标记

间接引语是引用者用自己的话语转述原说话者的话语。引用者可以用自己的视角取代原说话者的视角，标记形式有人称代词（「私」代指引用者）、时间词（「今日」代指引用时点的时间）、处所词（「ここ」代指引用时点的处所）、表示引用者语气的词，符合引用者的语言习惯。引用者也可以采用原说话者的视角，但是改变原话语的话语形式。间接引语的句尾多是陈述句。当间接引语的句尾是命令句、疑问句时，我们称之为“特殊的间接引语”。这时,引语中的人称代词是从引用者视角出发的。“一般的间接引语”用陈述句表示，原说话者对原听话者的语气，较之命令句和疑问句不那么明显，引用者把原话语调整成陈述句进而转述事件内容。“特殊的间接引语”，人称代词是从引用者的视角出发的，但引语中的谓语是从原说话者视角出发的，“特殊的间接引语”的句类可以是疑问句、命令句、陈述句等。

（1）人称代词

间接引语中的词汇、语气等在很大程度上是引用者加工后的混合形式。间接引语是引用者的话语，引用者概括或改造原说话者的话语内容。间接引语中也会有原话语的痕迹。引用者向听话者转述话语内容时，根据语境的变化对话语做出相应的调整。间接引语是一种叙述性语言，是引用者的概括性话语。如例[52]所示：

[52] 香：私の好きにしていいって。ちゃんと責任取るって言ってくれた。（『東京タラレバ娘』）

例[53]，原说话者「深山」想让引用者「斑目」把「僕」理解成「深山」，结果引用者「坂東」「斑目」理解错了，把「僕」理解成引用者自己，而非原说话者。

[53] 斑目：だって、僕の服を持ってきてくれって言ったから。（『99. 9 -刑事専門弁護士-』）

例[54]，引用者改造加工原话语，原说话者的主体意识与引用者的主体意识混合在一起，引用者在很大程度上吸收了原语句。当引语中有人称代词时，「私」指代原说话者，「あなた」「君」指代原听话者时是直接引语；「私」指代引用者，「あなた」「君」指代当前听话者时是间接引语。

[54] 室田：私のこと（引用者视角）、骨の髄まですきだって言ってますから。（他说他非常喜欢我。）（『家売るオンナ』）

引用句中对人称代词的理解有两种理解方法，即对于第一情景中的原话语有两种理解方法，如[55]至[57]所示：

[55]次郎：太郎は　私は何も分かっていない　と言った。

[56]太郎：私は何も分かっていない。

[57]太郎：君は何も分かっていない。〈聞き手：次郎〉

当「私」指代原说话者时，即[56]为原话语时，[55]的引语属于直接引语；当「私」指代引用者时，即[57]为原话语时，[55]的引语属于间接引语。

（2）称呼语

如果引用句中出现表示原说话者对命题内容判断的副词、判断词时，如「たぶん」「きっと」「必ず」「もしかしたら」「だろう」「かもしれない」等，也不能判断此引语是直接引语。因为话语的哪一部分被加以凸显，引语又被置于何种语境，取决于引用者的主观判断。引用者的主体意识表达引用者看法、评价的同时又保留了原说话者的语气，如例[58]、[59]所示：

[58] 海里：栗原〈引用者视角〉なら多分ここだろうって千明ちゃんが。

（『せいせいするほど、愛してる』）

[59] 涼：KEYがここに香〈引用者视角〉がいるかもって言うからさ。

（『東京タラレバ娘』）

例[58]，间接引语中有原说话者的语气（推测），但是从称呼语「栗原」判断出是间接引语。因为原说话者称呼「栗原未亜」时，不用「栗原」这种称呼语，而是使用「未亜」。直接引语引用的是原话语，称呼语、指示成分（人称、地点、时间）等要保持不变。间接引语是引用者对话语的转述，称呼语发生改变，但可以保留原说话者的语气。间接引语中有时也会有原说话者的语气，但人称代词或称呼语是引用者视角。间接引语从引用者的视角出发，重新组织话语。间接引语把原说话者的话语融入到自己的话语中，或者只引用原话的大意，如例[60]所示：

[60] 礼さん：私が産んだ孫はかわいくないとまで言われてるんですから、一緒になんか暮らせないってこの前言ったじゃない。

何を寝ぼけてるの！　　　　　　　　（『家売るオンナ』）

例[60]中的引语属于间接引语，间接引语中的「私」指代引用者。

（3）时间词、处所词

例[61]，引语中的时间词是「今日」，是站在引用者的视角转述的话语内容，因为原语境中用的时间词肯定不是「今日」，可能是「あさって」等词。

[61] 屋代：それで、今日（引用者视角）、取り壊されるって聞いてな。

（『家売るオンナ』）

（4）位移动词、授受动词

间接引语中授受动词的调整，如例[62]—[64]，「来る」「くれる」表示向引用者方向来，表示到达点时，是间接引语。

[62] 葉菜子：和弥、夕方に車で来る<引用者视角>って。

（『家族ノカタチ』）

[63] 大介：伯父さん、日曜日に来てくれる<引用者视角>って。

（『家族ノカタチ』）

[64] 大介：はい。伯父さん迎えに来る<引用者视角>って。

（『家族ノカタチ』）

（5）引用词

「ように」是引导间接引语的引用词，此时的引语可以是已发生过的事情，也可以是未发生的事情。当含有「ように」的主句是陈述句时，「ように」表示某人（原说话者）让某人（原听话者）干什么，如例[65][66]所示。当含有「ように」的主句语气是命令语气时，表示引用者希望当前听话者做某事，「ように」表示当前听话者对第三者有行为要求，如例[67]至[69]所示。当含有「ように」主句是疑问句时，「ように」表示第三者对听话者有行为要求，如例[70]所示。

[65] 佐田：ちゃんと再捜査するように言いましたから。

（『99. 9 -刑事専門弁護士-』）

[66] 客：うち、カミさん、健診なんで、終わったら来るように言うよ。

（『家族ノカタチ』）

[67] 宮澤の奥さん：だったら宮澤に女と別れるように言いなさい。

（『家売るオンナ』）

[68] 葉菜子：あのね、このお客様にも、至急、連絡するよう、安藤君に伝えて。（『家族ノカタチ』）

[69] 部長：じゃ、謝ってきて、莉奈ちゃんに会って謝って、会社に残るよう、説得してきてよ。（『家族ノカタチ』）

[70] 立花：もしかして、殺人の罪をかぶるよう、脅されたんじゃないんですか？（『99. 9 -刑事専門弁護士-』）

（6）表示引用者语气的词语

通过上下文语境得知「なんか」[①]表示引用者评价的语气，如例[71]所示。例[72]中，「もたねえ」是引用者「陽三」经常使用的形式，医院医生大概会使用「もたない」这样正式的说法。例[73]，「何だ」也是引用者「保」自己的语言。

[71] 奥平：大体、マンションなんか買うって、あいつが言い出したから、こんなことになったのよ。（『家売るオンナ』）

[72] 陽三：俺な、もうじき、死ぬんだわ。夏までもたねえだろうって、それまでに、死ぬって言われた。（『家族ノカタチ』）

[73] 保：周りからは、ばかだ何だって言われてるよ。自分でもかっこ悪いなぁと思ってるよ。（『お義父さんと呼ばせて』）

3.3.2.2 次级标记

次级标记要看引语中的谓语形式，即看引语中的句类形式。

① 表示引用者语气的词语为「なんか」「もたねえ」「何だ」。

（1）疑问句、祈使句、否定性命令句充当间接引语

当疑问句、祈使句、否定性命令句充当间接引语时，有两种情况：一是人称代词是从引用者视角出发的，如例[74]、[75]、[76]所示；二是人称代词（反身代词）是从引用者视角出发，谓语的语气是从原说话者视角出发的，如例[77]、[78]所示。

[74] 静香：さっき、私に主人のどこ<引用者视角>が好きになったのかって聞きましたよね。　（『お義父さんと呼ばせて』）

[75] ただ、もしそれで、あなたが無罪になったとして、それが、あなたの人生<引用者视角>を狂わせないことになったのかと問われれば、私には分かりません。　（『99. 9 -刑事専門弁護士-』）

[76] 永里大介：あなたに<引用者视角>渡してくれって、浩太から。（『家族ノカタチ』）

「主人」指代引用者自己的爱人时是间接引语，如例[74]所示；「あなた」指代当前听话者时是间接引语，如例[75]所示；祈使句「渡してくれ」凸显原说话者的语气，但人称代词是从引用者视角出发的，所以例[76]是间接引语。引用者在转述时，可以转换叙述角度，即人称代词是引用者视角，而引语中祈使句是原说话者视角，这样就造成了不同视角交织的情形。因为祈使话语的发出者不是引用者，而是原说话者「浩太」，而引语中的人称代词「あなた」是当前语境中的听话者，是从引用者视角出发的。例[77]中也是既有原说话者的视角，又有引用者的视角。「あなた」不指代原语境中的听话者，而指代当前语境中的听话者时，是间接引语。此时的间接引语可以凸显原说话者的语言，产生“耳闻目睹，身临其境”的效果。

[77] 深山：あの日、僕は料理を一口食べて味が薄いと思い、カバンから、調味料を取り出しました。そして僕が料理にかけようとすると、鈴木さんが急に皿を出して、自分の料理にも<引用者视角>かけてくれ<原说话者视角>と言ってきたんです。おかしいなと思いました。　（『99. 9 -刑事専門弁護士-』）

[78] 幸藏：三浦君にね、ここで<引用者视角>待っててくれ<原说话者视角>って言われたもんだからさ。　（『世界一番難しい恋』）

以上两个例句中，引用者转述时虽然都是从引用者视角出发，引语采用祈使句形式，但是实际上是经过引用者加工过的原说话者的委婉请求语气。

（2）陈述句充当间接引语

例[79]，原话语的形式是“警方”的问句（疑问句）和“根本”的答句（陈述句），而引语仅是一句陈述句。

[79] 深山：根本さんは井原さんのことを初めて来た客だと言っていたが、二人は恋人関係にありました。

（『99.9 -刑事専門弁護士-』）

3.4 直接/间接引语

当无直接间接引语标记，又无上下文语境时，我们无法判断是直接引语还是间接引语，如例[80]至例[83]，既无语境，又无引语标记，属于直接/间接引语。

[80] 貴美子：何よ今更！ほれた女と生きなおすって言ったじゃないの！（事到如今，说什么呢！刚才你不是还说要和喜欢的女人开始新的生活嘛。）　（『家売るオンナ』）

[81] 日向：一人で生きるとか散々言ったけど、結婚しちゃったのよ、私。（我说过要一个人生活，但却结婚了。）

（『家売るオンナ』）

[82] 城ケ崎：ご近所には、息子は海外に赴任したって言ってあるんです。（我对邻居们说我儿子出国了。）

（『家売るオンナ』）

[83] 葉菜子：結婚しないと、いつまでたっても、未熟だって、成長しないって言われるの。（如果不结婚，别人就会说你不成熟

了，没有长大了等等。）　　　　　　（『家族ノカタチ』）

直接/间接引语的句尾是无标形式的陈述句。

3.5　直接引语与间接引语的比较

直接引语与间接引语的标记形式，详见表3.2。

表3.2　直接引语与间接引语的标记形式

<table>
<tr><th>标记
引语
视角</th><th>引语</th><th>标记种类</th><th colspan="2">标记形式</th><th>例</th></tr>
<tr><td rowspan="19">原说话者</td><td rowspan="19">直接引语</td><td rowspan="8">一级标记</td><td colspan="2">人称代词</td><td>僕、私</td></tr>
<tr><td colspan="2">时间词</td><td>今日</td></tr>
<tr><td colspan="2">处所词</td><td>ここ</td></tr>
<tr><td colspan="2">授受动词
位移动词</td><td>くれる、もらう、あげる、
来る、行く</td></tr>
<tr><td colspan="2">称呼语、打招呼用语、应答语、寒暄语、问候语</td><td>おーい、はい</td></tr>
<tr><td colspan="2">敬语</td><td>お～する</td></tr>
<tr><td colspan="2">重复表现</td><td>かわいいかわいい</td></tr>
<tr><td colspan="2">表示原说话者语气的词</td><td>わ、よ、ね</td></tr>
<tr><td rowspan="11">次级标记</td><td colspan="2">疑问句</td><td>か、だろうか</td></tr>
<tr><td rowspan="5">祈使句</td><td>否定命令</td><td>走るな</td></tr>
<tr><td>命令</td><td>走れ、走りなさい</td></tr>
<tr><td>请求</td><td>走ってくれ</td></tr>
<tr><td>号召</td><td>走りましょう</td></tr>
<tr><td>建议</td><td>走ったほうがいい</td></tr>
<tr><td rowspan="5">陈述句</td><td>意志希望</td><td>走りたい、走ってほしい</td></tr>
<tr><td>推测</td><td>たぶん～だろう／かもしれない</td></tr>
<tr><td>确信</td><td>～にちがいない</td></tr>
<tr><td>断定</td><td>のだ</td></tr>
<tr><td>感情表现</td><td>さみしいなあ</td></tr>
</table>

（续表）

<table>
<tr><th>标记
引语
视角</th><th>引语</th><th>标记种类</th><th colspan="2">标记形式</th><th>例</th></tr>
<tr><td rowspan="6">引用者</td><td rowspan="6">间接引语</td><td rowspan="5">一级标记</td><td colspan="2">人称代词</td><td>僕、私、先生</td></tr>
<tr><td colspan="2">时间词</td><td>今日</td></tr>
<tr><td colspan="2">处所词</td><td>ここ</td></tr>
<tr><td colspan="2">授受动词
位移动词</td><td>くれる、もらうなど
来る、行く</td></tr>
<tr><td colspan="2">引用词</td><td>ように</td></tr>
<tr><td>次级标记</td><td>陈述句</td><td>断定</td><td>だ、$V_{\text{終止形}}$</td></tr>
</table>

当有语境时，直接引语尽量保持词项、句法（包括语气、语调）的原始形态，并保持着它原有的语境，维持其完整而独立的句子形式，不受主句部分句法要求的干扰，语义内容和叙述角度都不变。直接引语的内容可以是句子、句群，也可以是词或者词组。间接引语是引用者用自己的话语重新述说原说话者所述说的事实。原说话者的话语被转述时，引用者可能改变叙述角度。表现在语言上，人称代词受引用者的制约而发生了改变，语义内容也因叙述角度的转变而呈现出一定的改变。

直接引语具有现场性，让听话者有身临其境之感。之所以将语气词、人称代词、重复表现、敬语、疑问句、命令句、禁止句、意愿句等作为直接引语的标记就是因为这些标记的出现，具有现场性和生动性，能表示有听话者存在的言说行为正在进行。

3.6 直接引语与间接引语之间的转换

按照不同的引用者，我们来看直接引语与间接引语之间的转换。

3.6.1 引用者是原听话者

基本的引用句式为“～は～に「XはY」と言った”。第一情景中的原说话

者把内容“XはY”传达给原听话者。第二情景中，原听话者作为引用者把内容传达给当前听话者。如例[84]所示：

[84] 先生：お前の写真が見たい。〈原话语〉

原听话者（「お前」）具有双重身份，第一情景中的听话者，第二情景中的说话者（引用者）。如例[84']a、b所示：

[84'] a. 先生は私にお前の写真が見たいと言った。 〈直接引语〉

b. 先生は私に私の写真が見たいと言った。 〈间接引语〉

同理，例[85]中原听话者（「あの子」）也具有双重身份，第一情景中的听话者，第二情景中的引用者。

[85] 先生：あの子が来る。 〈原话语〉

a. 先生は私にあの子が来ると言った。 〈直接引语〉

b. 先生は私にあなたが来ると言った。 〈间接引语〉

例[84]、[85]中的引用表示引用者的直接经验，引用者是原话语中的听话者。

如例[86]所示，直接引语变间接引语时，要对直接引语中的人称代词、指示词和授受动词做相应的调整，如例[86]a、b所示：

[86] 彼女：君にこれをあげたいわ。 〈原话语〉

a. 彼女は「君にこれをあげたいわ」と言った。 〈直接引语〉

b. 彼女は私にそれをくれると言った。 〈间接引语〉

如例[87]所示，要对直接引语中的时间副词、人称代词、位移动词做相应的调整。

[87] 彼女：あした、君のところに行きたいんです。 〈原话语〉

a. 彼女は「あした、君のところに行きたいんです」と言った。

〈直接引语〉

b.彼女は今日、私のところに来たいと言った。 〈间接引语〉

如例[88]所示，要对直接引语中的指示词、人称代词、位移动词做相应的调整。

[88] 彼女：この調子で彼と一緒に行くことができる。 〈原话语〉

a. 彼女は「この調子で彼と一緒に行くことができる」と言った。

〈直接引语〉

b. 彼女はその調子で私と一緒に来ることができると言った。

〈间接引语〉

3.6.2 引用者是第三者（既不是原说话者也不是原听话者）

[89] 先生：君は本当は何も分かっていないね。 〈原话语〉

a. 先生は学生に君は何も分かっていないねと言った。 〈直接引语〉

b. 先生は学生に彼は何も分かっていないと言った。 〈间接引语〉

原说话者「先生」所使用的人称代词为「君」，原听话者身份是学生。引用者是第三者，既不是原说话者又不是原听话者，引用句式为“話し手は聞き手に「XはY」と言った”。

如例[90]，原说话者是王亮亮，原听话者是新娘李玲玲的妈妈，引用者分别是原听话者和第三者，所用词语会发生相应的变化，如[90]a—d所示：

[90] 王亮亮：娘さんを妻にしてください。 〈原话语〉

a. 李さんのお母さん：王さんは「娘さんを妻にしてください」と言った。 〈引用者=原听话者、直接引语〉

b. 李さんのお母さん：王さんは玲玲を嫁にくれと言った。

〈引用者=原听话者、间接引语〉

c. 李さんの友人：亮亮は「娘さんを妻にしてください」と言った。

〈引用者=第三者、直接引语〉

d. 李さんの友人：亮亮は玲ちゃんを嫁にくれと言った。

〈引用者=第三者、间接引语〉

如上所示，引语内容不一定是引用者的直接经验，即引语有可能是传闻得来的信息。当直接引语转换成间接引语时，「妻」要改成「嫁」，这是名词指示语方面的调整；「娘さん」要改成「玲玲」「玲ちゃん」，这是人称代词方面的调整；「ください」改成「くれ」，这是授受动词方面的调整；还有主句当中，对称呼语所做的调整「王さん」「亮亮」等。

如[91]所示，变间接引语时，对直接引语中的人称代词做相应的调整，授受动词不做调整，间接引语中的谓语从原说话者视角转述原话语。

[91] 父：やつに金をやれ。 〈原话语〉

a. 父は「やつに金をやれ」と母に言った。 〈直接引语〉

b. 父は私に金をやれと母に言った。 〈特殊性间接引语〉

3.6.3 引用者不确定（原听话者或第三者）

当直接引语转换成间接引语时，时间副词起到了关键性作用，时间副词从引用者视角出发；当直接引语是特殊句式（疑问句、命令句）时，间接引语中的谓语，如授受动词、来去类动词是从原说话者视角出发，如例[92]所示：

[92] 太郎：あした来るか。 〈原话语〉

a.太郎は「あした来るか」と聞いた。 〈直接引语〉

b.太郎は今日来るかと聞いた。 〈特殊性间接引语[①]〉

如例[93]所示，当直接引语或特殊性间接引语中存在原说话者的语气时，

① 时间副词是引用者视角，引语中的位移动词是原说话者视角。

会使引语具有生动性。一般性间接引语[1]没有原说话者对原听话者的这种传达语气，用陈述句表示事件内容，并从引用者的立场出发对原话语进行调整。

[93] 太郎：あした来てね。 〈原话语〉

a. 太郎は「あした来てね」と頼んだ。 〈直接引语〉

b. 太郎は今日来てくれと頼んだ。 〈特殊性间接引语〉

如[94]所示，直接引语和间接引语的判断标准是看引用者是否调整了视角。从人称代词、时间副词、处所词等能判断出是站在谁的视角转述话语。直接引语不涉及视角的转换，引用者站在原说话者的立场上转述话语。直接引语中如果有语气词则更能突出临场感。间接引语涉及视角的转换，间接引语使句子流畅性更高，但是临场感会降低。

[94] 玲玲：その指輪がいいな。 〈原话语〉

a. 玲玲はその指輪がいいなと言った。

〈指示词和语气词原说话者视角、直接引语〉

b. 玲玲はこの指輪がいいと言った。

〈指示词引用者视角、间接引语〉

c. 玲玲はその指輪がいいと言った。

〈指示词原说话者视角、直接引语〉

d. 玲玲はこの指輪がいいなと言った。

〈指示词引用者视角、特殊性间接引语〉

如例[95]—[97]所示，「てくれ」可以有多个功能，既可以表示命令，也可以表示请求和号召。

[95] 先生：君も来てくれ。 〈原话语是命令句〉

① 一般性间接引语中人称代词和位移动词等是引用者视角；特殊性间接引语中，一般情况是人称代词是引用者视角，而引语中的位移动词是原说话者视角。

a. 先生は君も来てくれと言った。　〈直接引语〉

b. 先生は私も来てくれと言った。　〈特殊性间接引语〉

[96] 兄：どうか君も来てくれ。　〈原话语是请求句〉

a. 兄はどうか君も来てくれと言った。　〈直接引语〉

b. 兄はどうか私も来てくれと言った。　〈特殊性间接引语〉

[97] 先生：ぜひ君も来てくれ。　〈原话语是号召句〉

a.先生はぜひ君も来てくれと言った。　〈直接引语〉

b.先生はぜひ私も来てくれと言った。　〈特殊性间接引语〉

如例[98]所示，主句中的引用词「ように」、引用动词「命令する」等也能体现引用者的视角，体现间接化程度。人称代词、指示代词、引用词「ように」、部分引用动词（传达动词）等能体现引语间接化程度。

[98] 先生：君も行け。　〈原话语是命令句〉

a. 先生は君も行けと言った。　〈直接引语〉

b. 先生は君も行けと命令した。　〈直接引语〉

c. 先生は私も行くように命令した。　〈间接引语〉

d. 先生は私も行けと命令した。　〈特殊性间接引语〉

当引语是陈述句时分两种情况：一是原说话者单纯转述事件内容；二是含有原说话者嘲讽语气的转述。从例[99]的引用词、例[100]的引用动词中可以看出句子含有责备的语义。引用者在调整视点，陈述客观事实的同时，原说话者责备对方的临场感减弱。

[99] 学生を教えるのは私の職務なんだ。試験に合格できなかったら、先生の怠慢だなんて言われるじゃないの。　（BCCWJ）

[100] 世界で一番馬鹿なのは私だなどとぬかしたら、枕元に立って、砕いてしまってやる。　（BCCWJ）

发话行为进行之后，对听话者产生一定的影响，听话者的感情、信念、态度会发生转变，具有长期持续的效果，如约定、请求、诊断、主张、命名、命令、劝告、警告等等。直接引语中多含有感叹、询问、祝福、谩骂、嘲讽等特殊语气，这种语气和引语外的成分明显是两个层面的问题。

3.7 引语的个案研究

引语可以由陈述句、疑问句、祈使句、感叹句充当，后三个句类直接表明原说话者的行为要求——疑问、祈使和感叹。

3.7.1 陈述句做引语

3.7.1.1 引语是特殊陈述句「てほしい」

例[101]至[106]的引语是陈述句「てほしい」，例[101]—[103]的引用动词是典型言说动词「言う」；例[104]隐含了引用动词；例[105]、[106]的引用动词是请求类引用动词「頼む」「お願いする」等。

[101] 小雪の父：お前には、幸せになってもらいたいと思ってんだ。

…

小雪：不倫なんかやめろって言われたら、ガ～って反発してたと思うんだけど、淡々と「幸せになってほしい」とか言われちゃうと逆にキツイ。（『東京タラレバ娘』）

[102] 知樹：最高の先生に、診てもらいたいんです。

…

井川：息子さんに「最高の先生に、診てほしい」と言われちゃいました。（『A LIFE』）

[103] 光：ねえ、信さん、前に、私に言ってくれたでしょ？俺が死ぬ時は、私にそばにいてほしいって。（『奪い愛、冬』）

[104] 信：病院から、来てほしいって。（『奪い愛、冬』）

[105] しゃらく：帰ってきてほしいとは頼んでないが、まさか、君に助けられるとは。（『IQ246～華麗なる事件簿～』）

[106] 古美門：ご自宅に見慣れない物があったら、持ってきてほしいとお願いしたのですが、持ってきてくださいましたか？

（『リーガル・ハイ』）

当引语是「てほしい」，主句表示被动时，愿望发出者是被动句中「に」格前的名词；当主句是主动句时，愿望发出者是原说话者。引用动词除了典型言说动词「言う」外，还可以是「頼む」「お願いする」等。原话语用「てほしい」表示自己的希望、愿望，原话语用「てもらいたい」表示说话者希望某事发生，说话者请求听话者做某事。引语用陈述句「てほしい」表示说话者的希望，引用动词表示原说话者有了某种想法后的动作行为，如「頼む」「誘う」「お願いする」等。引用动词「頼む」「誘う」「お願いする」表示原说话者的行为。原说话者说完某话语后，引用者概括此话语内容为“请求、邀请、希望”等行为。

3.7.1.2　引语是推测句「だろう」

当引语是推测句时，如例[107]：

[107] 海里：栗原なら多分ここだろうって千明ちゃんが。

（『せいせいするほど、愛してる』）

3.7.1.3　引语是特殊陈述句「う／よう」

如例[108]所示，原话语是疑问句，委婉地请求原听话者做某事。当引用者引用时，引用者理解了原说话者的目的——邀请，引用者用「住もう」代替原话语，「住もう」是原说话者的最终目的。

[108] 鮫島零治：もし、みささんさえ、よければ、家で一緒に住まないか？まあ、つまり、同棲というやつだ。

柴山美咲：…でも、うれしいです。一緒に住もうって言ってもらえて。

（『世界一難しい恋』）

3.7.1.4 引语是陈述句「Nだ／だった」「Vた」

当引语是陈述句时，如例[109]、[110]所示：

[109] みくり：今日ここへ来たせいで、明日は、午後から休日出勤だと言ってました。 （『逃げるは恥だが役に立つ』）

[110] 平匡：303号室に帰ることに決めたと言った。 （『逃げるは恥だが役に立つ』）

3.7.2 疑问句做引语

引语是疑问句，引用动词可以用典型言说动词「言う」，如例[111]；也可以是引用动词「聞く」，单纯的表示疑问，如例[112]、[113]；也可以是引用动词「頼み回る」，表示疑问的同时还表示请求，如例[114]；使用引用动词「誘う」时，表示疑问和邀请，如例[115]至例[118]；使用引用动词「提案する」时，表示疑问和建议，如例[119]。「聞く」（问）多数情况下和疑问句共现，「頼む」「誘う」除了可以和疑问句引语共现外，还可以和陈述句、命令句引语共现。

[111] KEY：演技に興味ないかって言われて、事務所の人に行けって言われたから。 （『東京タラレバ娘』）

[112] 静香：さっき、私に主人のどこが好きになったのかって聞きましたよね。 （『お義父さんと呼ばせて』）

[113] 巻：さっき別府さん、愛情って言いましたけど、そのね、夫がいた居酒屋さんで、もう一つ聞こえたことあって、後輩の人が夫に聞いたんです、奥さんのこと、愛してるんですかって。愛してるよ、愛してるけど、好きじゃないって。 （『カルテット』）

[114] 久野：実は先輩、いろんな人に、hiroを紹介してもらえないかって頼み回ってたみたいなんだ。

（『せいせいするほど、愛してる』）

[115] 医学部ではミスキャンパスに出ないかって、四年間、誘われてたし、高校の頃は勉強勉強で、ちょっと華がなかったのか、日の目、見なかったけど。

（『私結婚できないんじゃなくて、しないんです』）

[116] 沼田：青空市に来ませんか？って誘うだけでしょ。

（『逃げるは恥だが役に立つ』）

[117] 和田社長は、柴山美咲の才能を評価し、うちに来ないかと誘った。

（『世界一難しい恋』）

[118] それは、再三にわたって、ステイゴールドホテルに来ないかと誘われていたためで。（『世界一難しい恋』）

[119] 国のいうことを聞いて予算を確保することや、土産を持っていきコネをつくって出世することがいいことか、休まず遅れず働かずという官僚主義で本当にいいのか、それで尊敬されるのか、逆に軽蔑されるのではないかと問題提起し、職員として本当にやるべき基本的なことをやろうではないかと提案し、毎日徹底的に話し合った。

（BCCWJ）

与引用动词「頼む」「誘う」「提案する」共现的引语除了表示疑问外，还可以表示“请求”“邀请”“建议”等语义。

引用者的转述行为借助语言，原说话者的话语也借助语言，因此引用话语时，是一种双重的语言行为。任何语言行为都有主体对语言的加工调节，引语就有双重的加工调节。原话语和引语的比较，详见表3.3。

表3.3　原话语和引语的比较

行为者	行为类型	语类	交际目的	时间	行为类型
原说话者	直述行为	原语	请求、建议 对方做某事	第一时间空间	创造性行为
引用者	转述行为	引语	向对方转述某事	第二时间空间	重复性行为 创造性行为

3.7.3 祈使句做引语

3.7.3.1 请求句做引语

当引语是请求句时，引用动词可以是典型言说动词「言う」，如例[120]、[121]；还可以是请求类动词「お願いする」「頼む」，如例[122]至[124]；还可以是传达类动词「伝える」，如例[125]；还可以是表情动词「泣く」，如例[126]所示。

[120] 幸藏：三浦君にね、ここで待っててくれって言われたもんだからさ。（『世界一難しい恋』）

[121] どうして、断るつもりでいるのに、考えさせてくださいって言うんだよ？（『世界一難しい恋』）

[122] だから、住民説明会で、もっと、低層階にしてくれってお願いしてたところ[①]なんですよ。（『リーガル・ハイ』）

[123] 深山：鈴木さんが事前に、店に薄味で作ってくれと頼んでいたからです。（『99.9 -刑事専門弁護士-』）

[124] 柴山美咲：犬の名前を考えてくれと頼まれました。（『世界一難しい恋』）

[125] 鮎川：玉川さんに伝えておいてよ、連載再開なら、次は、もっと、脚を長く描いといてって。（『IQ246～華麗なる事件簿～』）

[126]鮎川：「捨てないで～」と泣く！（『IQ246～華麗なる事件簿～』）

例[120]至例[124]的引语中都含有「てくれ」等，和中文的“让、叫、希望、要”等具有使役含义的词语相对应。表达说话者的祈使语气时，引用动词使用请求类动词，例[127]、[128]的引用动词是典型言说动词「言う」或隐含言说动词。

① 虚线表示中心词。

[127] こころ：そう言ってた黒い人が、ビルを壊して、土地を売りたいから、一刻も早く出てってくれって。（『家売るオンナ』）

[128] タクシー：足立さんという人が、公園にいる白洲って女の子を拾って行ってくれって言うんで。（一个叫足立的人让我去找在公园里叫白洲的女子。）（『家売るオンナ』）

3.7.3.2　命令句做引语

引语是命令句时，除了表示命令外，还有请求、邀请、建议等多种语用含义。引用动词可以是典型言说动词「言う」，如例[129]；可以是表示命令的动词「命令する」，如例[130]；可以是表示责骂的动词「怒る」「怒鳴る」「ののしる」，如例[131]至例[133]；可以是表示主张的动词「主張する」，如例[134]；可以是表示劝说的动词「説得する」，如例[135]；可以是表示请求、邀请的动词「誘う」，如例[136]；可以是传达动词「通達する」「教える」，如例[137]、[138]。

[129] 藤岩：以前、私に言いましたよね？TPOを大切にしなさいと。（『地味にスゴイ！校閲ガール・河野悦子』）

[130] 三木：俺はやめろと命令した。（『リーガル・ハイ』）

[131] 涼：KEYにも怒られたんですよ。
倫子：えっ？
涼：リナと別れないなら、香を自由にしてやれって。（『東京タラレバ娘』）

[132] 庭野：「好きです」なんて言ったら、「そんなことよりも家を売れ！」って怒鳴られますから。（『家売るオンナ』）

[133] 古美門：店長の林田さんは、「首だ！もう辞めろ！」と、あなたを何度も、ののしった。（『リーガル・ハイ』）

[134] 古美門：仕事もできない、役立たずほど努力とやらを評価しろと主張するものです。（『リーガル・ハイ』）

[135] 古美門：説得しなさい、利口に生きろと。（『リーガル・ハイ』）

[136] 鮫島零治：別に、家に泊まったっていいんだ。

…

鮫島零治：彼女に泊まって行けと誘ったことをもっと評価してもいいんじゃないのか？ （『世界一難しい恋』）

[137] こころ：黒いスーツのおにいさんが立ってたの。黒だったかどうか、分かんないんだけど、黒っぽい感じの！で、そのおにいさんが、「六カ月以内に立ち退けって通達しましたけど、分かってます？」って、すご～く丁寧に、でも、イヤな感じで言って来たの。 （『家売るオンナ』）

[138] 誰が、風船、空へ飛ばせって教えた？ （『世界一難しい恋』）

例[136]，原说话者考虑到原语境中原听话者的感受，用表示建议的陈述句表达自己的请求，当把原话语转述给第三者（当前听话者）时，引用者用引用动词表明自己的真实目的——请求或邀请原听话者做某事，引用者采用了相应的引用动词「誘う」，选取了命令句以此表明真实目的——命令、请求听话者做某事。

当引语是命令句时，引用动词的语义表示“命令”，除了「命令する」外，经常用「言う」表示命令。

3.7.4 感叹句做引语

引语是感叹句，有表示感叹的标记「な」时，如例[139]是直接引语。当原话语是感叹句，引用者引用时，调整了原话语，被调整后，原话语的感叹语气消失，即直接引语的现场性减弱，由原话语的感叹语气变成陈述语气，如例[140]，这时的引语是间接引语。

[139] 逆にこんな時間から受け付けてくれる店があるんだなと感心しちゃいますね！ （BCCWJ）

[140] 丸井良男：小雪さん、キレイな人ですね！

…

丸井良男：僕、ああいう、キリッとした人に、憧れちゃうんですよね。

…

倫子：「小雪のことキレイだって」。

香：「キリッとしててタイプだって」。　（『東京タラレバ娘』）

引语可以由陈述句、命令句、疑问句、祈使句充当，后三者直接表明原说话者的行为要求——命令、设问、祈使。当引语是间接引语时，引用者直接参与到原话语中，不参与到原语境中。在转述时，引用者需要对引用动词进行选择。命令句、疑问句、感叹句和祈使句对应的引用句形式，详见表3.4。

表3.4　命令句、疑问句、感叹句和祈使句对应的引用句形式

句型	原话语	引用句形式
命令句	自分でやれ。	母は自分でやるように命令した。
		母は自分でやるように言った。
命令句	君がやれ。	上司は「君がやれ」と言った。
		上司は「君がやれ」と命令した。
		上司は私がやれと言った。
		上司は私がやるように命令した。
命令句	やめて。	彼女はダメだと言っていました。
疑问句	誰。	彼は私は誰かと聞いた。
感叹句	何て美しいんだ。	彼はなんて私は美しいんだと感心した。
祈使句	雨よ、降れ。	私は「雨よ、降れ」と祈った。
		私は雨が降るように祈った。

间接引语的判断标准，一是看人称代词；二是看前后语气（原话语和引语）。陈述句、疑问句、命令句、感叹句这四大句式既可以出现在直接引语中，也可以出现在间接引语中。当是间接引语时，陈述句式居多；特殊间接引语时，人称代词是引用者视角，引语语气是原说话者视角。常见间接引语的标记有人称代词，引语语气也是重要的判断依据。引用句是引用者的创造，包括

引语、引用词和引用动词。引语有原说话者的痕迹，无论是直接引语还是间接引语。

3.8 小结

直接引语中语气词的运用能表达出说话者不同的情感；称呼语用以唤起听话者的注意；肯定或否定的回答能重现原话语语境。这些要素强调凸显原说话者的特征。在直接引语中，引用者站在原说话者的叙述角度、时空点扮演原说话者的角色。直接引语被看作是借引用者之口说出的原说话者的话语。引用者可以模仿他人的语音声调、肢体动作等来重现他人的话语，以达到自己的目的。

和直接引语相同，间接引语的一级标记有人称代词等带有指示性的词语、位移动词等带有方向性的词语、表示引用者语气的词语、引用词「ように」等等。间接引语用自己的话语转述原说话者的话语，可以采用引用者自己的视角，使叙述更加流畅，也可以采用引用者和原说话者的双重视角，在保持叙述流畅的前提下，增加了引语的生动性，间接引语在句类或词语的选择上不同于原话语。

第4章　引用词

4.1　引用词的基本特征

4.1.1　引用词的定义

小島剛一（2012）和彭广陆（2013）虽然提出了“引用词”这个概念，并将它看作一个独立的词类，但并没有给予引用词明确的定义。本书给日语引用词下的定义是：引用词是标记引语的定位虚词，用于引语的后面，起连接引语与引用动词并表示二者之间关系的作用。

众所周知，划分词类的标准包括语义、形态、语法功能三个方面，其中要以语法功能为主要依据。表示引用的「と」之类的成分在语义、形态、功能三个方面都有其明显的特征，这是我们将其单独立划分的重要依据。

在语义特征上，引用词「と」只表示语法意义——引用。「と」的语法功能比较单一，它只用来标示其前面的成分是引用的内容——引语。「と」指示前面的引语，并连接引语和引用动词。「と」同时还是引语和引用动词的分界线，让人意识到其前面是引语，后面是引用动词。引语和引用动词的性质是不同的，引语具体地重现话语内容；引用动词则抽象概括表示当前说话者（引用者）引用行为的方式。

在句法特征上，引用词「と」前面的成分（引语）有词、词组、句子、句组等形式，后面的成分大多是动词，也可以是动词词组。引用词是标记引语言说内容、思考内容或书写内容的定位虚词，用于引语的后面。

4.1.2　引用词的分类

从连用、连体的角度，将引用词二分为连用引用词和连体引用词两种。通常连用引用词后接用言性质的成分，连用引用词也可以用于结句；连体引用词则后接体言性质的成分。有的引用词同时具有连用和连体这两种功能，如表4.1所示：

表4.1　连用引用词和连体引用词

句型	引用词
连用引用词	と、って
	ように、みたいに
	なんて、とか、とは
连体引用词	みたいな、ような
	との
	なんて
	という／といった
	って（いう）

我们还可以根据与引用词有关的三个特征——引语特征、语体特征、语义特征对引用词进行下位分类。引语特征是看引语属于直接引语还是间接引语；语体特征是看该引用词用于口语还是用于书面语；语义特征则指引用词表示引用，还是表示命令，还是表示示例（「と」只表示引用，但有的引用词除了表示引用外，还可以表示解释强调①、命令②和示例③等）。

各引用词的主要特征如表4.2所示：

① 杨文江（2014）曾经调查了「ッテ」示证标记的使用情况，将句尾的「ッテ」功能概括为引用、传闻、解释、强调四个大类，详见杨文江（2014）。

② 如「達郎さんに、一緒に行くように言われた。」

③ 如「ずうずうしくて迷惑だとばかり思っていた親父に、いきなり「俺死ぬの」なんて言われたら。」

表4.2　各引用词的特征

引用词	所标记的引语类型	语体特征	语用功能
と	直接引语 间接引语	多用于书面语	表示引用
って	直接引语 间接引语	一般用于口语	表示引用
ように	间接引语	多用于书面语	表示引用、命令
なんて	直接引语 间接引语	多用于口语	表示引用、示例
とか	直接引语 间接引语	多用于口语	表示引用、示例
との	直接引语 间接引语	多用于书面语	表示引用
みたいな	直接引语 间接引语	多用于口语	表示委婉引用①、示例
ような	间接引语	多用于书面语	表示引用

4.1.3　引用词的功能

引用词将其前面的内容进行标记，指明它是引语，这是引用词最重要的功能。在对话体中，经常省略引用动词，就是因为引用词的这一标记功能。即使省略了引用动词，也可以知道其前的成分是引语，换言之，引用词不仅具有标记引语的功能，也具有表明引用句的功能，因此引用词的标记性具有双重性。

4.2　「と」

4.2.1　关于「と」的先行研究

藤田保幸（2000）认为「～と」是副词性质的成分。山崎誠（1993）把和

① 柴田ミチコ：ちょっと長く付き合ったこと、ないんでピント…枯れる前に咲いてないよ。晶：経験ないとか？いや何か、さっきから、恋愛偏差値低いなみたいな。）

引用相关的「と」分成两类，一类是引用助词「と」，另一类是引用助词的非引用用法。前者所标记的引语为言说内容，「と」对其进行标记，指明它是引语，这是引用词的功能；后者为非引用用法，「と」的前项内容不表示言说内容，和引用用法的共通之处是，「と」指示谓语的属性内容，如例[1]所示，山崎誠认为例[1]中的「と」的前项内容不是言说内容，这句话不是引用句，但是却把例[1]中的「と」定性为“引用助词的非引用用法”。

[1] 価格もメンズのジャケットやく3～5万円とかなり手頃。

4.2.2 「と」在句中的用法

「と」在句中，连接引语和引用动词，表明二者之间的关系。

「と」因为在引用词中使用频率最高，它前面所接的引语没有类型的限制，而后续的引用动词也没有类型上的限制，而且也没有语体上的限制，所以从这个意义上说，「と」是全能型的引用词，有别于其他引用词。

如例[2]、[3]的引用动词是承诺类动词；例[4]、[5]的引用动词是传达动词；例[6]的引用动词是请求动词；例[7]、[8]的引用动词是书写动词；例[9]的引用动词是存在类动词。例[10]—[13]的主句谓语是动词词组。

[2] 私は、高嶺を立派な住職にすると、あの子の父親に誓ったんですよ。

（『5→9ー私に恋したお坊さんー』）

[3] 夫と紗和さんには、今後、絶対に会わない。電話やメールでの連絡も一切、取らないと誓っていただきます。（『昼顔』）

[4] もう二度と、誕生日を祝わないでほしいと２人に伝えました。

（『5→9ー私に恋したお坊さんー』）

[5] 真白くんに先に帰ってと伝えてほしいんです。（『スミカスミレ』）

[6] あなたには話さないでほしいと頼まれていたのです。

（『5→9ー私に恋したお坊さんー』）

[7] この「最中」と書いて、もなか。

（『5→9ー私に恋したお坊さんー』）

[8] 化け猫を屏風に封じたと記されている。　　　　（『スミカスミレ』）

[9] 特技欄にけん玉とありますが、見せていただけますか？

（『ダメな私に恋してください』）

[10] パーティーを盛り上げれば、仲直りできると私がアドバイスをしたら…、たくさんの飾り付けを彼がしてくれたんです。

（『5→9ー私に恋したお坊さんー』）

[11] 女が鍵を開けて、ここだよと優しく声をかけてあげなければ、何事もなかったふりをして通り過ぎてしまうのです。　　　（『昼顔』）

[12] 幸江さんの話を色々な方に聞きました。ただ、皆さん、口を揃えて、幸江さんの笑ったところを見たことがないと。

（『5→9ー私に恋したお坊さんー』）

[13] 一橋寺も潤子さんも手に入れると大口、たたいて、このざまですか？　　　　（『5→9ー私に恋したお坊さんー』）

如例[10]所示，引语「パーティーを盛り上げれば、仲直りできる」是话语内容。谓语中有“说”的语义成分，谓语「アドバイスをする」是表示“建议”“劝告”类短语，引语内容是对谓语的具体解释。「アドバイス」的具体内容是「パーティーを盛り上げれば、仲直りできる」。再如例[11]所示，「ここだよ」具体解释「声」的内容。例[12]、[13]的谓语都和言说有关。

言说类、思考类和书写类引用动词都是动作类动词，引语是动作（言说、思考和书写）发生后的产物（事件或事物）。我们认为「〜と」和谓语的关系与其看成是修饰的关系，倒不如看成是承接的关系。

4.2.3　「と」在句尾的用法

前文提到，「と」属于连用引用词，但它并非总用于连用，有时它也可以直接用于结句，即后面没有谓语成分。正因为引用词具有明示功能——指明其前面的成分为引语，即言说、思考、书写的内容，所以它后面的言说动词、思考动词、书写动词才有可能省略。本小节重点考察「と」的结句用法，「と」用于结句时，通常可以认为后面隐含了动词，下面按照所隐含的动词类型进行考察。

4.2.3.1 隐含「言う」

“引语+「と」”后面隐含言说类引用动词时，可以分成三种情况，一是前句有表示言说的动词或动词短语，这种情况类似倒装句，如例[14]至例[18]；二是引语中有明显表示话语的词语，如例[19]、[20]，说明「と」后面隐含了言说类引用动词（最容易隐含的言说类动词是「言う」）；三是引语中有表示请求的句尾形式「てほしい」，暗示「と」后面隐含了言说类引用动词，如例[21]。第一种情况的引语是完整的，而第二、三种情况的引语本身是不完整的。引用句前还可以是和言说内容相关的内容，如前句谓语含有转述含义的「電話がある」「伝える」「吹き込む」「約束」等，「と」还可以指示转述或约定的话语内容。例[20]引语内容是应答词的重复出现，可以推知隐含了言说动词。例[21]是根据上文语境推知隐含了言说动词。

[14] ちょっと、言いましたよね？結婚するつもりはないと。
（『5→9ー私に恋したお坊さんー』）

[15] さっき北野乃里子さんから電話がありました。あなたに夫を誘惑されたと。（『昼顔』）

[16] 私の気持ちを伝えてもらえませんか？「これまでのことは、みずに流す。全部、だから、戻って来なさい」と。（『昼顔』）

[17] 潤子：お母さんと寧々に、何、吹き込んだんですか？
高嶺：あなたのことを帰したくなかったと。結婚の意思もあると。
（『5→9ー私に恋したお坊さんー』）

[18] 約束が違います。一週間のお務めに、耐え抜けば、潤子さんを花嫁候補として、認めると。（『5→9ー私に恋したお坊さんー』）

[19] しかし、「はいはい」と確かに二度も。
（『5→9ー私に恋したお坊さんー』）

[20] あちらは、ぜひにと。（『5→9ー私に恋したお坊さんー』）

[21] 彼は、何度も、本部に、足を運んだそうだ。もう一度、試験をやり直してほしいと。（『5→9ー私に恋したお坊さんー』）

4.2.3.2　隐含「思う」

表示思考内容的引语，笔者推测例[22]至例[24]隐含了思考类动词「思う」。如例[22]中表示疑问的「か」，例[23]中表示推断的副词「てっきり」和例[24]中表示主观感情的形容词「きびしい」和表示疑问的「か」等，我们据此推测隐含了思考类动词「思う」。

[22]それでもいいじゃないかと、割り切れるほど、強くないんだよ。
（『昼顔』）

[23] てっきりお一人かと。（『5→9ー私に恋したお坊さんー』）

[24] 厳しいかと。（『5→9ー私に恋したお坊さんー』）

（1）隐含「思う」肯定形

首先是后句中有“指示词”这一标记，如例[25]所示，引用词出现后，后句有「そのような」指示词的出现，并且谓语是「気持ちを抱く」。其次是引语中的句尾标记，如例[26]至例[29]所示，引语中有句尾标记「か」，「か」表示不确定，引语分别是名词谓语句、形容词谓语句和动词谓语句；如例[30]、[31]所示，引语中有句尾标记「のだ」「べきだ」。「のだ」是强调理由、根据的断定形式；「べきだ」表示说话者对特定对象提出建议或禁止。引语中的这两种标记都强调是主体的判断，我们可以推断出引用词后隐含了「思う」。最后是根据上文语境进行推断，如例[32]所示。

[25] あなたの喜ぶ顔が見たかった。それなのに、試験に落ちたことを心のどこかで、喜んでしまってしまったんです。これで、あなたは、ニューヨークへ行かなくて済む。一緒にいられると。一瞬でも、そのような気持ちを抱いてしまった私も同罪です。
（『5→9ー私に恋したお坊さんー』）

[26] そういう流れかと。（『5→9ー私に恋したお坊さんー』）

[27] 厳しいかと。（『5→9ー私に恋したお坊さんー』）

[28] 潤子さんは食べっぷりがいいので、15個は必要かと。

（『5→9ー私に恋したお坊さんー』）

[29] あの本日はですね、少々お金をお借りできないかと。

（『5→9ー私に恋したお坊さんー』）

[30] それこそが、心を持ったホモ・サピエンス。人間という生物の愛なんだと。（『昼顔』）

[31] まずは、私がお会いするべきだと。（『昼顔』）

[32] 私が知らないとでも？（『昼顔』）

（2）隐含「思う」否定形

如例[33]、[34]所示，当引语中有标记「まさか、～とは。」时，可推知引用词「とは」后隐含了思考类引用动词的否定形式。

[33] まさか、辞めると言いだすとはな。『ミス・パイロット』）

[34] まさか、あの子が最初に帰ってくるとはね。

（『ミス・パイロット』）

4.2.3.3　隐含「書く」

根据句式「～に～と書いてある」，我们推测例[35]隐含了「書いてある」。

[35] ラブラブなカップルは、皆さん、ペアルックをすると、この文献に。（『5→9ー私に恋したお坊さんー』）

4.2.3.4　隐含「いうことですね」

当引语是需要对方确认的信息时，引用词后面可以补充「いうことですね」之类的句尾形式。而这种引用句后面一般紧接着出现对方予以确认的句子，表现为「はい」「そうです」或「いいえ」等，如例[36]至例[38]所示。并用中纳言语料库进行了验证，如例[39]、[40]所示。

[36] 警察：笹本さんは、滝川さんと、待ち合わせていて、被害に遭われたと。

笹本：はい。 （『昼顔』）

[37] その真白という若者を救う必要があると。

スミレ：はい。 （『スミカスミレ』）

[38] 花澤紀一郎：でも、離婚話が持ち上がり、旦那のほうは別れたくないと暴力も振るって、追いかけ回してる。この女性は、しかたなく、君のマンションに上がり込んだと。

大道寺保：そうです。 （『お義父さんと呼ばせて』）

[39] 谷川：かなり自信がでてきたということですね。

高良：はい。（是的。） （BCCWJ）

[40] 高樹：いま生きてるのは偶然がいくつか重なったおかげだということですね。

丸谷：そうそう。だからね、人生体験の裏付けがあった上で偶然を使うと面白くなるんですね。 （BCCWJ）

4.2.3.5 隐含「する」

「これでよしとする」是固定短语，表示一种肯定性的判断。「する」经常省略，这是惯用的说法。「これでよしと」隐含动词「する」，自己向自己进行确认（自言自语），把自己内心想法用语言的形式表现出来，如例[41]所示。

[41] これでよしと。 （『スミカスミレ』）

4.2.4 「と」的非引用用法

4.2.4.1 “数量词、形容动词、拟声词、拟态词+「と」”构成副词

数量词、形容动词、拟声词、拟态词的词干后加「と」可以构成副词。副词修饰动词，表示后面动词的具体情况。

“数量词+「と」”“形容动词+「と」”“拟声／拟态词+「と」”中「と」是副词的词尾后缀，属于副词的一部分，不是「と」修饰动词，而是「～と」作为副词的一部分修饰动词。同样的道理，“引语+「と」”结构中，「と」不是“词”的一部分，引用句式中的引语可以由名词构成，也可以由句子构成，所以引语是一个独立的成分；表示引用的「と」也是独立的成分，连接前后独立的成分（引语和引用动词）。本书认为与其将“引语+「と」”的性质定性为副词性质的成分，倒不如将「と」视为独立的引用词，指示前面的引语，并连接引语和引用动词。从语义上来看，“引语+「と」”不是修饰后面的言说动词，和后面的言说动词是一种承接关系。即「と」是独立的关系词（引用词）连接引语①和引用动词，表明前后的关系是引用。「と」做副词词尾的用法详见表4.3。

表4.3　「と」做副词词尾

形式	词干	后缀	词类	实例
数量词＋「と」	数量词	「と」	副词	二度と
形容动词＋「と」	形容动词	「と」	副词	色々と、意外と、堂々と、自然と
副词＋「と」	副词	「と」	副词	ゆっくりと、段々と
拟声／拟态词＋「と」	拟声词 拟态词	「と」	副词	ほいほいと、しっかりと、ぶすっと、ごろっと、ドーンと

4.2.4.2　语气词／句子+「っと」

「っと」的性质——「と」在口语中的变体，日语词典中未收录。关于「っと」的性质，如表4.4所示：

表4.4　「っと」的用法

形式	词干	词尾	词类	实例
语气词＋「っと」	语气词	「っと」	语气词	よいしょっと、どっこいしょっと、よっと、おおっと、おっとっと、ああっと

① 引语是将引用动词的语义具体化的句法成分。

（1）“语气词+「っと」”构成新的语气词

“语气词+「っと」”不考虑听话者的存在，是说话者的自言自语，在与动作同时进行时发出的生理性的声音。条件反射的语气词后接「っと」是没有意识的发话，属于反射性质的发话。说话者在受到外界某种刺激后，很自然地发出的声音，声音后接「っと」，如上表所示。

（2）思考内容+「っと」

如例[42]所示，引用者（说话者）引用自己的想法，是向听话者表明，自己此时此刻的引语内容是自己自然的心里疑惑，目的不是向听话者传达某个信息。可以理解成自言自语，听话者不必给与回应。

[42] もう何で飲んじゃうかな…っと！危ない。もう。

（『ダメな私に恋してください』）

（3）意志内容+「っと」

以“意志内容+「っと」”结句，如例[43]所示，意志表现形式后接「っと」，用自言自语的形式说出了自己的行动「肉を食べる」。“句子+「っと」”是引用者（说话者）对自己当前时点的想法的引用。是引用者的自言自语，不是为了得到听话者的许可。

[43] 肉食べようっと。（『ダメな私に恋してください』）

4.3 「って」

「って」的用法很多，如在句中时，连接引语和引用动词，表示引用，且经常在口语中使用。在句尾时，「って」的功能可以概括为引用、传闻、解释和强调四个大类。当「って」放在句尾表示引用时，即隐含引用动词，以引用词标记其前面的内容为引语。

4.3.1 关于「って」的先行研究

森重敏（1965）是从原说话者的角度对「って」进行分类的，共分七类：

①原说话者是特定的人，引用用法；②原说话者是不特定的人，传闻用法；③原说话者是听话者，反问用法；④原说话者是听话者或说话者本人，反复用法；⑤原说话者是说话者本人，强调用法；⑥原说话者不特指，提示主题用法；⑦原说话者不特指，话题用法。

堀口純子（1995）把引语分两种，一种是当前时点进行的会话，另一种是非当前时点进行的会话。

三枝令子（1997）把和引用用法相关的「って」细分成七类：引用、反复、话题、传闻、命令、反问、强调。

野村真一（2000）将「〜って」分成三种用法，分别是强调用法、传闻用法、反问用法：①强调用法：信息持有者是说话者自己；②传闻用法：信息持有者是第三者；③反问用法：信息持有者是听话者。

岩男考哲（2003）按照原说话者的不同，把「って」分成四类：①原说话者是听话者：信息未确定用法（「知識未定着用法」）；②原说话者是当前说话者：强迫用法（「押し付け用法」）；③原说话者是当前说话者：表达内心想法的用法（「表出的用法」）；④原说话者是第三者：类似传闻用法（「伝聞的用法」）。并进一步分析了这四种用法中哪些用法是“引用用法”，哪些用法是“句尾用法”，最终得出结论“强迫用法”和“类似传闻用法”向“句尾用法”发展。

金善真（2005）以砂川有里子场面的双重性（「場の二重性」）为依据，考察了「って」的句尾用法。

加藤陽子（2010）依据句法功能将「って」分成15个小类。

本书根据「って」在句中的位置（句中和句尾），期望能全面概括「って」的引用用法,以及「って」结句的传闻用法。

4.3.2 「って」在句中的用法

引用句中存在两个说话者，原说话者（引语的说话者）和当前说话者（引用句主句的说话者——引用者）。表示引用的「って」连接引语和引用动词，把引语的内容传达给听话者，如例[44]所示。引语语境中的原说话者是利佳子，「ちゃんと謝りたい」是引语；引用句语境中的当前说话者是纱和，「お母さ

んね、ちゃんと謝りたいって言ってるの」是引用句。

[44] 利佳子：子供たちには、もう一度、会って、ちゃんと謝りたいけど。

…

紗和：お母さんね、ちゃんと謝りたいって言ってるの。一度、会ってくれない？

真菜：会いません。（『昼顔』）

4.3.3 「って」在句尾的用法

4.3.3.1 形式上的分类

（1）前文有动词

A. 动词是疑问或陈述语气

如例[45]、[46]所示，言说类引用动词「言う」已经在前句中出现。引用句的语序是"引用动词—引语—引用词"。并且前句谓语动词是疑问或陈述语气，引用词后隐含的引用动词是陈述语气。

[45]乃里子：言ったでしょ？そろそろ主婦デビューしなきゃって。（『昼顔』）

[46] 乃里子：「お料理、余ったから、来ない？」って言ったら、「ぜひ行きたい」って。（『昼顔』）

B. 动词是命令语气

如例[47]所示，引用词「って」前面的动词是「電話しなさい」，「って」后隐含的引用动词也是命令语气，我们可以补充出「伝えてください」。「って」指示当前说话者对听话者的命令内容。「って」提示引语，向听话者传达命令的内容。引用的基本句式「N$_{人}$が～と言う」，表示的是某人说了什么。而本句中的「～って」表示的是传达命令的内容。本句中的引语不是已经发生过的话语内容，是说话者假想的引语内容，我们称之为假想引语。假想引语是对当前时点的话语或思考内容的引用。

[47] 利佳子：ご主人に<u>電話しなさい</u>。一緒に携帯を捜してくれたお礼
に、私がごちそうするって言ってる<u>って</u>。（『昼顔』）

（2）前文无动词

A. 根据上文语境隐含言说类引用动词

在口语中，经常会省略一些要素，本节将介绍引用词「って」后隐含引用动词的情况。如例[48]a所示。根据上文语境，利佳子打算去见女儿，纱和说先去，尽量让孩子们原谅妈妈（利佳子）。从上文语境中，我们可以推断出此句是隐含了言说类的引用动词，补充出引用动词，如例[48]b所示。

[48] a. 加藤修：娘。二度と、会わない<u>って</u>。（『昼顔』）
b. 加藤修：娘。二度と、会わない<u>って</u>言ってるの。

言说类引用是把从第三者处获得的信息传达给听话者，这种引用有场面的双重性。场面的双重性是指存在两个语境，一个语境是引语语境，另一个语境是引用句语境。

本句中的引语是已经发生过的话语内容，我们称之为事实引语。事实引语是非当前时点的引语，引语大多数情况下，是发生在引用句之前的。

B. 根据上文语境隐含思考类引用动词

引用分两种，一种是他人或自己对过去话语或思考内容的转述再现；另一种是对当前时点的话语或思考内容的转述再现，如例[49]是后一种用法。

[49] あと少しだけ。もう少しだけ<u>って</u>。（『昼顔』）

C. 与上文语境无关

与上文语境无关时，我们根据引语情况对「〜て」进行细致分析，看哪些用法属于引用用法，哪些属于非引用用法。传统意义的引用是再现非当前话语；思考类引用可以再现当前时点的思考内容。再现当前说话者自己的话语是

第一类用法，再现当前听话者的话语是第二类用法，再现第三者的非当前话语是第三类用法。

4.3.3.2 功能上的分类

从功能上的分类，参考岩男考哲（2003）。第一类用法的「って」重现自己的言说内容，有强调的功能，目的是让当前听话者理解并接受自己的观点；第二类用法的「って」重现当前听话者的言说内容，向当前听话者进行确认或表示当前说话者的不满、惊讶等主观感情；第三类用法的「って」有引用和传闻两种用法。

（1）第一类用法

第一类用法只存在一个场面，当前说话者以引用的形式表达自己的观点看法。「って」引用自己的话语，功能是向听话者解释说明自己的想法。把自己的想法放在引语的位置上进行强调。

A. 引语内容上文出现过

如例[50]，当当前听话者并没有理解说话者的意思时，说话者反复强调自己的想法和态度立场，劝服听话者相信自己，并把自己的话语用引语的形式表现出来。前句中，说话者说过「違うよ」，意义等同于「何でもない」。说话者把自己的话语用引语的形式表达出来，用引用词凸显话语内容，强调说话者自己的主张。例[51]原封不动地提示原话语（直接引语），用「ですって？」进行反问。

[50] 笹本慶子：まさか。俊介。あんた、あの子と？

俊介：違うよ。

笹本慶子：許さないわよ。会社の女となんて。お父さんと同じじゃない。

俊介：やめてよ、もう。何でもないって。

笹本慶子：じゃあ、こっち、見なさい。お母さん、見なさい。ホントに、今の子と、何にもないのね？

俊介：ないよ。（『昼顔』）

[51] 海里：分かってる。だが仕事だって、俺の代わりは、いないんだ。
遥香：俺の代わりは、いないんだ。ですって？
（『せいせいするほど、愛してる』）

B. 引语内容上文没有出现过

如例[52]所示，当前说话者泷川引用自己的话语，说服利佳子接受他的想法。这种用法的语境一般是说话者和听话者的观点不一致。「って」暗含一种命令的语气（行为要求）。当前说话者强迫听话者按照自己的意愿行事，同时也避免了直接的命令语气，委婉地让听话者按照自己的意愿行事，是一种委婉的表达方式。

[52] 利佳子：ねえ、もう 1 回頼んでくれない？
滝川：やめとけって。あいつは喧嘩売ってるだけなんだから、俺に。（『昼顔』）

如例[53]所示，「じゃないか」是表示说话者想法的一种句尾形式；例[54]中的「な」和例[55]中的「かな」等终助词表达第一人称的内心想法，表达说话者的主张。典型类引用和思考类引用有所不同，典型类引用的引语和当前话语是处于不同的时空环境中，有场面的双重性，一般情况下引语先于当前话语而存在；而思考类引用的引语既可以是当前说话时点的思考内容也可以是非当前说话时点的思考内容。思考类引用是说话者向听话者传达自己或他人想法的形式。

[53] 仲良くしてても、すぐ、いなくなっちゃうんじゃないかって。
（『昼顔』）
[54] もうここから逃げられないんだなって。（『昼顔』）
[55] 大丈夫かなって。（『昼顔』）

（2）第二类用法

第二类用法也只存在一个场面，一般用于对话的场合。「って」的功能是反问听话者或向听话者进行确认，想从听话者处获得更多的信息或说话者通过重复听话者刚才的话语，来表达说话者自己的意外、不满、吃惊等感情。

A. 向听话者进行确认

如例[56]所示，利佳子不理解丈夫泷川所说的话，用升调凸显自己困惑的同时，向丈夫进行进一步的询问。希望从丈夫口中获得更多详细的信息，利佳子不理解丈夫为什么和加藤修关系不好。

[56] 利佳子：ねえ、もう1回頼んでくれない？
　　滝川：やめとけって。あいつは喧嘩売ってるだけなんだから、俺に。
　　利佳子：喧嘩って？　（『昼顔』）

B. 表示意外、不满或吃惊

例[57]，纱和对笹本庆子（纱和的婆婆）说的话感到很意外，很不满，「って」表达了说话者特定的感情，用降调。例[58]，「って」的意外、吃惊的用法，不期待听话者回答，只是对信息表示吃惊、意外。三木重行惊讶于诸田祥一这样大胆的做法，表示了自己的不满。例[59]，人称代词「あなた」站在引用者的视角，重复上文刚刚出现过的消息，表明了说话者C的惊讶之情。

[57] 笹本慶子：新しい奥さんよ。
　　紗和：「新しい奥さん」って。俊介さんも新しい奥さんの方がうまくいくかもしれませんね。　（『昼顔』）

[58] 三木重行：あの時、結局、まともな提案が思いつかなくて。この内容じゃ、電脳が納得しないだろうな。しかし。ど…ど…どういうことですか。
　　諸田祥一：俺に考えがある。
　　三木重行：そしたら、諸田さんが、銀行に買収のことを話して。

諸田祥一：すぐにデータを送ります。
三木重行：私も、そのことに気づいたんですが。黙ってればバレないと強く口止めされたんです。諸田さん、さすがにまずいですって！
諸田祥一：お前も悪いようにはしないよ。　（『半沢直樹Ⅱ』）

[59] B：本当はAを殺したのは私なんだ。
C：あなたですって！　（『99.9 –刑事専門弁護士-』）

（3）第三类用法

第三类用法存在两个场面，即原说话者是第三者的情况。「って」的功能是向听话者传达第三者的话语，「って」有引用和传闻两种用法。这两种用法的相同之处是传达引语内容（传闻信息）给听话者。引用和传闻这两种用法，因为相似而特别容易混淆，下面从三个方面来看看如何区别引用和传闻。

A. 原说话者是否明确（信息源是否明确）

如例[60]所示，当前说话者俊介是信息的所有者，但并不是原说话者，信息是从不特定的第三者处获得。当前说话者是把信息传达给听话者纱和。俊介起到中间媒介的作用。传闻用法是把信息传达给听话者，这一信息有可能是听邻居的某个人说的，不是特定的人。信息源不明确的情况，多是传闻的用法。

[60] 俊介：昨日の火事、放火だって。　（『昼顔』）

如例[61]a，可以补充出原说话者「そいつ」和引用动词「言う」，如例[61]b所示。

[61] a. でも、そいつは、はっきり言ったのよ。私に向かって、薄っぺらな女だって。　（『昼顔』）
b. そいつ、私に向かって、薄っぺらな女だって言ったのよ。

有时原说话者会出现在引语里，那么这个句子就是引用句而不是传闻句。

如例[62]所示，说话者纱和从第三者店长那里得到信息并将信息传达给听话者智也，基本句式是「第三者が／も～って」。在原说话者明确的情况下，多是引用的用法，即当引语中出现原说话者时，是引用的用法。

[62] 智也：七夕か。（是七夕啊。）
纱和：ああ。店長が従業員も自由に願い事書いていいって。
（『昼顔』）

B. 以谁的立场转述事件内容

传闻的用法是从转述者的视角，将转述者所掌握的信息传达给听话者，即信息的接受者，如例[63]所示，信息传达者泷川将自己所掌握的信息传达给真菜（泷川的女儿），从指示代词「これ」和称呼语「お母さん」可以看出是传达者泷川的视角。而引用的用法既可以站在原说话者的视角，也可以站在引用者的视角，如例[64]是站在原说话者的视角，例[65]是站在引用者的视角。

[63] 滝川：これがお母さんだってさ。
真菜：全然似てない。（『昼顔』）
[64] 俊介：乃里子さんに言われた。「あなたもお気の毒な人ね」って。
（『昼顔』）
[65] 俊介：友達の家に一緒に行こうって。（『昼顔』）

「って」既可以引导直接引语也可以引导间接引语。「って」转述传闻信息时，「って」后多伴随语气词「ね」「さ」「な」等。

C. 传闻信息的有价性

传闻信息对于听话者来说，是有意义的信息，而不单纯是对过去行为的描写，如例[66]所示，俊介向信息接受者传达有意义的信息，或者说是向信息接受者传达她可能不知道的信息。而引用则没有这种要求，如例[67]所示，这句话的引语内容「利用されて、苦しんでるんじゃないか」，对于听话者来说，不是有用的信息。

[66] 俊介：昨日の火事、放火だって。　　　　　　　　　（『昼顔』）

[67] ママのこと、心配してたよ。利用されて、苦しんでるんじゃないかって。　　　　　　　　　（『昼顔』）

4.3.4　「って」相关形式的用法

4.3.4.1　「～んだって」「～んですって」的传闻用法

传闻用法是从第三者处获得信息，经过转述者的主观识解后，把信息传达给听话者。「んだって」在传达从第三者处得到的传闻信息时，传闻信息的一部分信息丢失了，要求信息接受者进行补充；或者对于传闻信息的真实性问题，转述者向接受者进行确认。

（1）上文不出现信息源

[68] 俊介：あれ？ママ、帰ってたんだ。北野さんとの飯、なくなったんだってな。もう、早く言ってよ。　　　　　　　　　（『昼顔』）

传闻没有必要指出具体是从哪里得到的信息，只是表示这个信息是从自己以外的第三者处得到的信息，转述者站在自己的视角传达这个信息。传闻信息的来源多是不特定第三者的话语、谣言、报纸上的文字信息等。转述者听完第三者的话语，或者阅读完报纸之后，掌握了信息内容之后，传达给信息接受者，用降调。如例[68]所示，「んだって」表明俊介从第三者处得来的信息传达给纱和；「な」表示俊介的感叹。

（2）上文出现信息源

[69] 笹本慶子：俊介、あなたに会うと、未練が残ると、思ったのね。会社、休めないんですって。
紗和：鍵はポストに入れておきます。　　　　　　　　　（『昼顔』）

如例[69]所示，我们可以推断出此句的信息是转述者笹本庆子从俊介（笹本庆子的儿子）处得到的传闻信息，信息经过转述者的主观识解后传达给信息接受者纱和（笹本庆子的儿媳妇）。

4.3.4.2　「～んだって？」「～んだってね。」表示对传闻信息的确认

虽然「んだって？」「～んだってね。」并不包含「～てください」的语义成分，却有要求信息接受者给予更多信息的语义要求，转述者认为接受者的信息量比自己的多。

如例[70]、[71]所示，「～んだって」中的横线部分是经过转述者主观识解后的事件内容。「～んだって」经常用于传达传闻信息，「～んだって？」用于传闻信息的确认。

[70] 俊介：ママにいつも、アリバイ作り、頼んでるんだって？

（『昼顔』）

[71] 俊介：花火の日も、一緒に、ケーキバイキング、行ったの嘘だったんだって？　（『昼顔』）

如例[72]所示，表明转述者笹本庆子已经听说“ネズミ、逃げた”这件事，转述者是在向接受者进行确认，期望从接受者处得到更多的信息。传闻的定义是向听话者转述从第三方处得到的话语信息（包括口头和书面）的一种示证类型（杨文江，2014）。而「～んだって？」的主要功能不是向听话者纱和传达信息，而是向听话者进行确认，期望获得更多的信息，所以「～んだって？」是确认用法。转述者不是直接经历过信息的内容，而是将从第三者处得到的信息转达给听话者，或是转述者向听话者进行确认。

[72]笹本慶子：ネズミ、逃げたんだって？　（『昼顔』）

4.4　「ように」

「ようだ」的连用形是「ように」，连体形是「ような」。

「ようだ」的语义有以下9种。一表示不确定的判断，如「両親を抱えて生活が苦しいようだった」；二表示避免断定而进行委婉地判断，如「犯人は君達三人のようだね」；三表示列举同类事物用以说明另一事物的性质状态，

如「雪のような白い肌」；四表示举例用法，如「隣のおじさんのように小柄な紳士」；五表示前后两项在内容和程度上是同质或同等的，如「全盛時のような速球はみられない」；六表示目的用法，如「時間に遅れないように家を出た」；七表示间接引用他人话语的用法，如「午後から天気がくずれるようなことを言っていました」「普段、口では、おれを許しているようなことを言っているが、心の底ではまだ許してないんだろう。」「何とか出席できるような口ぶりでした」；八表示命令的句尾用法，如「もっと大きな声で返事をするように」；九表示愿望、希望用法，如「早くお元気になられるように」。

4.4.1　关于「ように」的先行研究

前田直子（2006）在『「ように」の意味・用法』一书中专门介绍了「ように」的意义和用法。前田直子将「ように」的用法概括成四大类。第一类是表示类似事态的用法，其中包括表示比喻的「ように」，有「～するように」和「～したように」这两种。第二类是表示结果目的的用法。第三类是表示命令、祈祷、思考、感知内容的「ように」。第四类是关于「ように」固定搭配的用法，其中包括「するようにする」「するようになる」「ないようにする」「ないようになる」「なくする」「なくなる」等句式。

前田直子（2006）指出在引用句中「ように」后接谓语动词时，引语不能是疑问句、命令句、感叹句，不能以「のだ」「ようだ」「だろう」或终助词结句，如例[73]①的引语是疑问句，例[74]a的引语是命令句，例[75]的引语以「のだ」结句，这三例只能用「と」连接引语和谓语动词，而不能用「ように」连接。当引语是事实时，如例[76]所示，前田直子认为不能用「ように」连接只能用「と」连接，并后接叙述事实性动词②（「叙実的動詞」）。

[73] 湯の中に潜ったりして遊んでいたのだが、ふと気がつくと曇り硝子の向こうに人形が見え、その浴衣を脱ぐ姿からもしかしたら女の人

① 例 [73] 至例 [76] 转引自前田直子（2006）。

② 叙述事实性动词，如「知る」「分かる」「気付く」「悟る」「認める」等。

ではないかと見え、勇は湯の中で躯を硬直させていた。〈疑问句〉

[74] a. 警察には連絡するなと、脅しを言った。〈命令句〉

b. 警察には連絡しないように、脅しを言った。

[75] 私は私でいていいんだ、ありのままでいいんだと思えるまでとても苦しかった。〈のだ结句〉

[76] *私は彼がすでに死んでいるように知った。

4.4.2 「ように」在句中的用法

「ように」在句中连接引语和引用动词。「ように」后的引用动词，与引用词「と」后的引用动词相比较有以下特点：引用动词固定在言说类动词、思考类动词、感官类动词、祈祷类动词等。

I「ように」+言说类动词

「～ように＋$V_{動作動詞}$」中的动作动词固定到言说命令义时，引语内容是引用者解释、说明的言说内容。引用词「と」和「ように」都可以指示言说的内容。「と」引导的引语能重现原语境中的原话语，但「ように」引导的引语不是“原封不动”地重现原话语，是当前说话者解释说明后的内容。「$V_{連体形}$＋ように＋$V_{引用動詞}$」中的引用动词有命令、指示、传达、劝告、要求、请求、催促等语义，如「言う」「命令する」「指示する」「伝える」「勧める」「誘う」「要求する」「頼む」「依頼する」「催促する」「脅す」「交渉する」「説得する」「注意する」等。下面根据引语类型分析「ように」的用法。

4.4.2.1 引语表示命令内容

[77] a. ダース・シディアスは、ダース・モールにジェダイ騎士を殺すように命令する。（BCCWJ）

b. ジェダイ騎士を殺せ。①

[78] 佐伯香澄：部長に、同行するように言われたんだけど。大変な撮影なの？（『せいせいするほど、愛してる』）

① 此句为笔者自造句。

如例[77]a引语中的陈述句和例[77]b命令句所表达的语义相同。例[77]a的结构为「$V_{\text{連体形}}$＋ように＋$V_{\text{引用動詞}}$」，其中的引语用陈述句表示命令语气，引用动词使用「命令する」；例[77]b用命令形表示命令。含有「ように」的一般引用句结构为「$N_{\text{人}1}$は$N_{\text{人}2}$に～ように命令する／いう」，如例[78]所示。这一句型的语用功效等于「$V_{\text{命令形}}$」，即“～$V_{\text{連体形}}$ように命令する＝～$V_{\text{命令形}}$”。引用词「ように」如果替换成引用词「と」，引语的形式也需要进行调整。

「ように」引导的引语可以是已发生过的事件，也可以是未发生的事件，如例[77]a是未发生的事件，例[78]是已发生的事件，时态体现在主句动词上。「ように」表示某人（说话者）让某人（听话者）干什么。「ように言う」引用结构中，当主句动词是命令形时（言え），表示引用者希望当前听话者让某人（未来听话者）做某事；当主句动词是意志形时（言う），表示引用者要让某人做某事。「ように」表示引用者从自己的视角转述事件内容，引语用陈述句表示命令语气。因为引语不是引用者的原话语，而是经过引用者主观识解后的话语，所以「ように」间接委婉地表示命令的内容。

4.4.2.2　引语表示指示内容

引语表示指示的内容，如例[79]、[80]所示：

[79] 西澤は後ろの二人にバンクの合図を送り、自分の両側に来るように指示した。（BCCWJ）

[80] その際、口を開かないように指示し、「相手に身体を任せる、任せてもらうという体験をしてみよう」と、ゲームのねらいを説明した。（BCCWJ）

4.4.2.3　引语表示提醒内容

「注意する」是提类言说动词，翻译成汉语是“提醒”，如例[81]a至例[85]所示，例[81]b为笔者自己造的例句。“提醒”的语义是从旁指点，促使注意，提醒某人某事。引语则表示某事，是经过引用者主观识解后的事件内容。“提醒”是行为动词，是描写动作的词。「ように」连接引语和引用动词。“提”类言说动词是从手部动作义发展到言说义。引用句中的直接引语用命令句表示命令语气，间接引语则用陈述句表示命令语气。

[81] a. 六年の先生が、小さい子たちに教室にもどるように注意した。

（BCCWJ）

b. 教室にもどれと注意した。

[82] 看護人がもっと声を落とすように注意した。（BCCWJ）

[83] ただし、度を過ぎないように注意する。（BCCWJ）

[84] 他人との接触を避けるように心掛けた。（BCCWJ）

[85] 一応、普段から、塩分を摂りすぎないように心掛けたりしてはいますが、こんな風に時々すごく血圧が高く出るような場合にも、お医者さんに相談したりした方がいいでしょうか？〈目的、内容〉

（BCCWJ）

4.4.2.4　引语表示劝告或劝说内容

引语表示劝说内容时，代表引用动词有「勧める」「説得する」等，如例[86]至例[90]所示。引语表示劝告内容时，表示引用者期待某事态会实现。表示号召内容的引语是劝告者号召听话者做的事情。如果是号召者和被号召者共同做某事时，是不可以的，引语内容不能是号召者意志所能控制的。

「勧める」「説得する」是劝说类动词。劝说是过程，劝说的结果是希望对方做某事或命令对方做某事，结果都是达到说话者的目的，所以引用用法和结果目的用法是连续统的关系。汉语大部分都可以翻译成“让”。例[86]的「ベネチアに大学へ進む」、例[87]的「公表しない」、例[88]的「会社に残る」都表示希望达到的结果状态，或者表示对对方的行为要求。引用动词是表示“建议、劝告”的动词。引用词「って」引导的引语，用陈述句表示陈述语气；引用词「ように」引导的引语，用陈述句表示命令语气。引用词「って」引导的引语语境中，如例[89]a 所示，“海里”可能确实和原听话者“她”进行了会话，话语内容可能是“ティファニーはそういう社員がいる会社だ”。如果把例[89]a的引用词替换成「ように」，语义就发生了改变，如例[89]b所示。例[90]中的「もらえる」、例[91]中的「軽くなる」表示能达到的结果，引用动词为「交渉する」，如下所示：

[86] 高校を卒業した時、祖母はベネチアに大学へ進むように勧めた。〈命令、请求〉 （BCCWJ）

[87] 絶対、公表しないように説得しますよ。 （『昼顔』）

[88] 部長：じゃ、謝ってきて、莉奈ちゃんに会って謝って、会社に残るよう、説得してきてよ。 （『家族ノカタチ』）

[89] a. 海里：ホント言うと、うまくいったのは栗原のおかげなんだ。ジュエリーの魅力を、人々の心に伝えたい。ティファニーはそういう社員がいる会社だって説得したんだ。

（『せいせいするほど、愛してる』）

b. 海里：ホント言うと、うまくいったのは栗原のおかげなんだ。ジュエリーの魅力を、人々の心に伝えたい。ティファニーはそういう社員がいる会社のように説得したんだ。

[90] 栗原：10代後半から20代向けの雑誌で、一斉に特集してもらえるよう、交渉しています。 （『せいせいするほど、愛してる』）

[91] 井原：本当に、罪が軽くなるように交渉してくれるのね？

（『99.9 -刑事専門弁護士-』）

引用用法和结果目的用法相似之处在于，引用用法中命令、祈祷的内容，在原发话时点是没有实现的内容，引用者期待这一内容变成现实，在这一点上和目的用法是相通的。引用用法中命令、祈祷的内容恰恰是结果目的用法中小句所要达到的目的或结果状态。「説得する」强调行为动作时，小句表示劝说的内容；「説得する」强调劝说结果时，小句表示希望对方做某事或命令对方做某事。两种用法的小句都表示原说话者的目的。

4.4.2.5 引语表示商谈约定的内容

如例[92]、[93]所示，商谈、约定表示过程，商谈、约定的结果是希望对方做某事或命令对方做某事，结果都是达到说话者的目的。引语既表示言说内容也表示言说后想要达到的结果状态，更倾向于表示结果状态。

[92] あまり発言しない人にもっと多く発言するように約束してもらい、よく発言する人に少々発言を控えるように約束してもらいます。

（BCCWJ）

[93] 教室環境の危機管理のポイント１：教師用の回転椅子で、子どもが遊ばないように約束しておく。（BCCWJ）

4.4.2.6 引语表示威胁、恐吓、催促的内容

[94] 立花：もしかして、殺人の罪をかぶるよう、脅されたんじゃないんですか？ （『99. 9 -刑事専門弁護士-』）

[95] わたしはおばあさんに、居間にあがるように催促した。（BCCWJ）

引语表示威胁、恐吓、催促的内容时，如例[94]、[95]所示，代表引用动词是「脅す」「催促する」。例[94]的引语内容是引用者假想的内容，例[95]的引语内容是事实，「ように」表示原语境中说话者命令听话者做某事。

4.4.2.7 引语表示委托、依靠、请求、恳求、要求的内容

引语表示委托、依靠、请求的内容时，代表引用动词有「依頼する」「頼む」「誘う」等。当引用动词是“命令义”“委托义”“请求义”时，引语表示说话者希望听话者采取某行动，行动的主体是听话者，说话者是发出命令的人。“谁让谁做某事”，表示上级对下级的命令或者下级对上级的请求等行为要求。引语是具体的行为要求。引语经过了引用者的主观识解。当转述命令、要求、劝告、建议时，引用词用「ように」，如例[96]至例[99]所示：

[96] 足立：宮澤様が今までの感謝の気持ちとして、奥平様のマンションをお買いになるそうです。その物件を探すよう、ご依頼いただいてるんですが…。（『家売るオンナ』）

[97] 社長：これからも目を離さぬよう、頼む。

（『せいせいするほど、愛してる』）

[98] 私は、嫌いなものを一分間で挙げるように要求した。（BCCWJ）

[99] 久野：実は先輩、いろんな人に、hiroを紹介してもらえないかって頼み回ってたみたいなんだ。
（『せいせいするほど、愛してる』）

例[96]中的原说话者是「宮澤」，当前说话者（原听话者）转述原说话者的话语内容。例[96]至例[98]中，引用词「よう（に）」引导的引语，用陈述句表示命令、请求等语气；例[99]，引用词「って」引导的引语用疑问句表示疑问、请求语气。当引用动词是「言う」「命令する」「勧める」等时，有指示、命令、要求、请求等语义。「$V_{连体形}$＋ように＋$V_{引用動詞}$」中的主句谓语表示指示、命令、劝告、要求、请求、催促等语义。引语内容和原话语内容相比较，语气不同，原话语可能是命令句表示命令语气，当前引用句用间接引语（陈述句）表示命令语气，「ように」转述了说话者的命令、要求、劝告、建议等内容。

4.4.2.8　引语表示传达的内容

代表引用动词有「言う」「伝える」「話す」等。「伝える」是转述动词。转告的中文解释有：（1）使知道；（2）向别人转述。通常是用嘴通报、辗转表达。传达的内容可能是命令或请求的内容。

当主句动词是命令形时，如例[100]，「伝えて」表示当前说话者对当前听话者有行为要求，「よう」表示原语境中说话者对听话者有行为要求，即当前听话者「莉奈」将命令第三者「安藤」做某事，引语内容是假想引语，实际上并没有发生。引用者希望当前听话者传达命令内容，如例[100]至例[103]：

[100] 葉菜子：あのね、このお客様にも至急連絡するよう、安藤君に伝えて。〈命令内容〉　　（『家族ノカタチ』）

[101] 寺に、ご連絡くださるよう、お伝え頂けますか？〈传达内容〉
（『5→9ー私に恋したお坊さんー』）

[102] 花澤：今度の土曜日、子供たち全員、家にいるよう、きつく言っといてよ。　　（『お義父さんと呼ばせて』）

[103] 宮澤の奥さん：だったら宮澤に女と別れるように言いなさい。
（『家売るオンナ』）

当主句动词是陈述句时，陈述客观事实，转述谁对谁有行为要求，如例[104]、[105]所示。例[104] 中「よう（に）」表示当前说话者命令第三者「高田」做某事。例[105]中「ように」表示当前说话者命令「カミさん」做某事。主句是疑问句时，如例[106]所示，当前说话者向当前听话者进行确认，「ように」表示当前听话者（原说话者）命令第三者“教官”做某事。例[100]至[106]的引用词都是「よう（に）」。例[107]、[108]的引用词是「って」「と」。引用词「って」「と」引导的引用句，其引语用陈述句表示陈述语气，「ように」引导的引用句的引语用陈述句表示命令语气。

[104] 海里：その件に関しましては、高田に佐伯に引き継ぐよう話してます。（『せいせいするほど、愛してる』）

[105] 客：うち、カミさん、健診なんで、終わったら来るように言うよ。（『家売るオンナ』）

[106] 小田：教官に言ってくれたでしょ？私と話すように。
（『ミス・パイロット』）

[107] 宮沢：栗原さんはうちが引き抜きます。ただティファニーにおったら、三好さんを忘れられなくて、つらいやろうけど、うちに来たら楽になれるでって、そう伝えました。
（『せいせいするほど、愛してる』）

[108] 佐田：逆に真実味がないと思った。だから俺は調書は取ったけれども、当時、主任だった十条という上司にもう一度調べるべきだと伝えた。（『99.9 -刑事専門弁護士-』）

如例[109]、[110]所示，「V連体形＋ように＋と＋言われる」中的引用动词表示言说义“说”，引用词「ように」表示“谁让谁做某事”，上级对下级的命令或者下级对上级的请求。引语表示具体的行为要求。引语经过了引用者的解释说明，所以「ように」引导的是间接引语。「ように」转述了说话者的命令、要求、劝告、建议等内容。

[109] 部長：ニューヨーク本社からもキャスティングできないなら、ブックレットは白紙にするようにと言われた。
（『せいせいするほど、愛している』）

[110] 栗原：向井部長に報告したら、この件は任せるようにと言われました。（『せいせいするほど、愛している』）

引用词「って」「と」引导的引语，可以是陈述句、命令句、疑问句、感叹句，如例[111]的引语是命令句，例[112]的引语是陈述句。

[111] 栗原：頭がグチャグチャのとき、誰の声も聞かずに、自分の声を聞けって、副社長が教えてくれた。
（『せいせいするほど、愛している』）

[112] 佐田：逆に真実味がないと思った。だから俺は調書は取ったけれども、当時、主任だった十条という上司にもう一度調べるべきだと伝えた。（『99.9 -刑事専門弁護士-』）

引用词「ように」引导的引语，只能是陈述句，如例[113]至[115]所示。「ように」引导间接引语，引用者站在自己的角度转述事件内容，引语用陈述句表示命令语气。因为间接引语不是说话者的原话语，而是经过引用者解释说明后的话语，所以「ように」引导的引用句中，「ように」间接委婉地表示命令或祈祷的内容。例[116]中「すがるように」中的「ように」表示说话时的方式方法，不是引用用法，而「絶対に誰にも言わないでくれ」后面的「って」是引用词，提示前面的引语“绝对不要对任何人说”。

[113] 葉理男：お母さんのほうは、とにかく連絡くれるようにってメールしときました。（『お義父さんと呼ばせて』）

[114] 佐田：私は、はめられたわけじゃない。ちゃんと再捜査するように言いましたから。　　　　（『99.9 -刑事専門弁護士-』）

[115] 大友：谷繁社長の自殺の件も、再捜査するように指示を出せ。（『99.9 -刑事専門弁護士-』）

[116] 絶対に誰にも言わないでくれって陽ちゃんから、すがるように言われてね。〈方式〉　　　　（『家族ノカタチ』）

「ように」表示引用用法时，表示说话者让听话者做某事，引语表示说话者对听话者的行为要求，对于命令发出者来说引语是命令句，对于听话者来说是要达到此目标状态。

结果目的用法和引用用法的相似之处是，引用用法中的命令内容，在原发话时点是没有实现的内容，引用者期待这一内容变成现实，在这一点上和目的用法是相通的。引用用法中表示命令内容的小句恰恰是结果目的用法中小句所要达到的目的或结果状态。「～ように命じる／祈る」的引语内容是未实现的内容；表示结果的小句也表示将来的事态。

II「ように」+思考动词

4.4.2.9　引语是引用者对第三者或听话者的主观判断

引用者描写第三人称的心理特征，引语内容是引用者解释后的内容，引语内容既是想的内容也是想的方式。

[117] それを聞いて、太郎は、盆と正月が一緒に来たように思った。（BCCWJ）

[118] 彼は彼女の判断が正しいように思った。　　　　（BCCWJ）

例[117]、[118]中的引语语气不表示思考主体「太郎」「彼」的判断，而表示当前说话者的判断，语义表示虽然不是肯定的判断，大体上是和引语无限接近、类似的思考内容，是一种委婉的表达形式，再如例[119]至[122]所示：

[119] きみは、そのころのぼくに似ているように思う。　　　　（BCCWJ）

[120] しかしよくよく考えてみれば、きちんとした妻になるにはお嬢さんは少し若すぎるように思う。（BCCWJ）

[121] 当時は、まだ横文字職業が、それほどチヤホヤされる風潮ではなかったが、都会風を気取る田舎者に対する根深い嫌悪感が彼にはあったように思う。（BCCWJ）

[122] ところが功が元気になってきたように思う。（BCCWJ）

4.4.2.10 引语是引用者的内心想法

第一类：对于自己内心感受的委婉判断

[123] ユーモアの力っていうのかな、それがあるように思う。（BCCWJ）

[124] 何だかもうその先生が好きになったように思いました。（BCCWJ）

[125] そして僕は同年輩の者が次第に減っていっても、自分だけは、という侮りがどこかにあったように思う。（BCCWJ）

[126] 僕とクミコとのあいだには、最初から何かしら気持ちが通じ合うところがあったように思う。（BCCWJ）

[127] 「どうやら、ぼくは今まで少しやりすぎたように思うことがある。近頃、ぼくの希望と反対の方向に行動する人や、ぼくの心に突き刺さるような言葉を投げる人が多くて困っている」（BCCWJ）

[128] 逆光のためはっきりしないが、どうやら甲板に十人から二十人の人影がいるように思える。（BCCWJ）

如例[123]至[128]所示，「ように」经常和副词「何だか」「何かしら」，代词「どこか」等共现。出现这些副词和代词时，「ように思う」可以和「ようだ」进行替换。

第二类：对于自己“看到”“听到”“感到”的事物的委婉判断

[129] 浩はどっかの工場で働いているのを見たように思ったけど…
（BCCWJ）

[130] 販売店や、経営コンサルタントや、メーカーの営業部を回って、業界の仕組みは見えてきたように思いました。（BCCWJ）

[131] いや、あれは私の空耳だったんでしょうが、何か聞いたように思って、あっと思ったら、もう落ちていたんですよ。（BCCWJ）

[132] 「リマであなたの名前を聞いたように思います」とドブソンがサンチェスに言った。（BCCWJ）

如例[129]—[132]所示，「ように」前的引语经常和「何か」「どこか」等共现。引语内容是引用者解释说明的内容。「ように」引导间接引语，「ように」前面的小句是陈述句，小句中不能出现语气词等直接引语标记的词。

4.4.2.11　引语是引用者对客观事物的委婉判断

第一类：自己对于否定消极内容的委婉判断

[133] 自分が関わっていることは大きいことだというのはわかっていたし、関わっている中で実際にエキサイティングですごい経験をしていると感じていたけれど、表立って自分の意見を言おうともせず、責任を負うことから逃げていたように思います。（BCCWJ）

[134] 僕は仕事で失敗したように思う。（BCCWJ）

引语是引用者的内心想法，如例[133]所示，引用者不想承认自己是在逃避责任；例[134]引用者不想承认失败，引语表示引用者委婉地断定，引语内容是引用者不想看到的内容。

第二类：有客观依据的判断

[135] 私は、仕事量を減らす事によって少しずつ慢性下痢から、開放されたように思います。（BCCWJ）

[136] それを機に、ウンナンはしばらくの間ゴールデンタイムの番組から遠ざかっていたように思います。　（BCCWJ）

如例[135]、[136]所示，引语是引用者对客观事物的看法。「によって」「それを機に」等表达方式表示引用者判断的客观依据。

第三类：无标形式的委婉判断

[137] その結果、従来の地方史誌における方言の記述は，大きく二つのタイプに分かれていたように思う。　（BCCWJ）

[138] 町をぬけると、見晴らしのいい大きな川があったように思う。　（BCCWJ）

[139] 一生を通じてこれほど楽しい研修会はなかったように思う。　（BCCWJ）

[140] 別段、深い意味はなかったように思ったんですけど、いま思えば、あれは何か意味があったのかもしれません。　（BCCWJ）

如例[137]—[140]所示，引语表示引用者委婉地断定。例[137]、[138]是肯定形式，例[139]、[140]是否定形式，无论肯定形式还是否定形式，引语都是引用者对客观事物的评价。

第四类：有标形式的委婉判断

[141] 「火災の原因については御存じですか」「何かの設備不良だったように思うけど—ごめんなさい。よく覚えていないわ」。　（BCCWJ）

[142] 今日の優勝決定戦を見ていると、明らかに朝青龍の方に応援が多かったように思います。　（BCCWJ）

[143] 確かゴールデンウィークの連休の二日目の朝だったように思う。　（BCCWJ）

[144] 私もいろいろな病院を調べましたが、ここが一番安かったように思います。　（BCCWJ）

例[141]是引用者委婉地判断，和「何か」共现，判断内容是事实还是非事实，并不确定；例[142]、[143]的引语是事实，和副词「明らかに」「確か」等共现；例[144]判断的依据是动词「調べました」，引用者委婉地断定「ここが一番安かった」。

4.4.2.12　引语是和事实相反的比喻内容

[145] それを聞いたときに、心のどこかが、プツンと切れたように思いました。（BCCWJ）

[146] あなたのことは自分の右腕を失ったように思ってきたわ。（BCCWJ）

[147] 最初の一錠を服用したときには、少々オーバーな表現ですが、胃の中で爆発が起こり、胃の機能が停止したように思いました。（BCCWJ）

[148] 「あの…長いあいだ可愛がっていただいて、あたしも生きた人の気を受け、それに毎日、火を通したこの世の食べ物を口にしましたので、どうやら死んだあたしにも、急に生気がついてきたように思います。…このうえ、生きた人の精血をいただければ、あたし、生き返ることができそうです」（BCCWJ）

如例[145]至[148]所示，引语内容是非事实内容，是引用者解释说明的比喻内容。引语内容「プツンと切れた」「自分の右腕を失った」「胃の中で爆発が起こり、胃の機能が停止した」「死んだあたしにも、急に生気がついてきた」是非事实内容。「ように」引导的引用句，引语可以是已发生过的事件，也可以是未发生的事件，还可以是比喻的内容。「たように思う」中的引语内容表示推断或比喻的内容（委婉的判断内容），「ように」连接引语和引用动词，引语充当动词的补足语，修饰动词，表示方式或内容。「ように」表示当前说话者的判断。

4.4.2.13　引语是相似事态

[149]屋代：まずは、作戦を説明してやりなさいよ。それで足立と庭野の お手柄になるように考える。それがチーフの仕事だよ。
（BCCWJ）

[150] だから私は君を息子のように思い、一緒に頑張ってきた。
（BCCWJ）

如例[149]所示，「ように」表示相似事态，引语内容“それで足立と庭野のお手柄になる”。“想”属于一种行为动作。思考的方式有很多，这样考虑那样考虑，方式也可以看成是内容。引语内容可以替换成「そのように考える」。再比如「ささやくように言った」中「ように」表示言说的情态。例[150]中的「～ように思う」中「～ように」表示想的方式、想的内容。

4.4.2.14　引语是结果状态

[151] 栗原：カジュアルラインのキャンペン再開のことなんですけど、出版社さんにご協力いただけるように考えてみたんです。
（『せいせいするほど、愛してる』）

如例[151]所示，想要达到的结果状态是“出版社さんにご協力いただける”，小句表示结果状态的同时也表示“想”的内容。思考内容和想要达到的结果状态是重叠的，同时表示思考过程和思考的结果状态。

[152] 大介：俺だって、いろいろ考えてんだよ。これ以上、間違わないように考えて考えて。変なこと言って、傷つけないようにとか、怒らせないようにとか、もう、そういうの考えんのも面倒くさい。
（『家族ノカタチ』）

如例[152] 所示，“考虑”内容当中包括思考主体想要达到的结果目的状态。为了达到某个目的而思考怎么做。为了达到某个目的而思考，思考内容中包括目的。“想”这一动作所要达到的结果状态是“没有错误，不伤害她，不惹她生气”，表示结果状态的同时也表示“思考”的内容。结果状态和内容是重叠的关系。

「ように考える」中的「ように」表示结果目的状态用法和引用用法是连续统的关系。目的用法是小句后接动作动词，为了达到这个目的而采取的动作。如果把动作动词换成思考类动词，小句就表示思考内容。思考内容包括目的和结果状态两个内容。

4.4.2.15　“「ように」+言说动词”与“「ように」+思考动词”

引导思考内容的「ように」和引导言说内容（命令）的「ように」不同，前者「に」不能去掉，后者可以去掉，如例[153]至[155]中的「に」不能去掉。前者的引语内容是当前说话者的推断。后者的言说命令内容表示说话者的愿望。

[153] それなのに、人の慣れってのは怖いもんで、少しずつ当たり前のことのように思えてきて。〈思考内容、思考方式〉

（『家族ノカタチ』）

[154] 50代で亡くなった父と87歳まで生きた母の写真を並べては天国の母が恥ずかしがるように思えたのです。〈思考内容、思考方式〉

（『家族ノカタチ』）

[155] 僕には、あなたと彼女が気が合うようには思えない。〈思考内容思考方式〉

（『昼顔』）

「というように」和思考话语内容的关系，如「安岡がその通りだというように、黙ってうなずく」「黙って聞いていた久保寺が、いかにも遺憾だというように、首を振る」「湯川は椅子から立ち上がると、こっちへ来いというように顎を動かした」「ゆっくり歩きだしたが、ちょっと待てというようにカモメが鳴く」，这几句话都是用话语来表示情态，话语实际上并没有被说出，只是引用者在推测主体好像在说。「ように」表示主体的情态。

Ⅲ「ように」+感官动词

代表性感官动词有「見える」「聞こえる」「感じる」「思える」等，如例[156] —[162]所示：

[156] 北野裕一郎：何か、生活感がないっていうか、料理や家事が出来るように見えないんで。とても奥さんを養ってる感じには見えません。〈视觉感觉〉　（『昼顔』）

[157] 利佳子：あんまり愛し合ってるようには見えなかったわよ。〈视觉〉　（『昼顔』）

[158] 利佳子：余裕があるように見えるかもしれないけど、うちは夫がお金を握ってるから。〈视觉〉　（『昼顔』）

[159] 利佳子：私、乱れるように見えるかもしれない、終わった人とだらだら、付き合うようなことはしないの。〈视觉〉　（『昼顔』）

[160] 正直に申し上げて、私には、あなたが、何かを急がれているように感じるのですが。〈感知内容〉　（『昼顔』）

[161] いつもより皆が明るいように感じます。〈感知内容〉　（『昼顔』）

[162] 私にはどうもこの小説は焦点がぼやけているように思える。〈感知内容〉　（『昼顔』）

「ように」后接感官动词，心里想的过程是原情景。小句内容重现当前说话者的内心想法。当前说话者用语言来表达自己的感觉知觉。视觉和感觉是相连的。「ように見える」中的小句表示当前说话者的判断内容，是当前说话者对第三者、听话者或对自己的评价，如例[156]、[157]是当前说话者对听话者的判断；例[158]、[159]是当前说话者转述别人对自己的评价。引语不是原说话者的原话语内容，而是当前说话者的委婉判断内容。「ように」指示当前说话者的判断内容。例[160]至[162]是当前说话者转述自己对某事或某人的看法。

[163] ツクツクボウシの声は、僕には「おいしいツクツク」と聞こえます。

……

紗和：ねえ？ツクツクボウシの声って、どう聞こえる？

俊介：えっ？「ツクツクボウシ」じゃないの？

紗和：私さ、子供のころから、「ツクツク」が後に聞こえるんだよね。<听觉>　（『昼顔』）

[164] 乃里子さんが明るく笑えば笑うほど、すべてを知っているように聞こえました。そんなはずはないのに。　（『昼顔』）

例[163]的引语「おいしいツクツク」是当前说话者的听觉内容，而非判断内容，用引用词「と」引导直接引语。例[164]「ように聞こえる」不表示听觉内容，而表示知觉感觉的判断内容。

[165] 僕にはあなたと彼女が気が合うようには思えない。<感觉内容>　（『昼顔』）

[166] 大介：それなのに、人の慣れってのは怖いもんで、俺が朝起きてリビング行って、そこで二人が納豆とか卵かけご飯食ってんのが、少しずつ当たり前のことのように思えてきて、それでもやっぱり俺は一人が好きで、俺の世話は俺がする、俺の趣味は俺と楽しむ。<方式状语、相似事态之间的关联>　（『家族ノカタチ』）

如例[165]、[166]所示，引语是当前说话者委婉地判断内容。

IV「ように」+祈祷动词

「ように祈る」中的引语表示祈祷内容，引语是未实现内容，和目的用法是连续统的关系。典型的祈祷类动词有「祈る」「願う」「望む」「期待する」，如例[167]—[178]所示：

[167] 太郎は、一日も早く念願がかなうように祈った。　（BCCWJ）

[168] 旦那が上手く遊んで、ちゃんと帰ってくるように祈るしかない。　（BCCWJ）

[169] あとは太郎たちがつかまえられないように祈るだけだった。
（BCCWJ）

[170] 向井：くれぐれも道を誤ることのないようにお願いします。
（『せいせいするほど、愛してる』）

[171] できれば素人にも分かるようにお願いいたします。（BCCWJ）

[172] 正式版が出来たときにはそのような不具合がおきないように願うしかないです。（BCCWJ）

[173] お互いの幸せが長続きするように願います。（BCCWJ）

[174] 本物の「酒」をみんなが飲めるようになるように望むばかり。
（BCCWJ）

[175] 家族のみんなが身も心も丈夫になるように望みます。（BCCWJ）

[176] ただ、address要素としてページ情報を記載するように期待されているだけです。（BCCWJ）

[177] 今後は事業が定着し、町内に活動が広がるように期待しています。
（BCCWJ）

[178] したがって、自己の情報が、収集した本来の目的以外に使われたり、理由もなくたらい回しにされないように期待する権利もプライバシー権の一部といえます。
（BCCWJ）

V「ように」+「努める／努力する」

「努める／努力する」等前面的引语，与其说表示言说内容，不如说是表示抽象的意志内容。此类动词除了「努める」「努力する」之外，还有「精進する」「頑張る」等，如例[179]—[183]所示：

[179] 一生懸命に歩いて、できることは自分でするように努めた。結局甥にすぐ会うことはできないとわかったが、それに動揺したり怒ったりしないように努めた。〈目的、内容〉（BCCWJ）

[180] 佐子や明美などの友達のことなどすべて忘れるように努力した。〈内容、结果状态〉（BCCWJ）

[181] ハリーはなるべく感情を顔に表さないように努力した。<内容、结果状态> （BCCWJ）

[182] 1日も早く、皆さまに、寺の嫁にふさわしいと思っていただけるよう、精進してください。<结果目的> （BCCWJ）

[183] 俺も、学校行って、友達できるように頑張る。<结果目的> （BCCWJ）

命令是对听话者有行为要求的，祈祷是单纯表示自己的意愿，不涉及听话者。

VI「ように」+「見せかける」

[184] 深山：鈴木さんと黒川さんが共謀し、僕が毒を飲ませたように見せかけたんじゃないでしょうか？

（『99.9 -刑事専門弁護士-』）

例[184]小句内容表示目的，“假装”为了达到某个目的，而做的“思考”动作。引语修饰后面的动词，引语是不确定的内容、比喻、反事实的内容。小句内容是反事实内容。不是言说内容的反事实，而是和实际的行为相反，把实际的行为看成另外一个行为。经常使用的形式是「～たように」，「に」不能省略，构成「～たように思う」的形式。

VII「よう（に）」+引用词组

「よう（に）」后还可以是引用词组，如例[185]—[187]所示：

[185] 悪い風邪なんか拾わないように気を付けてちょうだいね。 （BCCWJ）

[186] 大奥さまに見つからぬよう、気を付けて、行け。

（『5→9ー私に恋したお坊さんー』）

[187] 副社長：二度と同じことが起きないよう、気をつけろ。

（『せいせいするほど、愛してる』）

「よう（に）」前面的成分既可以理解成「気を付ける」的内容，也可以理解成「気を付ける」的目的。“谁让谁做某事”，上级对下级的命令或者下级对上级的请求等的行为要求。引语是具体的行为要求。引语经过了引用者的解释，转述命令、要求、劝告、建议时，间接引语用引用词「ように」引导。

4.4.3　「ように」在句尾的用法

4.4.3.1　命令的句尾用法

命令的句尾用法，如例[188] —[190]所示：

[188] 孝之助：バディは自習に付き合うように。

（『ミス・パイロット』）

[189] 孝之助：例年、ここで脱落する者が多いから、心して挑むように。

（『ミス・パイロット』）

[190] その上、お年寄りも多いから、迅速かつ丁寧に誘導するようにね。

（『ミス・パイロット』）

例[188]—[190]是表示命令的句尾用法，引语是命令的内容，表示命令的语气。「ように」表示当前说话者对听话者的行为要求。「ように」是引用者引用自己的话语，委婉地表达自己对听话者的命令。「ように」前面的成分表示希望达到某种目的或希望出现某种情况（状态）。「～ように」是一种行为要求。

4.4.3.2　祈祷的句尾用法

祈祷的句尾用法如例[191]—[196]所示。愿望有时是有听话者存在的愿望，祈祷则是自言自语。引语后面经常隐含表示愿望的引用动词，如「祈る／お願いする／願う／望む／期待する」等。引语是祈祷的内容，表示祈使的语气。「ように」指示祈祷内容。

[191] この日々が永遠に続きますように。

（『せいせいするほど、愛してる』）

[192] お姉ちゃんの夢がかないますように。

（『5→9ー私に恋したお坊さんー』）

[193] どうか、あの女の不倫が旦那さんにばれて、地獄に落ちますように。（『昼顔』）

[194] 栗原：あの指輪に込められた想いが、祈りが、彼の夢を叶えてくれますように。（『せいせいするほど、愛してる』）

[195] 栗原：彼と大切な人の絆を結び続けますように。

（『せいせいするほど、愛してる』）

[196] 律子：もう、あんな悲しい顔しないで済むように。

（『家族ノカタチ』）

命令发出后，实现了就是结果，没实现就是目的。命令发出前，是命令者的意志或意愿，如例[197]—[199]所示：

[197] 佐伯香澄：部長に、同行するように言われたんだけど。大変な撮影なの？（『せいせいするほど、愛してる』）

[198] 部長：ニューヨーク本社からもキャスティングできないなら、ブックレットは白紙にするようにと言われた。

（『せいせいするほど、愛してる』）

[199] 栗原：向井部長に報告したら、この件は、任せるようにと言われました。（『せいせいするほど、愛してる』）

「ように」是引导间接引语的引用词，引语可以是已发生过的事件，也可以是未发生的事件，表示某人（原说话者）让某人（原听话者）干什么。

4.4.4 「ように」的非引用用法

「みんなが聞こえるように大声で言った」中「ように」前面的成分表示“说”的目的。「つぶやくように小声で言った」中「ように」前面的成分表示“说”的结果状态。

4.4.4.1　目的用法

[200] 紗和：私が諦められるように、別れを言ってくれたんですよね？
（『昼顔』）

[201] 手塚：私が最後まで頑張れるように千里はあのノートを置いてってくれたんですよね？　（『ミス・パイロット』）

[202] すず：脱落しないように、力、合わせて、頑張ってね。
（『ミス・パイロット』）

小句的动词是可能动词或动词的否定形式，「ように」表示目的。如例[200]所示，小句的动作主体是「私」，主句的动作主体是「北野」，动作主体是不同的，小句表目的，主句动作主体不能把握小句的事态。小句事态对主句动作主体来说是目的，对于小句主体来说是结果。例[201]小句的动作主体是「私」，主句的动作主体是「千里」。例[202]的小句和主句的动作主体都是「みんな」（大家）。

「よう」表示目的的用法，如[203]—[205]：

[203] 孝之助：羽田到着後には、速やかに、皆様をご案内できるよう、現在現地スタッフが懸命に準備をしております。
（『ミス・パイロット』）

[204] 孝之助：できる限り、皆様のご要望に応えられるよう、最善を尽くしておりますので、客席乗務員に、何なりとお申し付けください。　（『ミス・パイロット』）

[205] 星川：ゆっくり、選べるよう、本日は貸し切りにしております。
（『5→9ー私に恋したお坊さんー』）

例[203]，小句表示目的状态，希望出现某种状态。主句表示为了达到此状态，采取的行动。例[204]，主句动作结束后，能够达到小句的结果状态，主句动作是为达到目的而采取的方法手段。「よう」表示希望出现小句的状态，表结果目的状态。例[205]，小句表目的，主句是为了实现此目的，而采取的具体行动。小句内容是主句动作主体不能控制的事态。小句内容是非意志性的动作或者是他人的动作。

[206] 北野：生徒たちに、迷惑、掛けないよう、行動を正して、指導に当たります。（『昼顔』）

[207] 大奥さまに見つからぬよう、気を付けて、行け。（『5→9ー私に恋したお坊さんー』）

[208] 私なら、とられないよう、あらゆる手を尽くしますが。（『5→9ー私に恋したお坊さんー』）

[209] 孝之助：あらゆる、故障時の操作をどんな気象条件でも、こなせるよう、徹底的に復習しろ。（『ミス・パイロット』）

[210] 外出しても、怪しまれないように、PTAの役員を引き受けるだってさ。（『昼顔』）

如例[206]所示，小句表示意志目的，为了达到此目的状态，采取的方法「行動を正して、指導に当たります」。小句和主句是两个事态，时间上有先后顺序。如例[207]所示，「大奥さまに見つからぬように」就是引用用法，命令「星川」不要被「大奥さま」发现。小句表示目的，主句表示为了达到目的而做的动作「気を付けて、行け」。由此，目的用法和引用用法是个连续统的关系。

当小句用陈述句表示命令语气，「ように」后接言说命令类引用动词时，是「ように」的引用用法；当小句表示结果状态，「ように」是目的用法时，小句主语和主句主语不要求一致，小句内容是主句动作主体不能控制的事态或非意志性的动作，或是他人的动作。如[208]所示，说话者让听话者朝着「とられない」方向努力时，是引用用法；如例[209]所示，说话者让（命令）听话者朝着「あらゆる、故障時の操作をどんな気象条件でも、こなせる」这个目标努力时，是引用用法。当引语表示目标状态时，主句表示为了达到目标，而采取的动作「徹底的に復習しろ」，则是目的用法。如果「あらゆる、故障時の操作をどんな気象条件でも、こなせるように」，则表示祈祷的句尾用法。由

此可见，引用用法、目的用法和命令祈祷的句尾用法是连续统的关系。例[210]是目的用法，当前说话者指出当前听话者做此事（PTAの役員を引き受ける）的目的是不被她的丈夫怀疑她出轨。

4.4.4.2 方式、程度用法

[211] 絶対に誰にも言わないでくれって、陽ちゃんから、すがるように言われてね。〈方式〉（『家族ノカタチ』）

[212] 「何度か、テレビで彼らに言いたいように言われ、傷ついたんじゃない？」青山は言った。〈方式〉（BCCWJ）

[213] 礼はきちんとさせるからお願いします。彼女は兼次郎の方を見ながら彼に納得させるように言うのだった。〈方式〉（BCCWJ）

[214] 誤解のないように言っておくが、かゆくて掻いたから炎症がでたのではなく、ステロイドが切れたために一瞬にして炎症が引き起こされかゆくなるのである。〈方式〉（BCCWJ）

[215] 分かるように言って。〈程度〉（『昼顔』）

如例[211]所示，「すがるように言われてね」中「ように」前面的成分表示说的状态。「みんなが聞こえるように、大声で言った」中「ように」前面的成分表示“说”的目的。小句描述主句的状态、情态、程度，是方式状语修饰主句。例[212]—[214]表示“说”的方式，“随便说”“让他能接受地说”“没有误解地说”。例[215]，「分かる」修饰主句动词「言う」。「分かる」是对「言う」的程度描写。「AのようにBする」用小句事态A修饰主句事态B，A可以理解为一种目标状态或方式程度，B代表具体的事态，A是从另一个角度描写动作B，使B更加具体。当「～ように言う」中的小句谓语表示感情时，小句事态多是假定的。

除此之外，「ように叫ぶ」中的「ように」不表示「叫ぶ」的具体内容，而表示「叫ぶ」的程度，“叫的样子”。如「狂ったように叫ぶ」（发狂地叫）、「狂気のように叫ぶ」（疯狂地叫）、「悲鳴のように叫ぶ」（惨叫）。

「ように謝る」中的「ように」不表示「謝る」的具体内容，而表示「謝る」的状态，如「焦ったように謝りのメール」（充满焦虑的道歉信）、「甘えるように謝る」（撒娇地道歉）、「普通の人のように謝る」（像普通人那样道歉）。

心理状态动词具有感情色彩，是无主动意识的活动，一般不会自觉地开始也不会自觉地结束，动作性不强，实际上是一种心理状态。「ように心配する」中「ように」前面的成分不表示「心配する」的事件内容，而表示「心配する」的程度，如「自分のことのように心配している」（像自己的事情一样担心）。

心理行为动词没有感情色彩，具有明确的行为动机，动作性强，所表示的心理活动可以由主观随意控制，是主动的有预谋的心理活动。「ように反省する」中的「ように」前面的成分不表示「反省する」的具体内容，而表示「反省する」的方式，如「次のように反省された」（反省如下所示）。

4.4.4.3　小句表示比喻的内容

「AのようにB」「AするようにBする」中「A」表示比喻的内容，「B」表示事实。

[216] 昼顔という花は、地下にのばした茎で、どんどん増え、刈り取っても、刈り取っても、なかなか、なくなりません。まるで、別れようとしても、別れられない、不倫の恋のように。　　（『昼顔』）

[217] 友達が手のひら、返すように、いなくなっちゃった。（『昼顔』）

例[216]、[217]中的小句是比喻内容，是对主句的修饰。主句所描述的事件，和小句的事件，有相似之处。

4.4.4.4　小句表示事实

「AするようにBする」「同じようにBする」中A和B都是事实。

[218] あの人が家族を大事にするように、私もあなたを大切にすると決めたんです。　　（『5→9ー私に恋したお坊さんー』）

[219] 不倫も、独身の普通のカップルと、同じように、ときめいて、恥じらって、ずっと、一緒にいたいと思う。　（『昼顔』）

[220] いつもと、全く同じように、夜は更けました。　（『昼顔』）

小句表示的事态是事实，是方式状语。如例[218]所示，「XがAするように、YもBする」。如例[219]、[220]所示，「Xと同じようにBする」。三者都是具体地描写主句事态。主句事态和小句事态是同时发生的。而目的用法，小句事态或在主句事态之前，或主句事态发生之后，出现小句事态。

4.4.5　「ように」与「と」

前面分析了引用词的定义、分类和功能，下面将分析「ように」与「と」基本特征。

[221] a. 彼は、それが正しいと思った。

b. 彼は、それが正しいように思った。

[222] a. 彼は、それが正しいと言った。

b. 彼は、それが正しいように言った。

如例[221]a和[222]a所示，「と」更接近于事实。如例[221]b和[222]b所示，「ように」受到「ようだ」的影响，不确定性增强。可以和「ように」连用的引用动词有限，如言说类引用动词「言う」「述べる」「告げる」「報告する」，思考感知类引用动词「思う」「考える」「感じる」「見える」等。这些语例的语义表示言说命令、传达、思考、认知等。「～ように＋$V_{動作動詞}$」中的「ように」前面的成分修饰动作动词，表示动作进行时的情态、方式；当动作动词固定到言说、思考义时，引语内容是引用者解释的内容。「と」「ように」都表示言说、思考的内容。「と」引导的引语能重现原语境中的原话语；「ように」引导的引语不是“原封不动”地重现原话语，是当前说话者解释后的内容。

「ように」表示不确定内容的引用，而引用词「と」没有此种用法，如例[223]至[226]所示：

[223] 美しく思う＝美しいと思う

[224] 別れをつらく思う＝別れをつらいと思う＝別れがつらいと思う

[225] 詳しく考える

[226] 悪く言う

如例[223]「美しく思う」形容词连用形「美しく」修饰后面的动词「思う」，属于外部修饰；「美しいと思う」表示思考行为所采用的方式，可以作为结果也可以直接作为判断的内容。例[224]中的形容词连用形「つらく」也修饰后面的动词「思う」，「つらいと思う」也可以作为结果或者判断的内容来看。「思う」「感じる」等感官动词，有瞬间的特性，结果很容易被凸显出来。「考える」「見る」则属于过程很明显的行为，方式容易被凸显。内容包括结果和方式，引用是对行为结果的凸显。例[225]中「詳しく考える」表示思考的方式。例[226]中「悪く言う」中以结果的方式限定说的内容，凸显结果和动作。

4.4.6 「ように」与「って」

前面分析了「ように」与「と」基本特征，下面将分析「ように」与「って」基本特征。

「ように」和言说类引用动词搭配，但是不表示引用，如例[227]—[230]所示，例[231]表示引用用法。

[227] 「お前、コレがなんだかわかってるのかよ？」怒鳴るように言った。 （BCCWJ）

[228] 「ああ、よかった」おばさんがほっとしたように言った。 （BCCWJ）

[229] 政治評論家のシリル・コーリーは次のように言った。 （BCCWJ）

[230] 「アイアイ。とり舵」アマンダはやや声を大きくして、CIC全体に聞こえるように言った。 （BCCWJ）

[231] 登紀子：私、ホテルに戻ってるから、来るように言って。

（『地味にスゴイ！校閲ガール・河野悦子』）

当「ように」出现的前句或后句中，有引用词「と」出现时，「ように」的用法都是对“说”这一动作的状态、方式、目的结果的修饰。如例[227]、[228]是生气地说、放松地说；例[229]表示说的方式；例[230]表示说要达到的结果是让全体都听到。当没有引用词「と」出现，有引用词「ように」时，如例[231]中的「ように」引导命令或祈祷的内容，引语部分不是实际中的话语，是引用者解释说明的话语。而引用词「と」所引导的引语真实描摹现实中的话语。

「って」有连接功能，连接引语和引用动词。「って」有结束功能，引语后接引用词「って」结句。「って」介引的小句是状语从句；「と」介引的小句做谓语的补足语（必有论元）。「と」引导各种话语或思考内容。「ように」可以引导命令或祈祷内容，用陈述句表示命令或祈祷语气；「ように」还可以引导他人的内心想法，后接思考类引用动词「思う」。

4.5　「みたいな」

「みたいだ」的连体形是「みたいな」，连用形有「みたいに」「みたいで」。口语中经常以词干「みたい」结句。词干后还可以后接语气词「ね」「よ」「さ」等，构成「みたいね」「みたいよ」「みたいさ」等。「みたい」有三种用法：比况[①]、举例、推断。一表示某物和他物很相似（内容或外表）；二表示举例；三表示不确定、委婉地判断。「みたいだ」是「ようだ」的口语表现，在非正式场合使用。而本书分析引用用法，词形可以是「みたいな」「みたいに」两种，并着重分析「みたいな」。

4.5.1　关于「みたいな」的先行研究

加藤陽子（2010）在「話し言葉における発話末の「みたいな」について」这篇论文中谈到了「みたいな」。她指出「みたいな」经常出现在话语后。

① 释义为与类似事例进行比照，跟某事物相比较。

4.5.2　「みたいな」在句中的用法

「みたいな」在句中，连接引语和表示话语内容的名词性成分。「みたい」是「見るようだ／見たようだ」的简写。「YみたいなX」表示X和Y很相似，但是X不是Y。如「みたいな感じ／考え／発言／こと」「みたいなことを感じる／思う／言う」等。口语中经常省略「みたいな」后面的名词或谓语部分。「みたいな」前面的成分表示话语、思考或书写内容。如果表示说话者自己的话语或思考，使用的句型为「それは～みたいなことだ」。当说话者表达自己的感情或想法时，使用直抒式「嫌だなー」、委婉式「嫌だなー、みたいな」「嫌だなー、みたいな感じがする」。委婉式表示自己的感情实际上不是「嫌だなー」，是和它类似的感情。「嫌だなーと思う」表达的是“我”的内心想法。「～みたいな」具有直接性，表现在句子前半部分「嫌だなー」，间接性表现在后半部分「みたいな」，省略的部分是让听话者自己理解说话者言语行为的谓语部分。

「YみたいなX」中Y是被比喻成的事物，X是抽象概念，两者相似，是同类事物中个体与个体之间的比较。Y还可以是关于X的一种评价。「YみたいなX」中Y还可以是其中一例，X是大概念，两者类似，不同事物之间有某种共性的特征。用具体的例子Y来说明概念X。Y是对X的一种评价。「XはYみたいです」这种表达方式避免了肯定的判断，是一种委婉的表达形式。

「みたいな」有举例用法，提示类似的情况。提示伴随这种语言出现的情景，提供类似的情景，有可能并不是正确的重现情景，而是利用引用结构使表达效果更客观。

「みたいな」前面的部分是引用者模拟“原说话者”的话语，后面一般是主名词。包含「みたいな」的修饰结构被后置，修饰名词的作用逐渐减弱。「Yみたいな」叙述某事态的状态和程度，「XはYみたいな感じだ」把概念X用Y来表示，Y采用话语的表现形式。关于X的具体表现就是Y，用Y进行举例说明，用话语说明X的状态程度。解释X，会用到具体的话语例子Y。叙述X的状态程度，让听话者理解了X。关于Y这个话语是否真实存在并不重要，言说行为不存在也成立。用Y具体地描写X。举过去的话语为例时，还可以用「とか言って」「なんて言って」。还有不存在概念X的，这时话语指称的不是实质概念X，而是引用时点的言说行为（陈述意见和理由）Y。「Yみたいな」表示说话者的意见和原因，间接地提示信息。如果陈述意见理由，则用Y来表示。「Yみたいな」代表「Yみたいな感じだ」，话语部分被凸显。用Y来说明X的状态。用修饰结构Y补充说明名词X的具体内容。说话者用不同的方式来解释同一个对象。

4.5.2.1　「YみたいなX」引用兼举例用法

「YみたいなX」中「Y」是其中一例，「X」是大概念，两者类似，不同事物之间有某种共性的特征。用具体的例子「Y」来说明概念「X」，如「YみたいなN／こと」「Yみたいなことを言う」等表达方式。「みたいな」前面的成分表示话语、思考或书写内容。「YみたいなX」表示在解释「X」的过程中，「Y」只是其中的一例，「Y」是特定的。举例用法重点在「Y」上，「Y」具有「X」的特征，「Y」是其中的典型示例，是具体的描写。用引语话语描写人物的特征，包括人物的表情、姿态、状态、情态、话语等。如例[231]—[235]所示：

[232] こいつがよ、私をあなたのうちへ連れてってみたいな顔してから。

（『家族ノカタチ』）

[233] 庭野：たばこ…。

前原：ったく、どいつもこいつも、うっせぇな！あんたも、ネットに書いたりすんなよ。「たばこ吸ってた」とか、…秘密守れよ。

…

庭野：「秘密守れよ、スパ～…」みたいな人でした。

屋代：えッ？このコがスパ～？　　（『家売るオンナ』）

[234] 悦子：挙句の果てに、それじゃねえよ、みたいな悪態ついたりとかして、もうほんとに、ごめんなさい！

（『地味にスゴイ！校閲ガール・河野悦子』）

[235] 河野：世間には、私達の存在すら、知られてないって。何か、それって、ちょっと、むなしくない？

…

米岡：何か、ちょっと、むなしいみたいなこと、言ってたんですよね。（『地味にスゴイ！校閲ガール・河野悦子』）

[236] 映画館をうまく潤滑に運営させるためにも、時々は、おまえらが言う作品を買ってきたぞみたいな感じで、やってみろと言うわけです。（BCCWJ）

「Yみたいな X」是连体修饰结构，前面的话语或内心想法是修饰成分，修饰后面的中心名词「顔」「人」「悪態」「こと」「感じ」，后面的中心名词可以是表示表情、状态等的名词。例[232]用话语来表示情态，「みたいな」提示话语和情态。在这一连体修饰结构当中，前面话语或内心想法是修饰成分，修饰后面的中心名词，可以是表情、感觉等。例[233]用人物的话语、动作来描写人物，突出某人的性格特点。引语中包括人物的话语和拟态词，用「スパ～」来表示「前原あかね」吸烟的样子，富有生动性。例[234]—[236]中，Y 是话语，是X中的具体的一例。「Yみたいな X」表示在解释「X」的过程中，「Y」只是其中的一例，「Y」是特定的。举例用法重点在「Y」上。「Y」具有「X」的特征，「Y」是其中的典型示例，是具体的人或物。

引用者借助类似的话语，转述原说话者的话语内容。原话语用疑问句表示疑问和建议。引用者从原说话者视角出发，引语和原话语有相似之处。引用者用类似的话语重现原说话者的话语，把引用者过去经历过的情景，生动地传达给听话者。让听话者感觉事件好像发生在当下一样。引用者生动地描述给听话者，使听话者有身临其境的感觉。引语内容对于涉及的第三者来说或许是不合适的话语或观点，引用者不便说出来，借助“别人之口”（直接引语）就能说出来。也就是说，「みたいな」能使引用者含蓄地传达不便直率传达的内容。「みたいな」有时相当于「みたいなことを言う」「みたいな発言」等。当有语境时，可以省略「みたいな」后面的名词或谓语成分；当没有语境时，不能随意省略，如[237]、[238]所示：

[237] 律子：ホント、別々に暮らしてみたいだけ、わりと多いらしいわよ。

…

葉菜子：実は、うちも、母が、父と別居したいみたいなこと、言いだして。（『家族ノカタチ』）

[238] 河野：何何？「入稿直前になって、予定していた原稿を桐谷さんの作品に、差し替えようと決め、二人で徹夜して、頑張りました」。「二人」って…何これ、いやいや。

…

河野：何、1人で頑張ったみたいな言い方してさ、ホントやらしい。

（『地味にスゴイ！校閲ガール・河野悦子』）

如例[237]、[238]所示，过去真实发生过的话语，引用者以举例的方式传达给听话者。「～みたいな」做连体修饰语，举例说明中心词「こと」「言い方」的具体情况。类似的表达方式有「みたいなことを感じる／思う」「みたいな感じ」等。

4.5.2.2　「YみたいなX」比况用法

「YみたいなX」的语义为「XはYと類似しているが、Yではない」。换言之，「XはYみたいだ」。「XをYみたいに言う」中「X」表示某事物，用「Y」进一步说明「X」，提供「X」的相关信息，其中包括对「X」的评价。「Y」有时是假定的。在构式「YみたいなX」之中，当「Y」是实体名词时，「X」是形式名词。当「Y」是形容词时，「ばかみたいに」可以看成是程度副词，「ばかみたいな」看成是形容词。比况用法重点在「Y」上。

[239] 小田さんみたいな気の強い女の子、泰治、好きでしょ？

（『ミス・パイロット』）

如例[239]所示，「小田さん」的性格「気の強い」；「小田さん」是「気の強い女の子」中的其中一人；「小田さん」的特征是「気が強い」。除了「小田さん」之外，还有很多「気の強い女の子」，「小田さん」只是其中一例。如例[239]—[242]所示，句子结构为「Yみたいなことを言う」。

[240] お坊さんみたいなこと、言って。

（『5→9ー私に恋したお坊さんー』）

[241] 潤子：何か、バンドの解散の理由みたいなこと、言っちゃって、すいません。（『5→9ー私に恋したお坊さんー』）

[242] だったら、バカみたいなこと、言わないでよ。

（『5→9ー私に恋したお坊さんー』）

[243] 平匡：借金の自転車操業みたいなこと、言わないでください。

（『逃げるは恥だが役に立つ』）

4.5.2.3 「XをYみたいに言う」引用兼比况用法

[244] 人をケチみたいに言わないでよ。（『オトナ女子』）

[245] 森尾：いやさぁ、私、高校の時から、いっつも、先輩には負けてる気がしてたし、その先輩と一緒にいると、自分がダメな人間みたいに思えて、落ち込むこともあった。

（『地味にスゴイ！校閲ガール・河野悦子』）

[246] 駄目。何にも、感じてないよ。あの人。レンタル彼氏なんて、頼むんじゃなかった。高い金、払って、損したわ。あなた、全然、ハリウッドで、仕事してる人に見えないんですけど。何か、インチキくさいのよね。こう、もっと知性がある感じじゃないと。内面から、にしみ出るもんだから。

…

怒られて、クレーム、つけられて、ダメ人間みたいに、言われて。

（『オトナ女子』）

[247] 乃里子：まるで、うちの主人のこと、知ってるみたいに、言うのね。（『昼顔』）

[248] 陽三：なるほど。ここから見ると、こういうふうに見えるんだ。

大介：初めて座ったみたいに、言ってんじゃないよ。

（『家族ノカタチ』）

如例[244]所示，「ケチ」是「人」的特征，「ケチな人」。前接形容词时，是比况用法。例[245]、[246]所示，「みたいに」前接名词时，是引用兼举例用法。例[247]、[248]所示，「みたいに」前接动词句时，是引用兼比况用法。用引用者的话语概括原说话者话语，原说话者的原话实际上并不是引语内容，引用者概括转述原说话者话语内容。引用用法和比况、举例用法之间是连续统的关系。

4.5.2.4　「みたいになる」

[249] 飛行機が浮いて、自分も浮いたみたいになって。

（『ミス・パイロット』）

[250] え。何で、あいつに振られたみたいになってんの？

（『私結婚できないんじゃなくて、しないんです』）

[251] 森尾：だから、いなくなった時、一瞬、心にぽっかり、穴が開いたみたいになった。

（『地味にスゴイ！校閲ガール・河野悦子』）

如例[249]所示，「自分も浮いた」是反事实的。例[250]、[251]中的小句也是反事实的，小句中的谓语用「た」，表示完成。隐喻表示通过彼类事物的暗示，感知、体验、想象、理解、谈论此类事物。用小句内容表达说话者的感受。比喻必须要符合：①A和B必须是本质不同的事物；②A和B之间必须有相似点。明喻是常用as或like等词将具有某种共同特征的两种不同事物连接起来的一种修辞手法。明喻的表达方法是A像B。以两个基本上不相同的事物作比喻。明显地用另外的事物来比拟某事物，表示两者之间的相似关系。

4.5.2.5　推断用法

[252] 利佳子：この間、お電話したんですよ。

加藤修：みたいですね。

利佳子：あら、私の番号だって、分かったんですか？（『昼顔』）

「みたいだ」可以位于句首，表示推断用法，如例[252]所示。「んです」表示说话者希望听话者给与回答，「みたいですね」可以理解成是听话者的回答，是听话者的委婉回答。

[253] だいぶ酔ってたみたいだし。　（『ダメな私に恋してください』）

「みたいだ」也可以位于句尾，表示推断用法，表示对第三者或事物的委婉断定，如例[253]。与其说是推断用法，不如说是避免断定的委婉表达。为了避免给听话者压力，不用断定，而用委婉表达。

[254] お母さん、車の鍵、無くしちゃったみたい。　（『昼顔』）
[255] 遅れてるみたいね。　（『昼顔』）

口语中，经常以「みたい」结句，如例[254]。或词干后接语气词结句，如例[255]所示。表示自己对事态的委婉判断。有听话者存在的情景时，希望听话者认同自己的观点。

4.5.3　「みたいな」在句尾的用法

当「みたいな」在句尾时，已经语法化成表示引用的引用词。根据原说话者的不同，对「みたいな」进行分类。

原说话者是当前说话者：引用者为描写自己的心理状况，阐明自己的主张。对方的反应不够，说话者又进行了新的尝试，用「みたいな」进行补充说明。缓和自己发言的强度，缓和自己的主张。说话者把自己的想法意见传达给听话者。

原说话者是当前听话者：引用者为确认自己的理解是否正确，而进行的补充说明，举出具体的例子。说话者在接受对方话语内容的基础上，增加了自己的解释。

原说话者是第三者：引用者假想的第三者的话语。

「みたいな」可以使陈述的命题更趋严谨，更具客观性，避免说话者说话武断，使说话者的语气趋于和缓，更能让听话者接受。给人有礼貌、办事周全、缺少权威的感觉。

4.5.3.1 原话语主体是当前说话者

「みたいな」提示引语，引用者保持和引语的距离，委婉地表达了自己的观点。避免直截了当，强加于人，不直接表达想要表达的事情，而是以谦恭的态度，委婉含蓄地表达，让对方在猜测、揣摩中领会说话者真正的目的。引语内容是泛指的，不是特指的，是模糊的，不是明确的，如[256]、[257]所示：

[256] お前って言われて、お前って言わないでよみたいな。でも向こうもお前って、また言ったー！みたいな。

（『せいせいするほど、愛してる』）

[257] 昔、会社の野球部に入っていて、彼がピッチャーで、エースだったんです。当時は、私がマネージャーで、ストライクを決めてくれると、その時は良かったですね。社内の人に内緒だったので1人でヨッシャ！って心の中でガッツポーズして。こそこそするのがヨッシャ！みたいな。

私、絶対こそこそ出来ないで、ヨッシャ！！あ～！みたいな。わざとらしくなっちゃいそう。（『せいせいするほど、愛してる』）

关于话题「X」，如果举个例子加以说明的话，就是「Y」。「Y」是关于某话题的具体描述。关于前文所描写的话题「X」，用别的语言来概括的话是「Y」。避免明确表示自己的想法。

[258] みくり：この喜びは、野生のカピバラを手なずけた感覚？なでたい。なでたいけど逃げられそうで、これ以上は近寄れない、みたいな。（『逃げるは恥だが役に立つ』）

[259] ロパクで「好き」って言ってくれた時に、キュンみたいな。

（『せいせいするほど、愛してる』）

[260] メールする時とかも、すごいちゃんとした言葉遣いで、拝啓みたいな？そう。（『せいせいするほど、愛してる』）

[261] 諒太郎：そこに、飛行機が飛んできます。その飛行機雲で「マリー、ミー？」みたいな。（『オトナ女子』）

例[258]、[259]后面隐含了名词「感じ」或「感覚」；例[260]后面隐含了「言葉」。例[261]，通过引语文字「マリー、ミー？」来描写状况，引用兼有修饰说明的作用，修饰说明「飛行機雲」。引语「マリー、ミー？」具有现场性、生动性，「みたいな」是举例兼引用的用法。「みたいな」用会话体形式表达自己想法，用多种方式来表达自己的内心想法。前面没有具体的名词，就表示抽象的感觉。说话者用多种方式来表达内心的想法。

「みたいな」所提示的内容，不是引用者肯定地判断。如果举个例子进行说明的话，应该是这样，包含了举例、引用两个用法。和引用词「って」相比较，「～みたいな」不强调引语部分的真实性。「～みたいな」提示的内容属于假想情景中的假想话语，能使对话更生动，让听话者联想起具体的情景，说话者把自己的意见、想法很轻松地讲给听话者。「みたいな」表示换一种说法，有解释说明的作用，避免明确表达自己的想法。

「～みたいな」的功能是使自己的主张不是生硬地强加给对方，更容易让对方接受。当原说话者是对方时，引用者补充说明话题内容，加入具体的例子。

4.5.3.2 原说话者是当前听话者

[262] 十倉誠司：何も言わなかったか？「えッいやだ、ちょっと、何でキスよ」「どどど、どういうこと？」みたいな。挙動不審な動き、してなかっただろうな？

（『私結婚できないんじゃなくて、しないんです』）

[263] 橘：例えば、「何で開業なんか？」って、上から目線のやつ。そういうのにかぎって大抵無能、定時で帰宅したり、学会抜けだ

してパーティーに、我が物顔で来るみたいな。きっと勤務先では、言われてるでしょうね、給料泥棒って。

（『私結婚できないんじゃなくて、しないんです』）

如[262]、[263]所示，这时的引语也是引用者假想的话语，不是原语境的真实话语，是引用者模拟原语境，站在原说话者（当前听话者）视角进行的会话。例[262]，直接引语有双重情景的存在，有不同于引用者「十倉」（男）的原说话者「みやび」（女）的假想话语存在，如语气词、性别语言[①]的存在，语调变化丰富等。直接引语具有现场性，让听话者如同在原语境之中一样。引语内容不属于当前话语语境，引用者对话语内容保持一定的距离。例[263]中明显不是原语境中人物的话语，或对人物的描写，而是第三者对人物的描写，类似于比况用法，用连体修饰的结构来描写人物特征。

4.5.3.3　原说话者是第三人称（非当前说话者和听话者）

[264] 高山文夫：なのに、最近の女性は年を取ることを拒絶してる。あなた方の年齢の、女性も、いい大人なんだから、いつまでも、女子だとか、胸キュンだとか、言ってないで、変化を受け入れて、潔く、おばさんになった方が、結果的に、幸せなんじゃないですか？

…

ねえ？それから？何て言われたの？言いなさいよ。

前川亮介：40歳は、女子じゃないって。

女：言えてる。後は？後は？

前川亮介：いい加減、おとなしく、観念して、おばさんになれ、みたいな。（『オトナ女子』）

如例[264]所示，引用者对于自己转述的内容是否恰当感到很不安，害怕对

① 是指男性和女性所使用的具有性别特征的语言，以及某一语言中用来区别男性和女性的语言现象。

方向自己发问，于是使用了「～みたいな」这一委婉表达式。虽然叙述的是事实，但要避免肯定的语气，「～みたいな」用于消极的语境，使引用者和引语内容保持距离，保持客观的态度，用于引用者转述消极的话语。引用者借助相近的话语，转述原说话者的话语内容，引用者从原说话者视角出发，引语是和原话语相近的其中一例。用类似的话语重现原说话者的话语。把引用者过去经历过的情景，生动地传达给听话者。让听话者感觉事件好像发生在当下一样，引用者生动地描述给听话者，使听话者有身临其境的感觉。引语内容对于涉及的第三者来说是不合适的话语或观点，引用者不便说出来，借助“别人之口”（直接引语）就能说出来。也就是说，「みたいな」能使一个引用者含蓄地传达不便直率传达的内容。类似表达有「みたいなことを言う」「みたいな発言」「みたいなことを感じる／思う」「みたいな感じ」等。

4.5.3.4 引语内容是当前说话者内心想法（与当前听话者有关联）

原说话者（引语内容的说话者）和当前说话者（对引语内容进行评论的说话者）是同一个人，自己引用自己的话语。引语内容涉及当前听话者，引用者引用自己的观点看法，引用者感知的内容用「みたいな」指示，如例[265]所示:

[265] 美知子：ちょっと長く付き合ったこと、ないんでピント…枯れる前に咲いてないよ。

晶：経験ないとか？いや何か、さっきから、恋愛偏差値低いなみたいな。〈间接表达自己的感觉想法〉〈和听话者有关联〉

（『ダメなわたしに恋してください』）

如果去掉「かな、みたいな」，就很直接，会伤害听话者，破坏两人之间的关系。而加上「かな、みたいな」后，缓和了语气。说话者引用自己的话语或思考内容。相当于「と思う」。

引用者抑制自己的话语内容，自己不自觉地就那么想了。因为话语内容涉及听话者，一边说一边向对方进行确认，等待对方的回应，希望对方能明白自己要表达的意思。

阐述自己想法的同时，避免肯定地判断。用引用的形式来表达自己不确定的语气。说话者用Y陈述自己的想法或理由，是补充内容的连体修饰结构。修饰部分表示中心词的具体内容，指示思考内容。「Yみたいな」避免直接表述引用者的想法，同时让听话者感受到说话者的直率。感受到亲近感的同时，也避免了太直接，同时也表达出了说话者的犹豫不决。「みたいな」表示说话者引用自己的话语内容但却不像是自己的话语，仿佛是第三者的话语。避免肯定的语气，等待对方的反应。通过委婉的方式达到自己的目的。

当向听话者转述自己感想时，脑海里能立即浮现出的语言，使语气变和缓。引语内容涉及很严肃的问题、不好说出口的问题时，使用「みたいな」可以缓和语气。

「みたいな」可引用他人的话语或思考内容，也可引用说话者自身的话语或思考内容。说话者表达自己感情时，直接表达式有「嫌だな」等，如果用「嫌だなみたいな」来表达就很委婉，自己的感情实际上不是「嫌だな」本身，是和「嫌だな」相近的感情。既有比况用法也有举例用法，还有引用用法，可见三种用法是连续统的关系。

听话者直接和引语内容相关，引语内容说的就是听话者，表达了说话者对听话者的否定评价（思考内容）。如果直接转述这种否定的评价，会伤害对方的感情，「みたいな」表明这不是严厉的批评。引语是当前说话者在当前语境对当前听话者说的话语，话语内容看起来像第三者的话语，实际上是引用者自己的话语。引用者考虑听话者的感受，以引用的形式表述出自己的想法。向对方确认的同时，想让听话者回答或理解自己说话的目的。「みたいな」不做肯定的判断，而采用模糊的说法。用征求意见的口吻表达自己的想法。避免自己的意见伤害对方的感情。

年轻人对于自己话语的公正性和恰当性没有把握，担心听话者的想法和自己的想法不同，或者担心听话者会不满意自己的话语。在转述客观事实的基础上，避免了肯定的表达方式，在话语将要结束的句尾加上委婉的句尾形式「～かな、みたいな」。「～かな、みたいな」用于消极的上下文语境之中，事态和听话者有关联。消极的语境包括责备、提醒、否定、发牢骚、不满意等。向听话者单纯传达自己的想法，或是向听话者传达自己希望对方做某事，向听话者传达自己消极的想法，包括责备、提醒、否定对方的做法、自己对对

方不满意、自己发牢骚等。如果向对方直接表示不满，会伤害两人之间的感情，自己会被对方讨厌。「～かな、みたいな」减轻了对对方的责备。当说话者有消极情绪时，或者是说话者想要和事态保持一定距离时，「～かな、みたいな」能使说话主体的言说内容客观化。

4.5.3.5 引语内容是当前说话者内心想法（与当前听话者无关联）

[266] 何だか、仕事中も、ぼんやりしちゃって。はって、気付いたら、何分も、何にも、してなかったみたいな。

（『せいせいするほど愛してる』）

如例[266]所示，「みたいな」提示引语，对引语内容持有客观的态度，不以特定人的视角去看待引语内容，和引语内容保持距离，引语是他人或自己的话语或思考内容，「みたいな」提示引语，引用者保持和引语的距离保持客观态度的同时，委婉地表达了自己的观点。「みたいな」是日语委婉表达方式的一种，避免了直截了当，强加于人、断定的言辞，不直接表达想要表达的事情，而是以谦恭的态度，委婉含蓄、模糊、声东击西地表达，让对方在猜测、揣摩中领会说话者真正的目的。表示的引语内容是泛指的，不是特指的，是模糊的，不是明确的。

[267] 例えば、片方が浮気しちゃったとかいう秘密を持つと、盛り上がりませんか？「これから、どうなるのかな？」みたいな。

（『オトナ女子』）

如例[267]所示，对前文换一种说法。第三者会怎样想，用语言表达出来就是Y。借用他人之口表达自己的意见。看起来好像是重现第三者的思考内容。引语内容言说或思考行为有时候是实际上存在的。本句则是通过前文假想第三者可能有的想法，不是实际上发生过的话语。如果用语言表示时，是Y（假想引语）。

在特定的情景中，有时可以指示实际上并不存在的话语，举个例子来说，让听话者能够想像到具体的对话情景，轻松地说明自己的意见，让听话者赞同自己的想法或见解。

引语代表命题，说这一命题内容的是不同于第一人称的第三人称。原说话者从原语境中移动到当前语境之中，原语境中有听话者和事态，让原说话者移动到当前语境中。原说话者和两个语境有关联，引用者将原说话者的话语引用到当前情景之中，引用者采用这样的形式客观谈及某事态。引用者对该事态保持一定的距离，缓和了自己对该事态的评价。引用者说完之后，等待对方的表情和反应。

4.5.3.6　「AがXするみたいにBがYする」相似事态用法

[268]紗和ちゃんが北野先生に出会ったみたいに？　　（『昼顔』）

[269] 人をお金で動くみたいに。　　（『オトナ女子』）

如例[268]、[269]所示，当前接动词时，是比况用法，表示方式。例[269]中，「お金で動く」是「人」的特征，此句也可以替换成「お金で動く人」。

4.5.3.7　推断用法

「みたいだ」的推断用法如例[270]、[271]所示：

[270] お姉ちゃん、急な残業が入って、来れなくなったみたいで。
（『5→9ー私に恋したお坊さんー』）

[271] アーサー先生は、お休みなのに、間違えて、予約、受け付けちゃったみたいで。　　（『5→9ー私に恋したお坊さんー』）

4.5.4　「～みたいな」功能

「～みたいな」的功能有三个，分别是：一是生动描写自己过去的心境；二是不生硬地把自己的主张强加给对方，更容易让对方接受。当原说话者是对方时，引用者补充说明话题内容，加入具体的例子；三是当原说话者是第三者时，引语内容是当前情景中的人们都知道的（实际发生过）内容；明显引语是站在第三者立场上的话语内容，发话内容是说话者假想的。

4.6 「との」

4.6.1 关于「との」的先行研究

彭广陆（1995）描写了「との」和名词之间的组合关系。从语义的视角出发，将「との」的用法分成6种：主体和对手之间的关系、主体和同伴之间的关系、对象和对手之间的关系、对象和客体之间的关系、主体之间的关系、相关者之间的关系。他把「との」表示引用的用法排除在外。

4.6.2 「との」的用法

4.6.2.1 「S[①]とのN」

「との」表示引用时，后面的中心词与言说有关，如「質問」「回答」「警告」「連絡」「言葉」「伝言」「報告」「褒美」「証言」「主張」「抗議」等。

4.6.2.2 「～とのこと」

引语前有表示言说的成分时，「との」后的中心名词语法化为「こと」，「との」表示引用，如「～って聞いたら／電話がかかってきて、～とのこと～」「人は／が～とのこと～」「N言語について／としては、～とのこと～」「～によれば／では、～とのこと～」等，如例[272]至例[281]所示：

[272] 「めずらしいんですか？」って聞いたら[②]「普通は２本なんですけど、ごく稀にいますよ」とのこと。（BCCWJ）

[273] 私はカー用品店で整備士として働きたいと思っているのですが、女ではムリですか？このまえ、カー用品店の方に聞いたところ「整備資格がなくてもできますよ」とのことでした。（BCCWJ）

[274] それでも事前に事務局さんに問い合わせたら、「みなさんご夫婦で参加されますよー」とのこと。（BCCWJ）

---

① S代表句子。

② 代表言说成分或表示动作的行为动词。

[275] ママに言わせると「素子の飼うものは何でも大きくなってよく食べる」とのことでしたが、この金魚も例外ではありませんでした。（BCCWJ）

[276] ミニレターの中身を読むと、「発送はこちらの住所へ」とのこと…。（BCCWJ）

[277] M書記官にそのことを正直に話すと、「それでＯＫです」とのことでした。（BCCWJ）

[278] 吉野家の回答は意外なものだった。「吉野家では、いまだかつて一度もつゆの量を増やしたことはございません」とのことである。（BCCWJ）

[279] 出品者からメールが来て、「合計出して振り込んでください」とのこと。（BCCWJ）

[280] 先生から電話がかかってきて、「先日お漏らしをしてしまったときに貸した保健室のパンツを返してほしい。」とのことでした。さらによくよく聞くと、「今月２回してしまい、２枚とも返ってきていない」とのことでした。（BCCWJ）

[281] 野球のデットボールで手首も折ったこともありますが、その時は打撲の痛みとそれほど変わらず、腫れがひかないので病院に行ったら「折れてます」とのことでした。（BCCWJ）

引用动词或表示言说的名词成分在前句，后句的结构用引语后接「とのこと」。前句的引用动词经常用条件形，构式是「V引用動詞たら／と、～とのこと～」。除了引用动词和表示言说的名词成分之外，表示动作的行为动词也可以出现在前句，像「行く」「来る」这样的动词，可以伴随话语。

[282] 皐月：お義姉様にも、手を出すなとのことでした。（『99.9 −刑事専門弁護士-』）

[283] ゴンディばあさんは、「百二十歳は越えているだろう」とのことだった。（BCCWJ）

[284] それから何日かたって、S氏から「君は霊をもっているんではないか、今までなにかなかったか」とのことで、びっくりして「そんなことは一度もない」と言いました。（BCCWJ）

[285] 検査結果ですが、医師からは「異常が見られるので、胃カメラの検査を再度、行ってください」とのことでした。（BCCWJ）

[286] 理由としては「今のビンはガラスが薄く、炭酸を入れると割れてしまう」とのこと。（BCCWJ）

[287] 男が勤める大衆酒場、深夜喫茶で会って話したのだが、女の主張によれば、「言われた場所に来なければ性交渉があったことをバラすと脅され、やむなく出向いた」とのこと。男側の言い分は、「女は自分のアパートに来たがったが、最初の夜は留守だったルームメイトが戻っており、ラブホテルへ行くカネもなく、デート後のペッティングで我慢していた」とのこと。（BCCWJ）

[288] ラジオ情報では「雪の為、通行止め」とのことですが、これだけ動かないのはおかしくないですか？（BCCWJ）

[289] また提案者の先生の話では「以前から野生の鹿たちの土なめ現象を研究しているが、三峰川流域には数多く野生鹿の土なめ場（べと場）がある」とのことであった。（BCCWJ）

如例[282]—[289]所示，句子结构为「～は～とのことだ。」。例[285]的前句中有「検査結果」，例[286]中有「理由」，例[287]中有「話す」，例[288]中有「ラジオ情報」，例[289]中有「先生の話」。

4.6.3 「との」与「という」「といった」

「という」表示特指，「といった」用于举例。「という」是「言う」这个动词实质意义虚化后的产物，表示言说行为的行为义弱化。「という」不仅有连词的功能，还有传闻引用的功能。「軍事学をひらくという男」中的「という」不仅有连词的功能，连接「軍事学をひらく」和「男」，还有传闻的功能，所以能够替换成「軍事学をひらくといわれる男」。杨文江（2014）在其论文中论述了中国境内的很多藏缅语，如梁山彝语和载瓦语，论述了这些标记

从引用到传闻的演变路径。认为这种演变具有跨语言的普遍性。它们的衍生关系是言说动词“说”→直接引语和间接引语标记→传闻标记。下面来看「という」和「といった」的引用用法。

「という」引语中有语气，有主观性很强的词语。「という」后面的中心名词有言说、思考、书写类名词，如「意見」「意味」「言い方」「話し合い」「電報」「提案」「指示」「教え」「説得」「命令」「指摘」「訴え」「案内」「議論」「依頼」「要望」「指導」「声」「考え」「感じ」「イメージ」「合図」「暗示」「事態」「態度」「環境」「動き」「連中」等，如例[290]至[293]所示：

[290] 今度の生活クラブ第７次中期計画では、支部委員会を新しくつくり変えたいという話がありました。（BCCWJ）

[291] 死んでしまいたいという考えが心をよぎることもなかった。（BCCWJ）

[292] すると、もう一段の緩和策を考えろという声が多方面から出てきます。（BCCWJ）

[293] その際に、境界画定で先ほど申し上げましたように衡平の原則に従って合意に基づくという、その衡平と申します意味は五十、五十というよりは、むしろいろんな状況を考えて六、四とか七、三に分けろという考え方が裏にあって出てきた言葉でございまして、そういった意味でこの六十四条の、二百海里に不足する大陸だなも二百海里まで大陸だなとみなすということをそのまま援用いたしまして、わが国が中間線まで大陸だなを得ることを主張するのは困難ではなかろうかと思うわけでございます。（BCCWJ）

「という」前既可以是直接引语也可以是间接引语，如例[294]是直接引语；例[295]是间接引语。

[294] それに、今、私がここから出ていったら、カジが自分のせいだという結論を出すのは間違いない。（BCCWJ）

[295] そこで象徴的にこういう事件を投げかけて、これからのアメリカの戦略はこっちだぞという警告を発しているという見方はできる。（BCCWJ）

如例[296]、[297]所示，被修饰名词是「顔」「風情」，当被修饰名词是表情、手势、态度、举止等，和身体有关的名词时，可以前接「という」，用连体修饰语修饰中心词。

[296] 「どうも姿が見えんと思ってたら、やっぱり寝てやがったか」先輩はザカの背中についた草をはたき落としながら、お前のやることなんか全てお見通しなのだぞという顔で言った。（BCCWJ）

[297] おじさんはちょっと身をかがめ、いかにも大事な情報だぞという風情で身構えて、声をひそめた。（BCCWJ）

连体修饰语和主名词之间的连词「という」。类似的表现形式还有「といった」「というような」「といったような」「とかいった」，如例[298]至[301]所示。例[298]中的「といった」举出对方多种解释说明中的一种，语义为此处不做一一列举，只列出其中一例。例[299]中的「とかいった」举出直子虽说瘦，但并不给人瘦骨嶙峋、不健康的感觉。

[298] 僕はクラシック音楽にそれほど詳しいわけではなかったけれど、彼の「ほら、ここのところが—」とか「どうだい、この—」といった適切で心のこもった説明を聴きながらモーツァルトのコンチェルトに耳を傾いていると、本当に久しぶりに安らかな気持ちになることができた。（BCCWJ）

[299] 特徴的だったふっくらとした頬の肉もあらかた落ち、首筋もすっかり細くなっていたが、やせたといっても骨ばっているとか不健康とかいった印象はまるでなかった。（BCCWJ）

[300] 御指摘の法二十四条につきましては、例えば利益を生じることが確

実であるとかあるいは損失は一部を負担しますよといったような、いわば若干詐欺と申しますか、だますような行為ということをどう律するかという点でございまして、その違法性というものの程度にかんがみまして、とりあえず直罰規定を設けず、これに対して業務の改善命令またはそれに違反した場合の許可の取り消し、こういったことを通じましてまず行政罰を働かせる、これらに違反した場合に罰則を設ける、こういう仕組みをとっておるところでございます。（BCCWJ）

[301] また、どことか刑務所出身の人は性犯罪者だぞというようなレッテルを張られるというようなデメリットもあると思います。

（BCCWJ）

除此之外，引用的词组形式还有「なぜかというと、といっても/と申しましても、というのは、というと、とはいえ…ことだ、とすると、としますと」等。

4.6.4　「との」与「とばかりに」「といわんばかりに」

「との」与「とばかりに」没有引用动词，有引用功能。如例[302]、[303]所示：

[302] 皐月：お義姉様にも、手を出すなとのことでした。

（『99.9 -刑事専門弁護士-』）

[303] ところがご主人の方は、みんなに心配をかけてどういうことだといわんばかりに、不機嫌な表情で後からついて来る。（BCCWJ）

「といわんばかりに」是说话者对状况、环境、动作、现象的描写。

4.6.5　「との」与「ような」

4.6.5.1　「ようなこと」

[304] だけど、天気予報によるとまた暑さがぶり返すようなこと言ってたなぁ…　（BCCWJ）

[305] 冷たい雨の朝。今朝の天気予報でもまだ、雪に変わるって言ってるけど、降ってほしいような降ってほしくないようなぁ。かなり寝不足気味の私。寒さが身にしみるから、雪が降ってもあったかくなれ。　（BCCWJ）

4.6.5.2　「ような気がする」

[306] 栗原未亜：笑ったんです。私が、今の仕事が天職だって言ったら、彼、笑ったんです。好きだったはずなのに、何か違うような気がして。　（『せいせいするほど、愛してる』）

[307] 未亜：こっちに住んでると、いつでも行けるような気がして、結局、母に、先、越されました。　（『せいせいするほど、愛してる』）

[308] 晴のことを見てると、自分が足踏みしてるような気がして、焦ります。<引语内容不是事实>　（『ミス・パイロット』）

[309] 全てから逃げ出したくて、家に火をつけたという奥さんの気持ちが分かるような気がしました。<引语内容是事实>　（『昼顔』）

[310] 泣くほど失いたくないような大事なものなんて、何もないような気がしたのです。　（『昼顔』）

[311] あの人とのことは、幻だったような気がします。　（『昼顔』）

[312] 何か、前とは違う気がするんだよね。　（『昼顔』）

[313] 主人、好きな人がいる気がするんです。　（『昼顔』）

[314] 海里：栗原の言ってた、ジュエリーに、宿る想いっていうのが、ちょっと分かった気がした。（『せいせいするほど、愛してる』）

[315] 海里：俺は自分に、嘘ばっかり、ついてる気がする。
（『せいせいするほど、愛してる』）

[316] 向井部長：二人を監視していた…ということですか？妹のためとはいえ、少し行動がいきすぎてる気がしますね。
（『せいせいするほど、愛してる』）

小句表示当前说话者对自己的评价或表示当前说话者感知的内容。小句内容可以是事实，也可以是非事实、比喻的内容。

「ような気がする」和「気がする」的区别，「ような気がする」有举例的语感。而「～気がする」明确表明说话者的感受，如例[312]、[313]所示，自己的感受分别是「前とは違う」「主人、好きな人がいる」。

「ような」「との」「みたいな」这三个引用词都是连体形式的引用词，引语接这三个引用词后，需要后接中心词（有时省略中心词），引语表示言说或思考的内容。如果后接中心词是抽象名词，如「こと」，那么引语前后，也要有表示言说或思考的成分。

4.7　「とか」「なんて」「とは」

这三个引用词都具备提示话题的功能。

4.7.1　「とか」「なんて」「とは」在句中的用法

「とか」「なんて」「とは」连接引语和引用动词，根据引语的情况，考察「とか」「なんて」「とは」在句中的使用情况。

4.7.1.1　「とか」

（1）「とか」+引用动词

「とか」举出言说内容，强调这一内容，包含引用者的感情在内，如例[317]—[321]所示：

[317] なんだかんだ、しょっちゅう、誰かが永里さんに会いに来てる。こっちは、この上なく迷惑ですけどね、とか言いながら、楽しそうに見えますけど、ねえ。　（『家族ノカタチ』）

[318] 晩年っていうか、この3カ月ぐらいは、全然…立派どころか、いきなり、会ったこともないやつ連れてきて、お前の新しい弟だとかいって、押しかけてきたり…　　　　　　　『家族ノカタチ』）

[319] なのに母は、アンタは先のこと考えすぎてつまんないとか言うし、えッ？慎重すぎ？　　　　　　　（『家族ノカタチ』）

[320] こういう時、どうやって、普通、受け止めるんだろうとか、考えても分かんないんだけど、もっともっと考える考えるから、次、また何か、吐き出したくなったら少しは耐性できてるから、しんどくなったら、また俺に言え。　　　　　　　（『家族ノカタチ』）

[321] いや、手を出したのは、大人げなかったと思うよ。でも、人のこと、勝手に子供嫌いとか決めつけて、失礼なこと言ったの、そっちだから。　　　　　　　（『家族ノカタチ』）

（2）「とか」举例用法

「とか」还可以后接引用词「って」，表示举例，如例[322]—[325]所示：

[322] 母親に、ありがとうとかって、口に出して言った記憶が全然ない。
　　　　　　　（『家族ノカタチ』）

[323] 兄は父の会社の経営とかでは、結婚には慎重になってるみたいなんですけど、私は全然。父は会社の経営とかっておっしゃいましたよね。　　　　　　　（『家族ノカタチ』）

[324] やっぱり、あの元ダンと、「一生、添い遂げよう、この人と」とかって思ってた？　　　　　　　（『家族ノカタチ』）

（3）「とか」+词组

[325] 学生時代の話なんですけど、部活の帰りに、お疲れ様ですとか、女の子に声をかけられた瞬間。　　　　　　　（『家族ノカタチ』）

表示言说、思考的内容后可以后接「とか」「ような」「というような」「ってような」「みたいな」「なんて」等表达形式，可以构成连体修饰结构，修饰后面的中心名词。

4.7.1.2　「なんて」

「なんて」有连体和连用两种用法。例[326]—[340]是连用用法，后接引用动词「言う」「思う」「信じる」「知る」「勘ぐる」等引用动词。例[341]—[344]是连体用法，后接名词性成分「冗談」「ひと言」「提案」「こと」。

（1）「なんて」+「言う」

[326] 母ちゃん、やっと来れたよ。自分の母親の仏壇を邪魔だなんて言わないよなあ？　（『家族ノカタチ』）

[327] あんなに、あんなに褒めてくれる人のこと、バカなんて言うな！　（『家族ノカタチ』）

[328] 別に悪いなんて言ってないよ。　（『家族ノカタチ』）

[329] 縁切ったなんて贅沢言うな。　（『家族ノカタチ』）

[330] なのに、娘に結婚すればなんて言っちゃうのは、いいことの方が、たくさん覚えているから。　（『家族ノカタチ』）

[331] 冷たいなんて言ってさ、あれから師匠と相談してさ。デートコース考えてもらって、おかげで、これ。　（『家族ノカタチ』）

[332] もう出会って、いいなと思ったから、一緒に、ずっと暮らしたいなと思ったんだろう。だから、結婚したんだろ。簡単に別れるなんて、言ってんじゃないぞ。おい。ホントによ。もったいねえと思うんだよ。俺。　（『家族ノカタチ』）

[333] ずうずうしくて迷惑だとばかり思っていた親父に、いきなり「俺死ぬの」なんて言われたら…。　（『家族ノカタチ』）

[334] いきなり、お父さんに死ぬなんて言われて、動揺するのは分かるよ。　（『家族ノカタチ』）

（2）「なんて」+「思う」

[335] まあ、別に、長生きしようなんて思ってない。死ぬまで元気でいたいだけだ。（『家族ノカタチ』）

[336] こんなに正直に、向き合ってくれてんのに、ズルズルっていうのも悪いかななんて思って。（『家族ノカタチ』）

[337] だから、俺はな、死ぬこと、不幸だなんて思ったことないよ。（『家族ノカタチ』）

（3）「なんて」+「信じる」

[338] 人はだから、占いに頼ってみたりもする。占いなんて信じない。俺の未来、俺がつくる。（『家族ノカタチ』）

（4）「なんて」+「知る」

[339] ごめん君がそんな苦労してたなんて知らなくて。（『家族ノカタチ』）

（5）「なんて」+「勘ぐる」

[340] 人の人生を幸せなのかなんて勘ぐること自体、ごう慢なことなんだろう。（『家族ノカタチ』）

（6）「なんて」+名词

[341] みくり：雇用のグローバル化が国の産業を衰退させる。じゃ、どうしたらいいのかって、答えがなかなか出なくて、いっそ鎖国したらどうだろう、なんて冗談を、延々と二人で、風見さん、自分は自分勝手だって言ってたんですけど、結婚に

对して身構えてるのは、実は誠実だからだと思うんです。

（『逃げるは恥だが役に立つ』）

[342] みくり：百合ちゃんをだまそうと、あれこれしてるのってひどいですよね。裏切りっていうか。しまいにはロビーでハグだなんて、らしからぬ提案までさせて。

（『逃げるは恥だが役に立つ』）

[343] いや、謝れなんて、ひと言も。　　　　（『家族ノカタチ』）

[344] みくり：…なんてことを話したい。けど、あちらのことは話すなと、言われてしまったわけで、この空気をどうしたら？

（『逃げるは恥だが役に立つ』）

举出言说、思考内容，强调这一内容，包含引用者的感情在内。引语内容可以是单词，也可以是句子。

4.7.1.3　「とは」

「XとはY」最基本的意思是把「X」当成命题，给「X」下定义。如果「X」提示句子时，后句是对前句的评价判断。「とは」提示主题，「ということは」「などということは」也有了引用的含义。后句是针对主题的主观评价判断，是当前说话者的感叹。当前说话者遇到了不同于以往的事件，事件引发了自己的感想。「とは」还可以构成句尾谓语的一部分，如「とは言えない」「とは思えない」。当前说话者陈述和自己想象、预想相反的事件。

「～とは思えない」中前句表示发生了预料之外的事件，后句表示吃惊、感叹。前句表示命题事件，后句表示命题事件发生后的评价判断，如「彼に三人も子供がいたとは、何も知らない私が馬鹿だった」。和「とは」共现的谓语形式有「考える」「驚く」等。

（1）S+「とは」+言说类引用动词

「とは」后的引用动词可以是肯定的形式，如例[345]、[346]；也可以是否定的形式，如例[347]—[352]所示：

[345] 亀井：確かに、企画は出せとは言ったけど。

（『地味にスゴイ!校閲ガール・河野悦子』）

[346] 深山：カッとなって殺害したと。（听说（他）很生气，然后杀了她。）

証人：そんなッ、確かに真島君と美希はケンカしてたとは話しました。（『99. 9 -刑事専門弁護士-』）

[347] 副社長：柔軟な対応ができなければ、プロとは言えない。

（『せいせいするほど、愛してる』）

[348] 田中さん、仕事に向いてないからって、恋愛に逃げるの、やめて。恋するなとは言わない。（『家族ノカタチ』）

[349] 羽村：まあ、井川先生なら院長も、ノーとは言わないんじゃない？

（『A LIFE』）

[350] 藤岩：インターネットを全て排除しろとは言いませんが、情報源が信頼に値するサイトかどうか細心の注意を払うことが必須です。（『地味にスゴイ！校閲ガール・河野悦子』）

[351] しゃらく：帰ってきてほしいとは頼んでないが、まさか、君に助けられるとは。（『IQ246～華麗なる事件簿～』）

[352] 深山：ただいまの、塙望美証人の証言により、赤木さんが犯行現場にいたとは断言できません。（『99. 9 -刑事専門弁護士-』）

「～とは～」中主句谓语动词用否定的形式，如「言えない」「言わない」「言いがたい」等时，「は」可以去掉，「は」的功能是凸显引语。引语的内容是否事实，并不重要。

（2）S+「とは」+思考类引用动词

[353] 一応、余裕ができたら、写真撮影でも、とは思ってます。

（『家族ノカタチ』）

[354] そうかとは思っていたけど、親父！（『家族ノカタチ』）

[355] 反応するとは思わなかったね。（『家族ノカタチ』）

[356] まさか、本当に家まで行くとは思ってなかったけど…。

（『家族ノカタチ』）

[357] でも、私に、葉菜子さんの代わりが、務まるとは思えなくて、それで、あの、言ってもらえません？大丈夫、やればできるって。

（『家族ノカタチ』）

[358] 寝室の時計が止まっていたとは気づきませんでした。

（『昼顔』）

[359] 「なんとなくあこがれていた北国に、こういう気持ちでこようとは、禎子は想像もしていなかった」 （BCCWJ）

（3）N+「とは」+引用动词

[360] こんな店とか言うなよ。 （『ダメな私に恋してください』）

[361] 今、恵って女が浩太を連れ去った。下でタクシーで、じゃあねとか言って。 （『家族ノカタチ』）

[362] もう、ご飯と味噌汁、これ鉄板な。スムージーとか、言ってんじゃないぞ、ほんとに。 （『家族ノカタチ』）

[363] 藤岩：大丈夫とは言い難いですね。

（『地味にスゴイ！校閲ガール・河野悦子』）

[364] あんなに、あんなに褒めてくれる人のこと、バカなんて言うな！

（『家族ノカタチ』）

例[360]—[364]中的引语都是上文刚刚提到过的，引用者转述原说话者的话语。

4.7.2 「とか」「なんて」「とは」在句尾的用法

4.7.2.1 「とか」

「とか」可以放在句尾表示引用，如例[365]—[367]：

[365] みくり：こうした方が効率的とか。なぜこうしないんですかとか。

（『逃げるは恥だが役に立つ』）

[366] これ以上、間違わないように、考えて考えて。変なこと言って、傷つけないようにとか、怒らせないようにとか。もう、そういうの考えるのも面倒くさい。（『家族ノカタチ』）

[367] 親戚付き合いはちゃんとしろとか、冠婚葬祭の礼は、ちゃんと欠かすんじゃないぞとか。ともかく、うるさいと思ったよ。でもな、それ言われたから今の俺が、あるんだと思うのよ。

（『家族ノカタチ』）

4.7.2.2　「なんて」

「なんて」可以放在句尾表示引用，如例[368]、[369]：

[368] 恵ちゃん、言うなよ、「私なんか」なんてよ。

（『家族ノカタチ』）

[369] 何の根拠もないタラレバ話で、よくそんなに、盛り上がれますよね。タラレバ言ってても、仕方がねえ！なんて。

（『東京タラレバ娘』）

有时引用者考虑听话者的感受，使用「～かな、なんて」，如例[367]所示，表明刚才的话语内容是个玩笑。类似的表达还有「かな、みたいな。」「かな、と思う。」，翻译成“好像是吧”“之类的”“我想是吧”等，如例[370]—[373]所示：

[370] 今は仕事に打ち込んで、失恋を癒やそうかな～なんて。冗談ですよ。（『ダメな私に恋してください』）

[371] 美知子：ちょっと長く付き合ったこと、ないんでピント…枯れる前に咲いてないよ。

晶：経験ないとか？いや何か、さっきから、恋愛偏差値低いなみたいな。<间接表达自己的感觉想><和听话者有关联>

（『ダメなわたしに恋してください』）

[372] 河野：だから、何か、手掛かりないのかなと思って、立川まで行きました。　　（『地味にスゴイ!校閲ガール・河野悦子』）

[373] 河野：奥様に聞けば、何か、分かるかなと思って、それで、写真館のご主人に、奥様に取り次いでくれませんかって、お願いしたんですけど、断られてしまって。

（『地味にスゴイ!校閲ガール・河野悦子』）

引用词和言说、思考动词构成一种组合形式，如「なんて言って／思って」。「なんて」是「などと」的口语形式。「なんて」表示引用者对引语内容的负面评价，并含有吃惊、责备等感情。「Xなんて」表示轻视或不重视X的内容，或对X内容的发生表示意外。「なんて」可单独放在句尾，也可以「なんてよ」形式结句。

4.7.2.3　「とは」

「とは」位于句尾，有时和程度副词、表示程度的指示词共现。「とは」后接语气词，如「とはね」「とはな」等。表示当前说话者对意外进行感叹。

[374] まさか、ホントに、講師になってるとはな。

（『私に恋したお坊さん』）

[375] こうも完璧に、人の姿に化けるとは！　　（『スミカスミレ』）

[376] まさか、二十歳の男子に、恋心を抱くとは…。

（『スミカスミレ』）

[377] 難しい女優だとは聞いていたが、まさか、ここまでとは…。

（『スミカスミレ』）

「とは」后面常用动词否定形式「とはいえない」「とは思えない」「とは考えもしなかった」等。主句谓语叙述感想，关于前句事件的感想，这一事件是不同寻常的事件，是和预想相反的事件。前句是预想外的事件，后句表示吃惊、感叹。

「とは言わない／思わない」中主句谓语动词用否定的形式。"不能说”“没有想到”。「言えない」「思わない」「思えない」「思っていない」「言いがたい」「言い切れない」「言われない」「言わない」「見られない」「認めない」，这些主句动词都是可以带小句的动词。「は」的功能是凸显引语，引语内容是当前说话者认知范围以外的。引语的内容是否属实，不重要。主句是对引语的评价，表示说话者没有想到，主句谓语动词是对引语主题内容的解说评价。当引语是命令形时，命令形的独立性强。命令形的引语和主句谓语动词形成鲜明的对比。否定的谓语表示对引语进行评价。引语的内容是否是事实，并不重要，谓语表示当前说话者不会说或没有想到等。

4.7.3　「とか」「なんて」「とは」兼表提示话题功能

4.7.3.1　「とか」

「とか」提示话题，可以替换成「は」「というのは」「ということは」等。

[378] 急に、俺死ぬからとか、勝手すぎるんだろ。寿命だか何だか知らないけど、こっちにも心の準備ってのが、あるんだろ。

（『家族ノカタチ』）

[379] 平匡：お風呂に一緒に入るとか、そういう冗談を、軽々しく言わないでください。　（『逃げるは恥だが役に立つ』）

4.7.3.2　「なんて」

「なんて」和「とは」相比，更口语化。「Xなんて」中表示主题X不被重视，说话者感到很意外。「なんて」可以替换成「は」或「ということは」，如例[380]—[384]：

[380] 無駄かどうかなんて考えない。　（『家族ノカタチ』）

[381] 正解がどれかなんて誰にも分からずに。　（『家族ノカタチ』）

[382] だって、細かい事情なんて、俺分からなかったしよ。

（『家族ノカタチ』）

[383] 謙治は、矢島君とあの子がいい仲だなんて、もう知ってたんだぜ。
（BCCWJ）

[384] 平匡：みくりさんと旅行だなんて、風見さんに話したら、羡ましがられてしまう。それに、旅行といっても、実態は、ただの社員旅行。せいぜい、従業員の慰労に努めるとしよう。
（『逃げるは恥だが役に立つ』）

如例[385]—[387]所示，「なんて」可以替换成「などというのは」。

[385] 俺が親をどう思ってるかなんて、茜には関係ないもんな。
（『家族ノカタチ』）

[386] 親父の顔をまともに見れない。いきなり、死ぬだなんて、ふざけんなっつうの。
（『家族ノカタチ』）

[387] 倫子：家族が増えるだなんて、そんな…。（『東京タラレバ娘』）

4.7.3.3　「とは」

如例[388]—[390]中的引语都是上文刚刚提到的内容。

[388] 茸原：いや、ですが、「文字を通して、心がつながる」とは、ステキな表現ですね～。
（『地味にスゴイ！校閲ガール・河野悦子』）

[389] こんなことを記者がやっていたとは、何とも悲しむべきことだ。
（『地味にスゴイ！校閲ガール・河野悦子』）

[390] 藤岩：部長のほうから、「いってらっしゃい」とはどういうことですか！（『地味にスゴイ！校閲ガール・河野悦子』）

引语接「とは」的功能是话题，还要看后面的谓语部分。「XとはY」表示当前说话者的感叹、意外之情。Y表示在说话时点，说话主体的主观评价判断。

「XとはY」中，「は」不可以去掉。「XとはY」中Y表示当前说话者的态

度，向第三者传达自己对X的评价。当前说话者对于当前听话者（原说话者）刚刚说过的话语不理解，将不理解的信息放在引语位置上，重现了原话语情境，当场问听话者。如果主句是问句，表明当前说话者希望得到答案。如果用降调，表示当前说话者的单纯反复，对于意外的信息如果用降调，表明自己的态度是不愉快的；如果用升调，单纯表达自己的意外之情。X有时代表让人感到意外的事件，Y表明自己很意外或者在意外的基础上表明自己的判断和评价。「XとはY」表示当前说话者的感叹、意外之情。在说话时点，说话主体的主观评价判断。说话者感到很困惑，有疑问，不痛快，很意外等。思考类引用动词的否定形有「思わなかった」「知らなかった」，这些都表示自己很意外，“没想到”“不知道”。「XとはY」中的X是已经发生的话语，而「XなんてY」结构中的X可以是未发生的话语，有吃惊的语感，如例[391]、[392]所示：

[391] 過去、さまざまな作品の解説を、さまざまな方々と共に担当させていただいた筆者だが、まさかクラウザーさんと肩を並べる日が訪れることになろうとは。（BCCWJ）

[392] でも、まさかね、自分でやることになろうとは。ははは、だよ。女の子のふりをして舞妓をやるなんて、夢にも考えたことなかった。それじゃ、どうして、こんな格好してるかというと、吉乃家の舞妓ちゃんの一人が、祇園祭の宵山の晩に、突然、姿を消してしまったのだ。（BCCWJ）

4.7.4 「とか」相关表达

「とか」引用兼表提示话题的功能，类似的表达形式有「というと」「といえば」「といったら」「ときたら」等，这些表达形式都是以「言う」为中心。以「思う」为中心的表达有「と思うと、と思えば、と思う間もなく」。条件小句「と」「ば」「なら」「たら」，「言う」条件形，表示引语成立后，主句成立，主句的成立依存于引语。类似的表达形式还有「という、といった、というのは、といえば、といって、といっても、といえども、とはいえ、とはいうものの、からといって、～といわず～といわず」等。

[393] 総理の答弁が間違っているか<u>といえば</u>、白書に従えば間違ってはいない。（BCCWJ）

[394] 彼が行く<u>と言えば</u>、私も行く。（BCCWJ）

[395] 私が行く<u>と言ったら</u>、行くか。（BCCWJ）

[396] 俺が来い<u>と言ったら</u>、来い。（BCCWJ）

如例[393]所示，引语是问句，主句是回答。自问自答。构式为“疑問文（か）と／って（発話・思考の動詞）］（条件表現）＋主節”。引语是陈述句（直接引语），引用动词用条件形，如「言えば」「言ったら」。其中「言えば」表示假定性，主句很难出现命令形。「たら」有时间上的先后关系，假定性不强，「たら」对主句的限制很少，可以有命令形。

4.8　小结

4.8.1　「と」

引用词连接引语和引用动词，本书分析了引用词「と」和言说类引用动词、思考类引用动词、书写类引用动词的搭配使用，在此基础上分析了引语的性质，引语既可以由词充当，也可以由句子充当。言说类的引语是话语；思考类的引语是思考内容；书写类的引语是文字。引用词「と」除了连接引语和引用动词外，还可以以引用词「と」结句，隐含引用动词。「と」的非引用用法有两种，一是连词用法，二是词尾用法。连词又包括并列关系连词、假设关系连词、承接关系连词和条件关系连词；词尾用法是指构成副词或语气词的词尾。

「と」的连词用法和引用词用法都是用于连接前后两项内容。这两种用法的共通之处，是“连接”作用。如「と」的并列连词用法，「AとB」，「と」连接A和B，A和B是同类人物或事物，有共同点。而引用词「と」连接的前后两项内容，也是有共同点的，引语是具体地解释一个事件，引用动词是抽象地概括一个事件，引语和引用动词是从两个角度解释同一个事件。并列关系连词“和”，连接两个相似的人物或事物；引用词和假设、承接关系连词，都连接前后两项相关的事项。

4.8.2 「って」

引用是引用者转述或重现他人或自己的话语内容，原话语可以存在于当前时点上，也可存在于非当前时点上。第一类用法的「って」重现自己的言说内容，有强调的功能，属于引用用法；第二类用法的「って」重现当前听话者的言说内容，向当前听话者进行确认或表示当前说话者的不满；第三类用法中有引用用法和传闻用法。当信息源明确的情况下大多数是引用用法；当信息源不明确的情况下大多数是传闻用法。引用既可以站在原说话者的视角，也可以站在引用者的视角进行转述；而传闻用法只能站在转述者的视角进行转述。对听话者而言，引用用法中引用者所传达的引语内容不要求是有价值的内容，而传闻用法中转述者所传达的传闻信息要求是有价值的内容。

「って」在句中的位置很灵活，可以放到句首，比如提示主题、话题的用法；也可以放到句中，如引用用法（引用词连接引语和引用动词）；也可以放在句尾，如传闻和引用用法。

4.8.3 「ように」

「ように」目的用法是基本用法，目的用法时，小句和主句有时间的先后顺序。目的用法和命令祈求用法是连续统的关系，如果省略主句事件，只存在小句事件时，就是命令祈求用法。目的是未实现事态，是希望实现的事态，而命令祈求用法中的引语也是未实现而希望实现的事态。目的用法和「～ようにする」也是连续统的关系，「ようにする」中的小句表示目的，主句动词「する」表示为实现目的而采取的行动。目的用法和相似事态用法也是连续统的关系，相似事态用法「AようにB」，「A」可以理解为目标事态（程度、方式），「B」代表具体的事态。目的用法中小句是假想的事态，是未实现而希望能实现的事态，同样道理，相似事态用法中小句也是对具体事态「B」的修饰。

表示思考内容的「ように」和表示言说、命令、祈求的句尾用法中的「ように」不同，前者「に」不能去掉，后者可以去掉。前者表示当前说话者的推断，后者的命令、祈求内容表示原说话者的愿望。「ように命じる／祈る」的

引语内容是未实现内容，表示目的结果的小句也是将来时。

4.8.4　「みたいな」

「みたいな」是用间接的方式表达说话者的感情、态度，虽然是间接表达但是很直接生动。间接表达使引用者和话语之间保持一定的距离，强调突出自己想法的同时重视对方的想法。

「みたいな」引用兼举例标记用法。引用者站在对方的立场上，用举例的方法假想对方可能这么说。借他人之口来表达自己的意见或想法。引用者假想的第三者应该会说这样的话语或者会有这样的想法，借他人之口来表达自己的意见或想法。「～みたいなN」中引语传达了说话者的话语、态度，有时引语中包含说话者的语气，用话语来表示人物的语言或描写说话的方式。

「みたいな」引用兼推断标记用法。引语部分是引用者心理的直观外现。引用者将自己的内心活动（思想、感情意志及其他心理因素），直接告诉听话者。「みたいな」以一种客气委婉的方式，强调突出自己的想法。把引用者的心情，以话语的形式表达出来，有亲切感。自己在叙述自己的内心想法，但感觉好像他人在进行推测一样，表示引用者表达自己意见、想法时的犹豫不决，「みたいな」使表达更客气委婉。

第5章　引用动词

5.1　引用动词的基本特征

本书所说的“引用动词”与人们的言语活动有关。所谓言语活动，是指人们进行的语言产出行为——言说、思考和书写的过程，言语活动也叫言语行为。而人们说出来或写出来的语言叫做“话语（discourse）”。引用动词所引用的对象是原话语——先于引用而存在的原话语者所产出的话语。可以说，原话语是原话语者进行言语行为的结果，原话语既可以语音的形式存在，也可以文字的形式存在，换言之，原话语是原话语者“言说”“思考”或者“书写”的产出行为的产物。而引用动词则是对原话语者的产出行为进行指称的表现形式，具体表现为言说动词、思考动词和书写动词，也就是说，言说动词用于对原话语者的言说行为进行描写，思考动词用于对思考行为进行描写，而书写动词则用于对书写行为进行描写。同时，原话语者在引用句中表现为主语，原话语在引用句中表现为引语，日语的引用句通常要使用引用词来对引语以及引用句进行标记，上述关系可以用下图5.1表示：

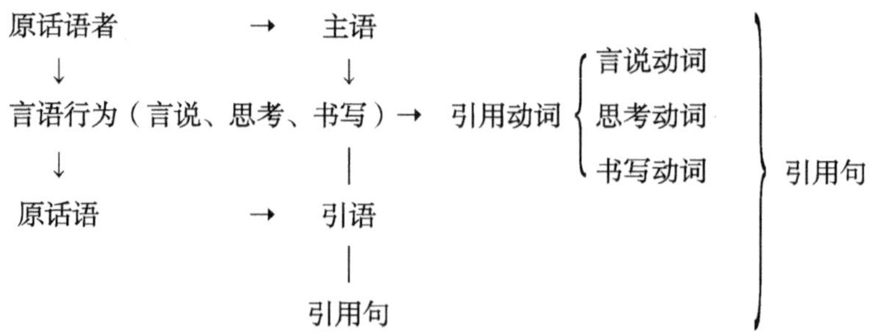

图5.1　原话语与引用句的关系

5.1.1 引用动词的定义

日语中表示引用他人（有时也可包括自己）话语内容的动词，我们称之为引用动词。引用动词是引用者对原说话者（被引用者）言说、思考、书写行为的描写，同时还表示引用者对其正在谈论的事件或命题的态度立场观点。最基本的引用动词是「言う」「思う」「書く」，分别代表言说类引用动词、思考类引用词、书写类引用动词。言说类引用动词，是对引语言说内容进行抽象概括的引用动词，语义表示言说；思考类引用动词，是对引语思考内容进行抽象概括的引用动词，语义表示思考；书写类引用动词，是对引语书写内容进行抽象概括的引用动词，语义表示书写，如例[1]—[3]，分别代表言说类、思考类、书写类引用动词句。

[1]家森：光大は、また三人一緒に暮らしたいって言ってる。

（『カルテット』）

[2] 乃里子：そろそろ、子供、つくろうかなって思って。　（『昼顔』）

[3]涼：体調不良で店休みって書いてあったから。

（『東京タラレバ娘』）

引用动词带有引用者的主观色彩，在引用者转述他人或自己的话语过程中，起到了十分重要的作用。引用动词构成引语最直接的语境。

引用者的引用行为，是一种重复性行为。引用者通过引用动词在彼时彼地最大限度地传达原说话者的态度观点和评价。引用动词大多表示言语过程，具体的引语内容被引用动词言语化。引用动词对引语内容进行抽象地阐释和评价。引用动词也表示引用者的立场观点和态度，是认知思维与言语行为的融合。引用者引用时，借助语言来表述说话主体的心理过程，也反映了引用者对引语内容的认知评判。

5.1.2 引用动词的分类

动词研究是一个重要而艰辛的课题。首先，动词在句法结构中处于核心地位，大部分词类都要跟它发生关系。因此，我们认为要对动词进行全面而深入的研究就必须加强对动词次范畴（下位分类）的研究，包括纵向上的聚合关系，以及引用动词与句中其他成分之间的组合关系。

工藤真由美（1995）将动词四分为运动动词、状态动词、存在动词和特性/关系动词。我们所说的引用动词属于运动动词中主体动作动词。引用动词包括三大类：言说类、思考类和书写类。引用动词是表示言说、思考和书写的行为动词，引用句中的引语对引用动词来说是必要成分，不能省略。日语中典型的言说动词是「言う」，其语义为说话，与其共现的引语为话语内容，其构成的基本引用句式是「〜と言う」；典型的思考动词是「思う」，本身语义表示思考，引语要求是思考内容，其构成的基本引用句式是「〜と思う」；典型的书写动词是「書く」，本身语义表示书写，引语要求是书写内容。“写、记载”是书面语行为，基本引用句式是「〜と書いてある」。“说”是言说行为，“想”是思考行为，“写”是书写行为。「言う」等引用动词，是通过“声音”媒介来表示语言活动的，听话者做间接宾语；「思う」等引用动词，是通过“心理”媒介来表示语言活动的，听话者做间接宾语；「書く」等引用动词，是通过“文字”媒介来表示语言活动的。

“引语+引用词”有时后接动作类动词，这时的引语表示动作进行时伴随的话语内容，如「入る」「立ち上がる」等，这类动词能带表示言说内容的引语，对于这类动词来说“引语+引用词”不是必要成分，起到副词性修饰成分的作用。言说内容的引语，表示该动作进行同时所伴随的某话语内容，如「〜と$V_{動作動詞}$」。引用句中的主句动词可以由言说动词扩展到表示肢体行为的动词。言说动词表示的是向某人传递某信息，其动作的完成也必须伴随话语的转移。引用者需要准确重复原说话者讲述过的字句本身，还可以采取一些辅助的方法来重现原话语发生时的真实情况，以显示出引语的生动性。①引用者用谓语描写原说话者的手势、神情、表情、肢体动作等，引语表示伴随动作的话语内容，如“皱着眉说”；②引用者用谓语描写原说话者的音声状态，如「叫ぶ」「呟く」「ささやく」等；③谓语表明原说话者的观点、立场、态度，如原说话者的态度可能是「褒める」「怒る」「ののしる」等；④谓语不仅表示“言说”行为，还表示其他行为[①]，如「聞く」「答える」「読む」「唱える」

① 言语行为理论是语言语用研究中的一个重要理论。它最初是由英国哲学家约翰·奥斯汀在20世纪50年代提出的。根据言语行为理论，我们说话的同时是在实施某种行为。根据言语行为理论，说话者说话时可能同时实施三种行为：言内行为，言外行为和言后行为。

「紹介する」「提案する」「承諾する」「推測する」「予想する」「保証する」「規定する」「討論する」「交渉する」「勧める」「謝る」「感謝する」等。

引用句中的谓语还可以是复合动词，如「申し出る」「見破る」「教え込む」「吹き込む」「決め付ける」「言いかける」「言い聞かせる」等，如例[4]—[11]：

[4] 校閲部部長：ですが、私が、あなたを校閲部にほしいと申し出たんです。<提出>

（『地味にスゴイ！校閲ガール・河野悦子』）

[5] 古美門：メイさんにとって、辞めてもいいという、母の言葉は、辞めたら許さないという、脅迫に他なりません。留美子さんの求める幸せこそ、自分の幸せなのだと教え込まれてきたんです。（『リーガル・ハイ』）

[6] 古美門：泰平と清江はそれを知っていて、自分たちに遺産を残すよう吹き込んだ。（『リーガル・ハイ』）

[7] 潤子：お母さんと寧々に、何、吹き込んだんですか？

高嶺：あなたのことを帰したくなかったと。結婚の意思もあると。

（『5→9ー私に恋したお坊さんー』）

[8] 古美門：では、いったい、何を持って、毒物が彼女の物だと言うのでしょうか？何をもって、彼女が殺人犯だと言うのでしょう。何をもって、彼女を世紀の悪女と言うんでしょう。日本中、誰もが、彼女が犯人だと決めつけていました。

（『リーガル・ハイ』）

[9] 古美門：勘で、犯人だと、決め付けたんですね？

（『リーガル・ハイ』）

[10] 貝塚：今日なんかな、ついに、藤岩さんが「タコ」って言いかけたんだぞ。（『地味にスゴイ！校閲ガール・河野悦子』）

[11] とにかく、私はもう、旦那様を立てるっていうことですかね。主人

の言うことは全て正しいって、自分にいつも言い聞かせてます。

（『リーガル・ハイ』）

引用句中的谓语还可以是动词词组，动宾结构中的宾语是和话语有关的名词性成分，如「話をつけに行く」「電話を掛けてくる」，如例[12]、[13]：

[12] 榎戸：大学時代から、しつこく付きまとってるやつがいるって言われて、だから、そいつに、美由希ちゃんと別れるように、話をつけに行ったんだよ。　（『リーガル・ハイ』）

[13] 古美門：しかし、そのたびに、数日たつと、必ず「早く出勤してこい」と、電話をかけてきた。　（『リーガル・ハイ』）

引用句中的谓语动词的分类如表5.1所示：

表5.1　引用句中的谓语动词分类

句型	谓语动词类型	谓语动词
引用动词	言说类引用动词	言う、話す、告げる、述べる、呼ぶ、命ずる、命令する、主張する、呟く、囁く、説得する、勧める、打ち明ける、報告する、読む、称する、名付ける、断言する、宣言する、断定する、独断する、伝える、伝わる、取りつぐ
	思考类引用动词	認識する、理解する、認める、知る、分かる、悟る、判定する、診断する、裁定する、評定する、信じる、信用する、心配する、恐れる、諦める、満足する、同情する
	书写类引用动词	書く、刻む
隐含引用动词	以“引语＋引用词”结句	
	以“引语＋引用词＋动作类动词”结句	待つ、手伝う、入る、頷く、睨みつける、抱きしめる

5.1.2.1　言说类引用动词

「言う」单纯表示发话；「叫ぶ」从外部、形式上描写发话。发声行为描述的是发声的方式。发声行为是说出词、短语和分句的行为，它是通过句法、词汇和发声来表达字面意义的行为。引用者模仿原说话者的语言特征。主句有可能描写话语产生的一些副语言特征，对引语进行补充、说明、阐释。以「叫ぶ」为例，强调言说行为音声方面的特征，如例[14]：

[14] 真紀：「クソ野郎」って叫んじゃったこともある。

（『カルテット』）

如例[15]—[19]，言说类引用动词表示原说话者的解释、说明、发问、建议、批评、警告、威胁等行为。"回答"是借助言说手段的行为，"回答"动作的实现需要借助"话语"。

[15] 能力を持って生まれた人は運が強く、そうでない人は運が弱い、と解釈することも可能であり、「運命論」的な響きもある。〈解释行为〉（BCCWJ）

[16] 津崎：会社でも結婚式はしないのかって問い詰められました。〈问行为〉（『逃げるは恥だが役に立つ』）

[17] 真紀：聞きましたよね、夫婦って何ですかって。夫婦って、別れられる家族なんだと思います。〈问答行为、叙述行为〉

（『カルテット』）

[18] 女将に「八重菊さんですよ」と紹介された彼は初対面を装いながら「どうしてこんな稼業に？」と聞けば「男の心理を知りたかったのです」と彼女は平然たるもの。〈问答行为〉（BCCWJ）

[19] ああー、あの時、ああしておけばよかったのに…」と嘆くより「やることはやったんだから」と、悔いを残さないほうが、、気分的にずっといい。〈感叹行为〉（BCCWJ）

例[18]中的「平然たるもの」是对动作主体回答时的样态描写。引语内容被言说后，不仅完成了言说行为，还完成了其他行为，如陈述、请求、命令、提问、道歉等行为。言说者通过说话来执行言说行为和某个其他行为。引用者用引用动词还可以表示原说话者的“言说”以外的其他行为。

引用动词的语义成分有以下三种：①“说”；②引用动词包含言说成分外，还包含原说话者的目的，如回答、请求、命令等；③引用动词包含言说成分外，还包括对原说话者发话时点的情态描写、动作描写和语境描写，如笑、哭、感叹等。

5.1.2.2　思考类引用动词

思考类引用动词「思う」的引语内容表示意志，「う（よう）」「たい」等是表达意志的句式。引用词可以是「と」「って」，也可以是「ように」。

[20] 契約プラン変更しようと思って。　（『逃げるは恥だが役に立つ』）
[21] 理解してほしいと思って。　（『逃げるは恥だが役に立つ』）
[22] どんなときでも女のこと押し倒したいと思ってんの。　（『昼顔』）
[23] あの子のために黙っておこうって思ったのに。　（『昼顔』）
[24] 「ああ。この人好きかも」って思ったときには本気になってる。　（『昼顔』）
[25] 「何で急に？」って思った。　（『昼顔』）

「たい」只能是第一人称表示“想要”。例[22]引语「女のこと押し倒したい」只能表示原说话者的感情，「たい」和第一人称相互照应，但是当用在引用句中时，可以表示第一人称外的人的愿望，引语的叙述失去了直接表达感情的语气，引语成为一个整体。

[26] ちょっとだけいいなって思っただけ。　（『昼顔』）
[27] ただどういう生活してる人なのかなと思っただけ。　（『昼顔』）

直接引语「な」后接「って思った」。直接引语用语气词「な」表示。

思考是主观化的活动。思考内容属于它的思考主体。当思考内容离开它的思考主体，命题就不成立时，是臆断动词，即命题内容是假的。重现思考主体思考内容。思考行为动词有「思う、考える、信じる」等。

主观臆断动词「思い込む」的思考内容只属于思考主体，引语内容不是真实的，只能用「と」引导。

在引用用法中，经常能看到以下四种动词。一是音声动词，如「つぶやく」「叫ぶ」「ささやく」等；二是以话语为媒介的行为动词，如「脅迫する」「説得する」「言いくるめる」等；三是思考动词，如「錯覚する」「思い込む」「早合点する」；四是判断动词，如「判断する」「解釈する」「見なす」。句子是引用句，但是主句动词未必是引用动词，如「彼は「それじゃ、また」と立ち去った」。引用动词按照语义归纳成表5.2，如下所示：

表5.2　引用动词分类

引用句式	类型	引用动词
言说类引用动词	请求类	希望する、望む、頼む、願う、祈る、拝む、求める、希求する、要求する、懇願する、懇請する、頼み込む、泣きつく、呼びかける、哀願する、嘆願する
	劝告邀请类	勧める、薦める、勧告する、推薦する、忠告する、慰める、なだめる、説得する、説く、説き伏せる、進言する、諫める、戒める、誘う、勧誘する、招き入れる、招待する
	命令警告类	命令する、命じる、促す、催促する、警告する、言いつける、注意する
	问答类	伺う、問う、尋ねる、聞く、質問する、問い合わせる、詰問する、なじる、聞き出す、自問する、反問する、問い返す、尋問する、問い詰める、追及する、問いただす、聞きただす、答える、返事する、返答する、回答する、申し上げる、応答する
	同意类	承知する、許可する、認める、肯定する、承認する、許す、許容する、引き受ける、同意する、賛成する、賛同する、黙認する、承諾する
	反对类	否定する、否認する、拒否する、反駁する、たてつく、言い争う、口論する、言い返す、ののしり返す、逆らう、抗議する、否認する、言い逃れる

（续表）

引用句式	类型	引用动词
	拒绝类	拒絶する、断る、拒否する、謝絶する、辞退する、遠慮する
	评价类	評価する、決める、評論する、議論する、論評する、ほめる、たたえる、賛美する、ほめたたえる、称揚する、表彰する、賛嘆する、称賛する、賞賛する、
	批评类	批判する、批評する、指摘する、責める、とがめる、非難する、叱責する、しかる、しかりつける、どなりつける、しかりののしる、ののしる、糾弾する
	道谢类	謝る、感謝する、謝罪する、祝う
	解说类	説明する、解釈する、解明する、言明する
	取笑污蔑类	からかう、嘲笑する、あざ笑う、中傷する、そしる、誹謗する
	发誓类	誓う、宣誓する
	告诉透露类	報告する、通達する、取り次ぐ、伝達する、伝える、伝言する、話す、漏らす、漏れる、表す、現れる
	叙述类	叙述する、述べる、口述する、陳述する、訴える
	喊叫类	叫ぶ、ほえる、つぶやく、ささやく
思考类引用动词	思考类	考える、たくらむ、判断する、評価する、考慮する、思案する、見積もる、思う、考え込む、思いこむ、思考する、再認識する、顧みる、反省する
	回忆类	思い出す、追憶する、回顧する、回想する、振り返る、振り向く
	感知类	感じる、考える、思う、感知する
	判断类	断定する、断言する、決める、決定する、取り決める、決定づける、信じる、賛同する、賛成する、許可する、承知する、する（以为）、認める、信用する、推理する
	注意类	注意する
	通晓类	理解する、分かる、了解する、知る、悟る
	推测类	推測する、推量する、疑う、推し量る、予想する、予測する、推定する
	想象类	空想する、想像する、幻想する、連想する
	筹划类	計画する、工夫する、もくろむ、思案する、だます、推敲する、たくらむ、企図する、試みる

（续表）

引用句式	类型	引用动词
书写类引用动词		書く、示す、記す、刻む
表情类引用动词		笑う、泣く

话语哪些或哪一部分被加以凸显，引语又被置于何种语境，取决于引用者的主观判断。引用者的主体意识，表达了引用者看法、评价的同时又保留了原说话者的语气。

直接引语在前，主体、引用动词在后，是为了突出人物的话语，引用动词起到补充说明的作用。一、引用句主句动词是表情动词。表情动词描写说话者的神态表情，引语是说话者所说的话语，包含了说话者的语气。说话者的心理潜意识活动等被表现得淋漓尽致。二、主句动词是动作类动词，动作是说话者的动作，动作进行时伴随着话语，话语用引语表示。

根据语义将思考类引用动词分成以下三类，分别是认知动词、判断动词和情感动词。思考类引用动词是表示心理活动或心理状态的动词，心理活动是指内在的精神活动。引语表示心理活动的内容。思考动词表示人的思维活动。思维的结果，一是对信息的获得，二是对人或事物做出某种判断。认知动词是思维后信息的获得；判断动词是思维后对人或事物的判断。

5.1.2.3　认知类动词

认知类动词表示人经过思维过程后，对信息的获得。认知动词有“认知”类、“知道”类、“理解”类、“悟”类等。如例[28]是“认知”类；例[29]是“知道”类；例[30]是“理解”类。如“认知”类动词的句式是「N1をN2だ／Vと思う／思い込む」，其中N_1前提，N_2为了解释前提才有的后续成分。如例[31]所示，动作的主体「おふくろ」的想法用引语「僕の愛人」表示，「君のこと」是引用者间接引用的宾语，「君」表示对象，「僕の愛人だ」表示对对象的看法。N_1是对象，N_2表示对对象的判断。

[28] 最初に、保っちゃんを仲間だと<u>認めた</u>のは、太郎かもしれない。

（『お義父さんと呼ばせて』）

[29] 女性は、デートに遅れてくるものだと知っていましたし。

（『5→9ー私に恋したお坊さんー』）

[30] ですが、あの人を支えるということは、そういう事なのだとご理解ください。（『昼顔』）

[31] おふくろは、とうとう、君のことを僕の愛人だと思い込んじゃったじゃないか。（『昼顔』）

[32] 一人の女を不幸にしたと思いながら、生きたくない。（『昼顔』）

5.1.2.4　判断类动词

判断动词的思考内容是真是假并不重要，思考内容是主观性的内容，和思考主体紧密相连。引语内容是判断、解释的内容。如例[33]、[34]所示，一般用于正式的场合，表示说话者的主观判断。表示对人或事物确定某种看法，做出某种判断。引语内容带有评议性。

[33] この寺の嫁には、ふさわしくないと判断いたしました。

（『5→9ー私に恋したお坊さんー』）

[34] 新千歳空港、着陸が困難であると判断し、羽田空港へ引き返します。（『ミス・パイロット』）

5.1.2.5　情感类动词

情感动词包括"相信"类、"担心"类、"害怕"类等动词。如例[35]是"相信"类；例[36]是"担心"类。

[35] 潤子さんは、いつか、おばあさまに、認めていただけると信じて。

（『5→9ー私に恋したお坊さんー』）

[36] 操られるのではないかと心配していた。

（『5→9ー私に恋したお坊さんー』）

5.1.2.6　书写类动词

书写类引用动词的引语是书写内容，是文字。这一点是和言说类、思考类引用动词的不同之处。引语内容是语言文字，记录语言的地点用「に」或「で」表示，如例[37]—[40]所示，书写类引用的句型是「～には／では～と書いてある／ある」。

[37] この「最中」と書いて、もなか。
（『5→9ー私に恋したお坊さんー』）

[38] 特技欄にけん玉とありますが、見せていただけますか？
（『ダメな私に恋してください』）

[39] 英文法では、明確には、そのような意味があるとは示されておりません。　　（『5→9ー私に恋したお坊さんー』）

[40] 化け猫を屏風に封じたと記されている。　　（『スミカスミレ』）

5.1.3　引用动词的功能

5.1.3.1　表明说话者的态度

引用动词表明原说话者的观点立场，或肯定或否定。表明原说话者的态度，是引用者解释过的原说话者的态度。引用动词有原说话者和引用者的双重痕迹。如例[41]—[48]分别表明原说话者的称赞、赞成、宽恕、抗议、否认、拒绝、道歉和感谢行为，以此表明原说话者的态度。例[45]中的「否定する」这一行为，包括用话语来进行反驳的语义成分，话语是手段，「否定する」是目的。用话语来表示原说话者的某一行为，表明原说话者的态度。

[41] みくり：ババアは言ってない。年相応って褒めたんだよ。
〈称赞行为〉　　（『逃げるは恥だが役に立つ』）

[42] レイフもそれがいいと賛成した。（雷夫也表示同意。）〈赞成行为〉
（BCCWJ）

[43] 魚に餌をやって今までどおり馴れさせておくだけなんだから、パン

をくれ、と勇気をふりしぼって言っても、「駄目だよ。絶対におまえにはやらないよ」と許してもらえなかった。〈宽恕行为〉

（BCCWJ）

[44] しかし、この記述の中に、収容される「テンカン」をめぐって、「日本てんかん協会」が差別だと抗議した。〈抗议行为〉（BCCWJ）

[45] 長は、ピンときて、「これは粘土ではありませんよ」と否定した。〈否认行为〉（BCCWJ）

[46] T男は「かっこいいじゃん、見せてこれ」と言うが、Y男に「だめ」と拒否され、武器で斬りつけられる。〈拒绝行为〉（BCCWJ）

[47] 真紀：「ごめんなさい」って謝られた。〈道歉行为〉

（『カルテット』）

[48] 本もあるかもしれないが、私に新しい世界を開いてくれたすべての本に、ありがとうと感謝せずにはいられない。〈感谢行为〉

（BCCWJ）

引用动词表示引用者的主观感情，引用者把某种观点归于原说话者：①表示原说话者态度积极，如「提唱する」「主張する」等；②表示原说话者的批评态度，如「怒る」「怒鳴る」「反駁する」「責める」「咎める」「非難する」等。引用者通过引用动词把原说话者和原说话者的态度观点引入到引用句的同时，表达了引用者的态度、观点和评价。从动词本身的语义来看，反映原说话者或引用者的动作，从动词的语法意义来看，反映了引用者的态度，如例[49]—[51]所示：

[49] 黛：あなたは事件当時、かしわ台公園にいたと確信してらっしゃいます。（『リーガル・ハイ』）

[50] 加賀：300万、手に入ると言われました。（『リーガル・ハイ』）

[51] 倫子：向こうも、私のこと、好きだって言ってくれてる。

（『東京タラレバ娘』）

从例[49]中的引用动词「確信する」可以看出原说话者的态度是肯定的，「てらっしゃいます」可以看出引用者的自谦态度。例[50]中的「言う」可以看出原说话者在进行“言说”这个动作，「言われた」这个被动态可以看出引用者表明自己是受害者。例[51]中的「言ってくれる」，可以看出引用者的态度，对第三者有感恩之情。

例[52]—[54]中的引用动词都是「約束する」，例[52]、[53]的引用者和原说话者是同一个人，所以引用动词用自谦形式「お約束する」和表示强调的「んです」句型；例[54]的引用者和原说话者不是同一个人，引用动词用「約束してくれる」的形式。

[52] 井手：必ず、三木先生には、勝利をプレゼントするとお約束します。（『リーガル・ハイ』）

[53] 黛：私は最後まで諦めません。あなたも希望を捨てないでください。こんな駆け出しじゃ、頼りないでしょうけど。

…

黛：必ず助けると約束したんです。（『リーガル・ハイ』）

[54] 山田：大貫先生は約束してくれました。最低でも、300万、一世帯につき、必ず、300万は、勝ち取ってくださると！

（『リーガル・ハイ』）

引用动词表示引用者的态度和立场。引用句中的谓语可以映射出引用者自己的观点和立场，如被动句式表示引用者的观点，但这种无人称结构的句子有时也表达一种普遍的看法，而非引用者自己的观点，如例[55]、[56]：

[55] だから、結婚しないやつは、ダメって言われるのよ。

（『家族ノカタチ』）

[56] 結婚しないと、いつまでたっても、未熟だって、成長しないって言われるんの。（『家族ノカタチ』）

5.1.3.2 表明原说话者的转述目的

引用动词表示原说话者的目的，目的可以是祈使行为，如「命令する」「頼む」等；可以是约束行为，如「約束する」等；可以是表态行为，如「宣告する」「宣言する」等；可以表示原说话者态度的行为，如「謝罪する」「感謝する」；可以表明原说话者想要达到的效果，如「脅す」。言说动词不仅是表示嘴部动作的语言符号，它同时还有通过话语来说事（原说话者的目的、态度等）的功能。

陈述句告诉别人事情如何，引用动词采用「言う」「述べる」等；祈使句试图要他人做某事，引用动词采用「請求する」「頼む」等；承诺句是答应某人去做某事，引用动词采用「承諾する」等；表态句是对某事表明态度，引用动词采用「宣言する」等宣告表态类引用动词，使客观现实按照所说的话语进行，发生的变化是即刻的、瞬间的，在说话的同时,这种变化便随之发生了。但如果引用句做连体修饰语，言说后不一定马上生效，如例[57]。传达类引用动词表示引用者向听话者传递信息，并完成了信息的传递，如例[60]、[61]等，引用动词包含说话者的目的。

[57] 沼田：世間に向かって、私たちは結婚しますと宣言する儀式だ。
〈宣布表态行为〉（『逃げるは恥だが役に立つ』）

[58] 古美門：では、当然神社にもおさい銭を返還するよう請求してるんですよね？〈请求命令行为〉（『リーガル・ハイ』）

[59] しかし、バネッサがドアをぴしゃりと閉めて出ていった時になって初めて、シャーロットはオリバーを自分の家に置くと承諾したも同然だということに気がついた。〈承诺行为〉（BCCWJ）

[60] 古美門：教祖さまには、約束の成功報酬を、早めにご用意するようお伝えください。〈传达行为〉（『リーガル・ハイ』）

[61] 古美門：メイさんにとって、辞めてもいいという母の言葉は、辞めたら許さないという脅迫に他なりません。留美子さんの求める幸せこそ、自分の幸せなのだと教え込まれてきたんです。〈传达行为〉（『リーガル・ハイ』）

引用动词的出现使句子没有歧义，引用者听过或说过原话语，并传达原语境发生的事件，主要看引用者如何把握事件。如原话语内容是「見に行こう」，这句话有可能表示意志，有可能表示号召。引用动词能够表明引用者向当前听话者传达的引语内容属于什么行为，是意志行为还是号召行为，而做出此判断的是引用者。如原语境是建议、请求、号召等语气，引用者在当前语境中，可能把它看成直接的命令（行为指示）；原语境可能是直接表达愿望的「たい」，也可能是间接表达愿望的形式「見ます」「う／ようと思う」等，当引用者引用时，可能都用「～たい」来进行转述，「～たい」这一引语内容可能不是原话语，但是却能够表达愿望。

[62] 如月さん、バイト始めたっていうから、様子、見に行こうって、誘われてさ。（『スミカスミレ』）

[63] 鮫島零治：別に、家に泊まったっていいんだ。〈建议〉

…

鮫島零治：彼女に泊まって行けと誘ったことをもっと評価してもいいんじゃないのか？〈号召〉（『世界一難しい恋』）

[64] 貴美子：こっちだって、あんな、おとうさんは願い下げだわって思ったの。だから何もかも売って出直そうと思って、それで美加ちゃんに相談に来たのよ。

美加：そんな慌てて売ることないじゃん！あの家は美加の思い出の家でもあるんだよ？

…

貴美子：おかあさんは、もう売りたいの。

美加：イヤ、あの家は売らないで。

〈直接表达愿望〉

…

屋代：あの家はさ、白洲のお母さんが売りたいって言うんだから、売ればいいんじゃないか？（『家売るオンナ』）

[65] 三軒：お求めになりたい、ワンルームのほうですが、御茶ノ水セントラルマンションのワンルームを売りたい方がおられます。

もしよろしければ、ご覧になりますか？

保坂：見ます。〈意志间接表达愿望〉

三軒：では、先方に連絡しておきます。お邪魔いたしました。

…

三軒：マンションを内見したいとおっしゃっている保坂博人様です。〈愿望直接表达愿望〉　　（『家売るオンナ』）

[66] 宮澤：今度のマンションには彼女に住んでもらうつもりなんだよ。この人のことも本気なんだ。夫婦になることはできないが、僕の気持ちの証しとして、この人にマンションを買おうと思っている。〈意志〉

…

足立：それなのに、今日、そのお客様がいらして、愛人のためにマンションを買いたいって言うんです。〈直接表达愿望〉

（『家売るオンナ』）

[67] 貴美子：幾らでもいいですので、早く売ってください。

…

三軒：白洲貴美子様から、あの家を売ってくれと依頼されたら、売る。　　（『家売るオンナ』）

原话语「ない／V$_{\text{終止形}}$」可以表示意志，也可以表示约定，还可以表示安慰对方，让对方放心。就看引用者如何把握事件。

[68] 優香：あれだ。海里には二度と会わないって言いに来たんだ。そうじゃなきゃ、心臓に毛が生えてるとしか思えないもんね。二度と会わないと誓ってくれたら、私も事を荒立てたりしないよ。

未亜：私、副社長とは、もうお会いしません！

（『せいせいするほど、愛してる』）

[69] 海里：約束したんだ。妻のためにも俺は、この会社を継ぐと。

（『せいせいするほど、愛してる』）

「ない／V$_{終止形}$と脅す／説得する」中原话语可以表示意志，也可以表示威胁对方，让对方按照自己的意愿行事。「V$_{連体形}$よう、脅す／説得する」中的引语表示命令的内容。

[70] サーバーを全部落とすって、脅されたら逆らえません。

（『IQ246～華麗なる事件簿～』）

[71] 立花：もしかして、殺人の罪をかぶるよう、脅されたんじゃないんですか？　（『99.9 -刑事専門弁護士-』）

[72] 海里：ホント言うと、うまくいったのは栗原のおかげなんだ。ジュエリーの魅力を、人々の心に伝えたい。ティファニーはそういう社員がいる会社だって説得したんだ。

（『せいせいするほど、愛してる』）

[73] 会社に残るよう、説得してきてよ。

（『せいせいするほど、愛してる』）

当引用动词是「言う、叫ぶ、つぶやく、ささやく」时，引语可以是无意义的词，表示单纯地发声，没有命令请求等行为要求。

[74] 沼田：おかしい、おかしい、と俺の勘が耳元でささやいている、この辺りで。　（『逃げるは恥だが役に立つ』）

5.1.3.3　描写人物

引用动词描写人物心理、外貌特征、客观环境、行为特征。有时引用动词描写的行为是有感情色彩的行为，如例[75]至例[78]所示：

[75] でも、この仕事が天職だって信じてるんです。

（『5→9ー私に恋したお坊さんー』）

[76] すると作者は、それでつるつるに丸くなればかえっていい彫刻になると喜んだという。　（『地味にスゴイ！校閲ガール・河野悦子』）

[77] そしたら、刺された男は「残念だったな」って笑ったんだ。

（『99.9 -刑事専門弁護士-』）

[78] 栗原：「イタズラですよ、ビックリしました？」って返せたのに、そしたら、キッパリ忘れられるような気がしたのに。

（『せいせいするほど、愛してる』）

有时引用动词描写的行为是没有感情色彩的行为，如例[79][80]所示：

[79] 考げろぜね（考えましょうね）。私も考げるすけとなだめたが、烈はそれで引退りはしなかった。　（BCCWJ）

[80] だから、この原稿を書く段になってやっと麗香に連絡をとろうと試みた。　（BCCWJ）

引用动词对话语内容起阐释补充说明评价等作用。

5.1.3.4　表明原说话者的目的

塞尔（Searle，1979）继承、修正和发展了奥斯汀的理论，他主张把言语行为分为4类：发话行为、命题行为、施事行为和成事行为。塞尔在批评奥斯汀的基础上，以施事行为目的、适切方向、所表达的心理状态为标准，把言外行为分为5类：断言和阐述类、指令类、承诺类、表达类、宣告类。

引用动词（言语行为动词）表示引用者向听话者传递信息，并完成了信息的传递，如「教える、告げる、聞く、尋ねる」等。引用动词包含说话者的目的。引用动词表示引用者命令听话者做某事，如命令、劝说、禁止、拒绝、允许等。引用动词包含说话者的目的。

5.1.3.5　言外行为

言内行为是指一切用声音说出的有意义的话语；言外行为涉及说话者的目的，如断定、疑问、许诺、建议、责备、命令、描写、解释、道歉、感谢、祝贺等，要结合语境找出说话者实施了哪种言外行为。

[81] 兄さんが電話で私に十万元を彼らの洋服屋まで持っていけ、と言いつけてきた。（BCCWJ）

[82] 図書館に電話すると、「もし盗まれていたら、あなたの責任になります」と脅す。（BCCWJ）

[83] すると、「もし盗まれていたら、あなたの責任になります」と脅す。（BCCWJ）

引用动词有时直接指明言外行为，如「保証する、勧める、なだめる」等。

[84] しかし、バネッサがドアをぴしゃりと閉めて出ていった時になって初めて、シャーロットはオリバーを自分の家に置くと承諾したも同然だということに気がついた。（BCCWJ）

「承諾する」是承诺实施某一行为。言外行为是表达说话者目的的行为；言后行为（取效动词）是通过说话行为所产生的后果或引起的变化。说话行为包括发声行为、发音行为和表意行为。言外行为（施事动词）可以分为5类：评价判断行为类（断言）、表达权力的实施（指令行为）（让某人做某事）、承诺行为类、表明态度行为类、阐述行为类（宣告行为）。

5.1.3.6　言后行为

言后行为涉及说话者在听话者身上所达到的效果，如：使高兴、使发怒等，以促使对方做某事或放弃原来的打算。

[85] 水も洩らさぬ布陣で、瀬田で出迎えられた徳川家康を、「さても早きことよ」と喜ばせ、印象づけることに成功しています。（BCCWJ）

[86] 父がいなくなって間もなく、「この一年間お父さんは風呂に入れてくれなかった」と言って、私を「そんなでたらめを言うものではない」と怒らせたことがある。（BCCWJ）

5.2 言说类引用动词

5.2.1 典型言说动词

「言う」是典型的言说动词。「言う」的语义成分中有“发声说话”。

5.2.1.1 「〜と言う」

「と言う」前的引语可以是动词谓语句、形容词谓语句、名词谓语句「Nだ」、名词「N」。言说的主体可以是第一人称、第二人称和第三人称，如例[87]—[97]所示：

[87] 法門寺：まあ、簡単な推理です。あなたは約束があると言った。

（『IQ246〜華麗なる事件簿〜』）

[88] しゃらく：あやめさんだと分かったはずです。ですが、矢代さんは、あなたと間違えたと、気付いていながらも、なぜ、わざわざ恋人である彼女の指から指輪を外し、「美園麗子を殺した」と言ったんでしょうか?

（『IQ246〜華麗なる事件簿〜』）

[89] しゃらく：和藤奏子は死にたくないと言った。

和藤：私、死にたくない。（『IQ246〜華麗なる事件簿〜』）

[90] 今市：おい、こら、誰が勝手に見ていいと言った。

（『IQ246〜華麗なる事件簿〜』）

[91] 千代能：ええ、皆さんを驚かせようと、彼は「サプライズだ」と言ってました。（『IQ246〜華麗なる事件簿〜』）

[92]山田：法門寺には「気をつけろ」と言っとけ。

（『IQ246〜華麗なる事件簿〜』）

[93] 笠原：いいんですよ、正直に下手だと言ってくれて。

（『IQ246〜華麗なる事件簿〜』）

[94] 法門寺：ですから、可能性が高いのは、あなただと言ったまでです。

（『IQ246〜華麗なる事件簿〜』）

[95] しゃらく：役立たずの護衛係だと言ったんだ。

（『IQ246～華麗なる事件簿～』）

[96] しゃらく：だから、ご苦労様と言ってる。

（『IQ246～華麗なる事件簿～』）

[97] しゃらく：ドMドMと言ってたじゃないか？

（『IQ246～華麗なる事件簿～』）

5.2.1.2 「～と言い～」

引用动词除了「言う」外，可以是表示言说的复合动词，如「言いだす」等。如例[98]—[105]所示：

[98] 奏子：生徒さんによると、あの日、二本松先生は、突然、リハーサルとテストを兼ねる、と言いだして、六時から、一時間、モニター室に、こもったそうです。

（『IQ246～華麗なる事件簿～』）

[99] 兄さんが電話で私に十万元を彼らの洋服屋まで持っていけと言いつけてきた。（『IQ246～華麗なる事件簿～』）

[100] 岡崎：とにかく、私はもう、旦那様を立てるっていうことですかね。主人の言うことは全て正しいって、自分にいつも言い聞かせてます。（『リーガル・ハイ』）

[101] 古美門：「ない」と言い切れますか？医者でもないあなたに。

（『リーガル・ハイ』）

[102] 弟：その父がぼけているなんて、とても言い出せなかった。

（『リーガル・ハイ』）

[103] 真紀：「ダメだね～」「ダメだね～」って言い合ってて。

（『カルテット』）

[104] 貝塚：今日なんかな、ついに、藤岩さんが「タコ」って言いかけたんだぞ。（『地味にスゴイ！校閲ガール・河野悦子』）

[105] これでも自分のせいじゃないって言い張る？

（『リーガル・ハイ』）

「言いだす」「言いつける」「言い聞かせる」「言い切れる」「言い合う」「言いかける」「言い張る」这些复合词，前项动词「言う」表示言说这个动作，后项动词「だす」「つける」「聞かせる」「切れる」「合う」「かける」「張る」表示一种结果、状态等，用于表示言说的结果状态等。

5.2.2 叫喊类引用动词

「叫ぶ」语义成分中有“大声”的语义，在句法功能上可以代替言说动词“说”起言说作用。叫喊类[①]引用动词句中的引语感叹句多，句子短，并且有重复的现象。引用动词是描写发声说话这一交际行为的动词。引用动词和说话方式、说话目的、感情色彩等语义成分密切相关。交际行为是发声说话，如发声说话这一语义成分和大声（方式）、批评（目的）等语义成分相关联时，就是「叫ぶ」「どなる」「叱る」等。「叫ぶ」「どなる」在表达交际行为（发声说话）的同时，还表达交际方式。有大声、小声等声音特征，强调音声方面的特点。

[106] 藤岩：祭りのクライマックスで、純情な典子が神輿を担ぎながらおぱっぽ～！！おぱっぽ～！！…と大声で叫ぶシーンは、さすがに問題があるかと。

（『地味にスゴイ！校閲ガール・河野悦子』）

[107] 深山：谷繁さんは、この時、被害者の三枝さんに向かって、「お前が殺したんだ」って叫んだんです。

（『99. 9 -刑事専門弁護士-』）

引语表示言说内容，谓语表示语言形式，包括言说本身（说）、言说的态

① 叫喊类引用动词包括「叫ぶ」「怒鳴る」「つぶやく」「ささやく」「うなる」「嘆く」「うめく」等。

度（断定）、说话时的声音（大声、小声）、状态（生气、高兴）、行为（辱骂、唆使、煽动）。言说行为有时会达到威胁对方的效果。

[108] 河野：彼女は、それを見て、小さな愛の印が刻まれていると呟いた。　　　（『地味にスゴイ！校閲ガール・河野悦子』）

[109] 沼田：おかしい、おかしい、と俺の勘が耳元でささやいている、この辺りで。　　　（『逃げるは恥だが役に立つ』）

[110] みくり：もう、戻れないかもしれない、それも人生だと、もう一人の私が、うそぶいていた。

（『逃げるは恥だが役に立つ』）

叫喊类除了发声特点之外，还有感情行为，附加了除言说之外的行为，有时引语话语内容对原听话者有命令、责备、感叹的语义。

[111] 森尾：まぁ、もう、こっちに決めて、『Lassy』っぽくないって、たたかれたり、炎上したりしたら、ヤダなって思って、決めきれなかったんですよね。

（『地味にスゴイ！校閲ガール・河野悦子』）

[112] 別府：「ブス」とののしったのは、女性へ対する侮辱行為です。（『カルテット』）

[113] 奏子：久しぶりに、警視庁に呼び出されたと思ったら、怒られましたよ、「現場にいたのに、何やってんだ！」って。

（『IQ246～華麗なる事件簿～』）

[114] しゃらく：本番前、バナナさん、ハチに刺された彼女、どなったそうですね。「お気に入りのお菓子がない！」とどなってみたり。　　　（『IQ246～華麗なる事件簿～』）

[115]倫子：私は、ずっといい男との出会いがあれば、その人が私を好きになってくれたら…とタラレバ言って嘆いて来た。

（『東京タラレバ娘』）

[116] 宮沢綾：ホンマに、めっちゃ好きや！ええ仕事しよって、がむしゃらん時も、失敗して、ペチャンコん時も、腹減ってぶうた

れてる時も、ちょっと太ったって嘆いてる時も、年とって、しわくちゃのおばあちゃんになっても、ずっと未亜のそばにいたいんや。（『せいせいするほど、愛してる』）

「言う」和「嘆く」可以表示两个动作，在例[115]中，「言う」和「嘆く」代表两个动作，在引用句中，像「嘆く」这些言语类行为动词，动作的完成需要话语，引用者引用时，有时隐含言说动词「言う」，引语后直接接「嘆く」这类言语类行为动词，如例[116]所示。

5.2.3 语告类引用动词

语告类引用动词在语义上指向另一个言说过程，如「告げる」「教える」「知らせる」等，这些动词与话语相联系，以向听话者传递信息为目的，强调听话者接收信息，属于言说类引用动词语义场的下位子义场，因此具备言说类动词话语表述的基本特征：言说动作与话语共现。说话者告知听话者自己出现某种情况或某种形势已经形成。“告”包括“通告「知らせる」”“报告「報告」”“控告「告訴する」”等。语告类引用动词本身含有“谁对谁说”的语义。引语是祈使句或含有祈使意义的句子，说话者通过引语把自己的意愿传递给听话者，祈求或请求听话者按照引语行事。

[117] ただし、一番親しい伯母にだけは、結婚する予定だと告げた。（BCCWJ）

[118] 冷蔵庫を開けると、「プリンの賞味期限が切れた」と教えてくれる。（BCCWJ）

[119] 死んだと知らせても、肉親はほとんど遺体を引き取りにも来ない、という。（BCCWJ）

[120] 予約完結の結果，その物件の所有権はまるまるA社に移転したから登記手続と引渡をせよと通知したようです。（BCCWJ）

[121] まず、株主は、会社分割に反対であれば、株主総会の前に書面で「反対だ」と通知したうえで、株主総会に出席して議決のさいに「反対だ」と発言することができます。（BCCWJ）

[122] ある調査では、十五%を超える学生がベジタリアンフードを選ぶと報告されています。（BCCWJ）

[123] リットン調査団は満州の主権は中国にあると報告した。（BCCWJ）

[124] これをアメリカのマスコミが「来世紀は人類二百歳代の到来」と誇張して報じたため、大きな反響を呼んだといいます。（BCCWJ）

5.2.4 请求类引用动词

5.2.4.1 「頼む」

「頼む」的引语可以是陈述句、疑问句、命令句，表示请求、命令、疑问等语气；「誘う」的引语可以是陈述句、疑问句、命令句，表示请求、命令、号召、疑问等语气。如例[129]、[130]中的引语表示原说话者的意愿，请求原听话者做某事。

[125] 久野：俺が真咲さんに、連れ出してほしいって、無理やり頼んだんだ。〈意愿—请求〉（『せいせいするほど、愛してる』）

[126] 早坂：本気で作りたいから脚本家さん、紹介してほしいって頼まれてさ。〈意愿—请求〉（『東京タラレバ娘』）

[127] 沼田：いや、困るって言ったんだけどさ、どうしてもって頼まれちゃってさ。〈表示请求的惯用语—请求〉（『逃げるは恥だが役に立つ』）

[128] 豊子：実は深冬ちゃんから、もしもの時に、莉菜に渡してほしいってノートを預かったんです。

…

カズ：お前に渡してくれって頼まれたから。（『A LIFE』）

[129] 久野：実は先輩、いろんな人に、hiroを紹介してもらえないかって頼み回ってたみたいなんだ。〈疑问—请求〉（『せいせいするほど、愛してる』）

[130] 僕は何処かにきちんと夕食を食べにいこうと誘ってみたが、彼女は

ここで軽く食べるくらいでいいと言った。〈号召—邀请〉

（BCCWJ）

[131] 鮫島零治：彼女に泊まって行けと誘ったことをもっと評価してもいいんじゃないのか？（『世界一難しい恋』）

[132] 沼田：青空市に来ませんか？って誘うだけでしょ。〈疑问号召—邀请〉（『逃げるは恥だが役に立つ』）

[133] 柴山美咲：それは、再三にわたって、ステイゴールドホテルに来ないかと誘われていたためで。〈疑问号召—邀请〉

（『世界一難しい恋』）

例[127]中的引语是请求某人做某事时常用的惯用语，表示原说话者的强烈愿望；例[129]中的引语用疑问句表示原说话者的疑问、请求语气，间接委婉地表示自己的请求。当引用者转述时，谓语动词采取了显性形式的“请求”类引用动词「頼む」。「誘う」中的主要语义有“号召”。例[130]中的引语表示号召原听话者做某事。「誘う」中的引语经常用疑问句，表示原说话者的疑问、号召语气，邀请原听话者做某事，如[132]、[133]。可见引语中的陈述句不仅表示陈述（意志、建议等）语气，还表示原说话者的请求、命令等；同理引语中的命令句不仅表示命令语气，还表示原说话者的请求、建议、号召等语气；引语中的疑问句不仅表示疑问语气，还表示原说话者的命令、请求、号召等语气。由此可见，引语和引用动词之间是相互联系、相互制约的，引语中的话语不能是和引用动词无关联的话语。

综上，和引用动词「頼む」「誘う」共现的引语可以是陈述句、命令句、疑问句，表示陈述、命令、请求、疑问、号召等语气。引用动词有请求、号召的语义。

5.2.4.2　「お願いする」

（1）「と」「って」＋「お願いする」

「お願いする」有命令请求、委托依靠、祈祷希望等语义，如例[134]—[137]。「お願いする」表示说话者的请求，引语可以是陈述句、命令句、疑问句。当引语是陈述句时，引语内容要和“请求”的语义相符。引语是命令句

时，表示原说话者对听话者的请求；引语是疑问句时，表示原说话者委婉的请求。

[134] そこで、現場の所長としては顧客にお願いして「竣工引渡しまでには何とか完了いたしますのでよろしくお願いいたします」とお願いする。（BCCWJ）

[135] 河野：奥様に聞けば、何か、分かるかなと思って、それで、写真館のご主人に、奥様に取り次いでくれませんかって、お願いしたんですけど、断られてしまって。

（『地味にスゴイ！校閲ガール・河野悦子』）

[136] 黛：バイオリンをやめてくれと、言っているわけではありません。控えてもらえませんかと、お願いしてるんです。

（『リーガル・ハイ』）

[137] だから、住民説明会で、もっと、低層階にしてくれって、お願いしてたところなんですよ。（『リーガル・ハイ』）

（2）「よう（に）」＋「お願いする」

当「よう（に）」后接「お願いする」时，「お願いしてください」表示委托命令某人做某事，引语中的动作是第三者的动作，当前说话者和当前听话者没办法控制，事态是某人要命令某人做的事，和引用用法接近，引语表示命令的内容，请求对方做某事。

[138] 藤岩：後、著者の方に、原稿データを送信するように、お願いしてください。〈命令〉

（『地味にスゴイ！校閲ガール・河野悦子』）

[139] 顔見世を兼ねて、全員出席するよう、全員出席するよう、よろしく、お願いします。〈命令〉（BCCWJ）

5.2.5 约定、誓言、断言类引用动词

同一个句式可以表达多种语气，如疑问句式可以表示疑问、请求、号召等语气；陈述句可以表示陈述、意志等语气。在过去的发话语境进行的发话行为，反映在当前的引用句中时，通过引用动词表示原说话者的目的或原说话者的语气。如：当引用动词是「約束する」时，引语可以表示说话者的意志、说话者号召听话者一起做某事、说话者和听话者约定好某事等等。怎么理解引语内容，取决于引用者。「約束する」对应的引语可以是陈述句或命令句，不能是疑问句，因为「約束する」要求的引语内容是肯定的语气，如例[140]—[142]所示：

[140] 海里：約束したんだ、妻のためにも俺は、この会社を継ぐと。でも、迷ってばかりだ。（『せいせいするほど、愛してる』）

[141] 久野：担当替えのこと、編集長に聞きました。真咲さんから言い出したって。いい小説、作ろうって約束したじゃないですか？（『せいせいするほど、愛してる』）

<「約束する」——约定>

[142] 宮澤：俺は、彼女を死んでも幸せにするって決めてたんや。仕事も夢も何もかんも全部捨てても、どんなことしたって、未亜を守るつもりやった。未亜を幸せにできるんやったら、何でもするって。未亜を幸せにするって約束しろ。

<「決める」——意志><「約束する」——约定>

（『せいせいするほど、愛してる』）

当引用动词是「誓う」时，引语多是陈述句，表示自己的意志，经常用动词的「る形」、「ます形」、「Vない」、「う／よう形」来表示自己的意志。当引语是命令句，也多表示自己对自己的命令，如例[143]、[144]所示。例[143]中的「会わない」表示意志的同时，涉及听话者时，表示说话者对听话者的“誓言”。

[143] 優香：あれだ、海里には二度と会わないって言いに来たんだ。そうじゃなきゃ、心臓に毛が生えてるとしか思えないもんね。二度と会わないと誓ってくれたら、私も事を荒立てたりしないよ。（『せいせいするほど、愛してる』）

〈第一个「会わない」——意志、「言いに来る」〉

〈第二个「会わない」——意志、「誓ってくれる」〉

[144] 宮澤：俺のことを好きやって誓えるか？

（『せいせいするほど、愛してる』）

[145] トレイシーはあらゆる扮装で出没したので、警察は、詐欺や巧妙な盗みを働いている女窃盗団が存在していると断じていた。

（BCCWJ）

[146] 「だったら、中学生かもしれないし、子供っぽい高校生かもしれないわけだ」言われてみれば、あのとき何の疑いもなく同級生だと断定した自分が不思議に思えてくる。（BCCWJ）

引语表示言说内容，谓语表示语言形式，包括言说本身（说）、言说的态度（断定）、说话时的声音（大声、小声）、状态。音声状态是主体的一个侧面。发言行为达到了威胁对方的效果。

5.2.6　赞扬、谩骂、责备类言说动词

赞扬、谩骂、责备类言说动词是一类以评价为核心的、强调传递某种意见或看法的词类。它最显著的语义特征是带有评语,具体而言就是指传递的是带有评判内容的意见或看法。评语内容具有高低、好坏等感情色彩,另外还有介于两者之间的仅作客观性评论的中性评价，具体如例[147]—[160]所示：

[147] 歴史的な功績と優れた人徳を共産党と人民は永遠に忘れない」と称賛した。（BCCWJ）

[148] あとになって、だれもがコーディはみごとな沈着冷静ぶりだったと称賛した。（BCCWJ）

[149] 「さすが太守さま、敬子どののご器量をよう見抜かれました」とほめたたえ、末席の於才も手をついて祝いの言葉を述べた。（BCCWJ）

[150] 夜おそく帰宅した主人が「なんとなく、顔色が白くなったな」とほめてくれた。（BCCWJ）

[151] そのＣＶＳを佐藤氏は「試合に負けた時は彼らの疲れが倍になりそうで見ていられなかった。しかし、勝った時は元気よく帰路につく。ＣＶＳはチームのためのものだが、自分にとっては選手よりも愛着がある。本当にいいチームだった」とたたえる。（BCCWJ）

[152] 「フイルムを忘れるなんて，カメラマンとしてサイテーっスね！」と罵られながら、フイルムを借用してふたたびスタジオへ。（BCCWJ）

[153] 深夜一人の美女が現れます。あなたは私の夫を殺したと責め、オスの首を持って立ち去りました。（BCCWJ）

[154] 「私のこと何にもわかってないのね！」と責めるのではなく、「こんなに頑張っている私を認めてほしい」というように。（BCCWJ）

[155] 「いつまでそんなことにうつつをぬかしているのですか、早く小説を書いて下さい」と叱る。（BCCWJ）

[156] （母子家庭）妹が『宿題をしなさい』と言うと『めまいがしてきて今日は出来ない』といいながらゲームをする（母子家庭）妹が『宿題をしなさい』と言うと『めまいがしてきて今日は出来ない』といいながらゲームをするので、妹が『する事をちゃんとしないで、何故ゲームをするのか』としかると、家出をして３時間ぐらい近くのゲームセンターに居るそうです。（BCCWJ）

[157] そばにいた金敬姫が「そんなに酒を注ぐなんて」ととがめても、金正日は「この子もすっかり大きくなったから大丈夫、一気に飲んでみな」と言う。（BCCWJ）

[158] 生麦で英国人を殺害しながら、相当な挨拶をしないのは、どういう

訳かと咎めて来ました。（BCCWJ）

[159] よほどの失態をして、「二度と私の前に現われるな！」とどなりつけられたのでもない限り、リカバリーはできる。（BCCWJ）

[160] だが、周囲の日本人は、「神父のくせに極悪非道である」と非難した。（BCCWJ）

5.2.7　解释、介绍类言说动词

解释、介绍类言说动词的功能：①表示引用者支持某一观点；②表示引用者难以接受某一观点；③表示引用者的态度有所保留，无显著标志。如例[161]—[176]所示：

[161] ホワイトハウスのフィッツウオーター報道官が「判断しようがない」と述べたのは、その意味では問題の核心をついている。（BCCWJ）

[162] 積算飲酒量が増加しても肝障害の程度はむしろ軽くなる傾向にあると述べている。（BCCWJ）

[163] 進国間のマクロ経済政策の協調が中心だったが、経済のグローバル化が進むなかで、途上国も含めた国際的なルール作りが重要になってきた」と指摘している。（BCCWJ）

[164] 冷戦終結後の市場経済のグローバル化、各国の規制緩和、情報通信関連の技術革新の影響などが背景にあると指摘されており、その帰趨が注目されている。（BCCWJ）

[165] つぎに学問による僧侶の次序について、第八条に十年間修学しなければ法談を許さない、十五年の者には長老官を許すと示している。（BCCWJ）

[166] 「家族が被害を受けているのに、なぜ歓迎するのだ」と尋ねると、通訳をしてくれているムハンマドさんが横から「米軍はとても強い。私たちに何ができる？私たちの軍隊はいなくなってしまったんだ」と説明した。（BCCWJ）

[167] 借りたお金は返済するという責任を完うしなければならないと言明した。〈声明〉（BCCWJ）

[168] さきごろ、森喜朗首相も「村山談話の精神」に沿って教科書の審査決定をすべきであると表明した。（BCCWJ）

[169] それらが、橋本が厚相になった時点で一歩前進、しかも先の大原享代議士との質疑にあったように、橋本が厚相として「全面一括解決を図るべき時期に来た」と表明したところから、この時期、原告患者は「（厚生省あるいは国側の見解を）今までとは違ったニュアンスの発言」と受け止めたのである。（BCCWJ）

[170] 詩の質と重要性を数値にして測るという高名な英文学博士の教科書を破かせ、授業では、自力で考えること、言葉や表現を味わうことを学ぶと宣言する。（BCCWJ）

[171] 若い男たちが相談し、命をかけてもホアを襲撃して、黒い犬を殺さなくてはならないと結論を出した。（BCCWJ）

[172] そんなときはまず、ポンプがちゃんと働いているか？つぎに、水は？電気は？真空計は？と調べます。（BCCWJ）

[173] それから、すべてのポケットに手をつっこみ、身分証明になるようなものが入っていないかと調べた。（BCCWJ）

[174] 第2回国際数学者会議（千九百）においてポアンカレ（フランス，千八百五十四ー千九百十二）は「数学はついに算術化された。…今日絶対的な厳密性が達成されたと言ってよかろう」と講演したものだが，これは彼だけではなく数学界共通の見解であった。（BCCWJ）

[175] そのとき、「こちらは卯山太郎さんです」と紹介されるのが普通のパターン。（BCCWJ）

[176] 「それが正しいとすれば、岬先生は島谷の祖父に嵌められて贋物を本物だと紹介したことになりますね…」（BCCWJ）

5.2.8　建议、提案、承诺类言说动词

袁毓林在归纳祈使句中动词的类时提出过一个动词的意志类系统，“建议”类动词属于这一系统。具有动作义、使动义和色彩义的语义特征，如例[177]—[182]所示：

[177] まず愛ちゃんはキャバレーへ行こうと提案した。（BCCWJ）

[178] 「もう一年間、幼稚園で様子を見たほうがよいのでは」と提案する。その日の最初のグループは軍事的にイラクの施設を攻撃すべきだと提案した。（BCCWJ）

[179] 栗子は、今度伸と逢ったら、夏には二人で旅行をしたいと提案するつもりだった。（BCCWJ）

[180] 家のボビーが、たとえ数時間でもベッドで眠ったほうが疲れが取れると提案したのだ。（BCCWJ）

[181] わたしが四季紅に来る前、沅江市の多くの人民代表はあなたたちを捕らえるべきだと提議した。（BCCWJ）

[182] ですから、会長さんからの「総務をやってくれませんか」の依頼にも、さほど悩むことなく「私でよければ」と承諾しました。（BCCWJ）

5.2.9　其他言说动词

此外，还有推测预测类、确认保证类、规定指定认定类、辩论争论讨论类、协商交涉类和劝告推荐类等，如例[183]—[195]所示：

[183] これらを考え合わせると、中小病院はすでに経営転換力を失っているか、またはその意欲を喪失しているのではないかと推測される。（BCCWJ）

[184] 狂乱労働を続ければ、ドイツは「千九百十八年をはるかに上回るような国家崩壊状態」にいたるだろうと予測している。（BCCWJ）

[185] だから自分がまだ元気だと確認したいという思いがあるのかもしれませんね。（BCCWJ）

[186] なまねはやめるし、専門家の検討というプロセスを経てもアイデアをつぶされないと保証してくれれば、全部正規のルートを通すようにする。（BCCWJ）

[187] そこで、"憲法二十五条は「健康で文化的な最低限度の生活」と規定しているが、それは国の努力目標を定めたスローガンのようなものであって、生活保護の支給額が少ないからといって、裁判所に対して二十五条違反を主張することはできない"との考え方がでてきます（このような考え方を「プログラム規定説」といいます）。

（BCCWJ）

[188] 憲法は、下級裁判所の裁判官について任期を設けたが、「再任されることができる」と定めた。必ずしも再任されるとは限らない。

（BCCWJ）

[189] 人類どころか、生物全体にとっての危機を招きかねないと議論しながら、なお、環境を汚染しつつ暮している。（BCCWJ）

[190] プロティノス的流出論のルールを持ち出して、親子関係の両性生殖的モデルに対抗する単性生殖的モデルこそ知性流出の系図には相応しいと弁論するかも知れない。（BCCWJ）

[191] そう考えたレイアはガイアに己の考えを打ち明け、どうしたらよいかと相談した。（BCCWJ）

[192] 「そうね、それで浮いたお金で夕食をリッチにしましょうよ」などと話し合うなら、２人ともなかなかの通といえます。（BCCWJ）

[193] 千九百五十五年の初め、彼の隣人がローレンス・ウェルクに演奏テープを送ってみないかと薦めた。（BCCWJ）

[194] 調停官は、関係当事者、そしてまず第一には二つの住民社会代表が、彼の見解を基礎として討議をする会合を開くべきだと勧告した。（BCCWJ）

[195] 茶杓を右手でとり、客に「お菓子をどうぞ」と勧める。

（『家売るオンナ』）

5.3　思考类引用动词

「私は…と思う」相当于「だろう」，是主观传达事实的表现形式。思考活动是一种内部言语行为。心理过程只能发生于人的意识内部，要被别人知道就必须借助于一个言说过程把它说出来。言说内容一定是某个心理过程的结果。言说动词之所以能带上一个句子做引语，是因为言说动词是心理过程经历言说过程后的结果，是心理过程的展示。心理动词将整个心理过程语言化成句子。心理动词是说话瞬间，说话者的内在状态，与“认为以为”类言说动词联系密切。一方面，言为心声，说什么往往就是认为什么；另一方面，一个人的想法通常需要说出来才能为人所知。

心理动词首先是以意义为标准来划分的。知识的习得和使用，它是一个内在的心理过程。认知包括归纳、传闻、演绎和信念等。认知首先包括获取信息的过程——认；其次，包括对所获取信息进一步的加工过程，推理、评判、记忆、提取、重复记忆——知；最后，传递信息的过程，表现为言语行为。言为心声，言语与人类认知活动密不可分。心理动词包括表示感情、知觉、思考等心理活动的动词，心理动词连接着动作动词与状态动词。

5.3.1　感观义引用动词

感觉是认知主体获得的关于认知对象最初级的信息，是主体获得更高层次信息的基础。感觉范畴包括视觉、听觉、嗅觉、味觉和触觉。人们看到什么就意味着知道了什么，“看到”与思维息息相通，视觉是我们获取客观世界信息的基础。

感官动词“看”表达“视觉行为”“认知情态”。视觉动词「見る」向心理空间投射。心理空间指的是人类思维活动的空间。人通过眼睛观察事物，形成一定的意象，为人类的思维活动提供非常抽象的符号。视觉动词「見る」表示“判断、认为”。这些都是抽象的“看”，根据事物的特征或趋势走向，做出某种逻辑上的判断。引用动词在转述他人的话语中所起到的是衔接作用，表示原说话者言语行为的同时，还表示引用者的转述行为。直接引语转述的是措辞，间接引语转述的是意义，如例[196]—[198]所示：

[196] 野口さんの家では、大学に通う息子さんもタバコを吸っていたそうですが、お父さんの手術痕を見せられて改心したと見えて、少なくとも家では吸わなくなったそうです。（BCCWJ）

[197] 音楽会が近いころになるとあっちの棟から「おーい」と聞こえる。（BCCWJ）

[198] 小沢氏とはスポーツ新聞の企画で対談したのを機に、今も交流があるが、日本のためを思って行動できる本物の政治家だと感じた。（BCCWJ）

5.3.2　认知义引用动词

言说义引申出认知义。主体的主观认识，是围绕某人某事进行的议论。一般译为“认为、以为”，或直接译作“说”亦可。我们可以用箭头表示这一过程：

主体→具体的行为动词→动作行为涉及的对象

行为顺序即是认知的顺序。主语（施事者）发出动作，涉及动作对象，动词则是连接的纽带。认知义动词又细分成两类：一是认识类，如「理解する」「悟る」（明白）；二是知识类，如「知る」「分かる」,如例[199]—[208]所示：

[199] この最初の見積もりで価格が安い場合は、住宅の中味もそれなりなんだなと理解したほうがいいでしょう。（BCCWJ）

[200] 実力だけではダメだと思っていた武士は、仲間がいることもステージに上がることも実力のひとつだと悟った。（BCCWJ）

[201] 「雅宗は、自分の最後のよりどころを自分で壊したのだと悟った。だから自殺したんだ」ミチルは涙声になった。（BCCWJ）

[202] あの花見の時の曲者と今度の曲者とは十中八九同一の人物と認めなければならないが、あの時以来今日まで奥御殿に潜んでいたとする…（BCCWJ）

[203] なんだと？あんたはわざとそんなことをしたっていうのか？嘘だと

知っていながら責めるなんて。いったいどういうことなんだ。

（BCCWJ）

[204] このとんかつ屋は、全国的には知られた店ではないものの、少なくとも横浜市内では一般の人が「勝烈庵」といえばあの店だなと分かる位に知られた店であった。（BCCWJ）

[205] 前述の体験から、これは闘争のための咆哮だと実感できた。

（BCCWJ）

[206] それが音楽だと気づいたのは最近のことだ。（BCCWJ）

[207] もしダメだと意識したら、そのときぼくも遺書を書くでしょうね。

（BCCWJ）

[208] 手もとにあるオーストリアの地図ををいくら見ても、エフェルディングなどという町は出ていないので、よほど小さな町であろうと想像される。（BCCWJ）

5.3.3 情感义引用动词

对象和事件不可能客观地呈现在我们的认知中，必然带着认知者的痕迹，包括引用者或原说话者特有的观察角度，引用者所持有的价值观念、情感态度等。

意向性是指心理状态指向、涉及、关联或针对外在世界的客体和事件，而不是针对心理状态自身。情感义引用动词又分成四类，一是爱慕类，如「尊敬する」「満足する」「同情する」；二是留意类，如「信じる」「疑う」「心配する」；三是爱恨类，如「恨む」；四是后悔类，如「後悔する」等，如例[209]—[221]所示：

[209] どんな状況にあっても、いつも前向きに、そしていつも学ぶことを続けている夫を、本当に偉い人だと尊敬しておりました。

（BCCWJ）

[210] それで食事を済ませて口を拭きながら、きょうはすっかりごちそうになったなと満足していると、同僚が手を差し出すじゃないか。

（BCCWJ）

[211] 更新されていない時には、とてもお忙しいのだなと同情しております。（BCCWJ）

[212] 池田のみならず、当時の教育者の多くはこれが正論だと信じていたのである。（BCCWJ）

[213] せっかく紹介してもらっているのに、そのあと、黙ったままとか、すましたままでは、男性は、好感を持たれていないのかなと心配になります。（BCCWJ）

[214] しかし、舞台では昔に輪をかけて、これが女かと疑うばかりの芝居を見せている。（BCCWJ）

[215] 次に、ピッグズ湾侵攻に参加して挫折した亡命キューバ人の中には、前述のロドリゲスのように、ケネディ大統領の優柔不断さで多くの戦友が死んだと恨む者が多かった。（BCCWJ）

[216] と同時に、どうして津田は正直すぎるのかと恨んだ。（BCCWJ）

[217] 「家で晩酌しなかった。ビールだけは水代わり。ブランデーは好きで、眠れないときに飲んでいた」と明かして「少年のような雰囲気が自然と出る人だった」と懐かしむ。（BCCWJ）

[218] 食事のときも「おいしいな」と楽しんでみる。（BCCWJ）

[219] ところが、「これでもう大丈夫」と安心したらインターネットで全部知られちゃった。（BCCWJ）

[220] それが、文吉の足が急に途切れたので、「ひょっとすると？」他に女でもできたのか、と嫉妬した酌婦は、そっと文吉の後をつけていった。（BCCWJ）

[221] 彼らも私同様、一度でもいいからこんな恋愛をしてみたいと憧れていたにちがいないが、口に出していうほど勇気のある者は誰もいなかった。（BCCWJ）

5.4 书写类引用动词

「書く」是典型的书写类引用动词。引用者把看到的内容原封不动地放在引语的位置上。を格名词句经过了当前说话者解释的过程，用说话者自己的语言来表示原信息内容。如例[222]a和b的对比，例[222]b是笔者根据例[222]a进行的修改。

[222] a. 藤岩：読みは「いわ」ですが、漢字は「石」と書くので、間違いやすい固有名詞の一つです。

（『地味にスゴイ！校閲ガール・河野悦子』）

b. 藤岩：読みは「いわ」ですが、別の漢字を書くので、間違いやすい固有名詞の一つです。

（『地味にスゴイ！校閲ガール・河野悦子』）

[223] 米岡光男：こっちの部屋には、東側にしか、窓がないって書かれてるから、ここに窓があるってことなんだよね。

（『地味にスゴイ！校閲ガール・河野悦子』）

[224] みくりの母：書いてあるでしょ。ここに色落ち危険って。

（『逃げるは恥だが役に立つ』）

[225] 倫子：「恋は、しようと思って、するものじゃない落ちるものだ」…って脚本のセリフで書いたことがある。

（『東京タラレバ娘』）

5.5　言说类名词短语、表样态的形容词与可以伴随话语的动作动词

5.5.1　言说类名词短语

引用动词的解释、补充功能，有时会对引语的内容做进一步的解释，如例[226]所示：

[226] 女が鍵を開けて、ここだよと優しく声をかけてあげなければ、何事もなかったふりをして通り過ぎてしまうのです。　（『昼顔』）

直接引语后的动词，可以是词（复合词）、词组。引语表示动词“说”

的具体内容。如果谓语是词组（动宾），动宾中的宾语表示引语的内容，如例[227]—[229]所示：

[227] 弟は、「こんなのやだよ」と文句を言った。（BCCWJ）
[228] 「平和が訪れますように」と祈りを捧げた。（BCCWJ）
[229] 「今日は早く帰って子供と遊ぶんだ」と飲み会を断った。（BCCWJ）

引语间接委婉地表示谓语意思，如例[230]所示：

[230] 「これがおいしいですよ」とお菓子を勧めた。（"这个很好吃哦"，我向她推荐了点心。）（BCCWJ）

引语直接表示谓语行为。谓语表示引用者对原说话者的判断评价（根据原说话者的态度），如例[231]—[234]所示：

[231] 合戦で手強いものに向かうのがいやなら、はじめから戦をしないほうがようござる」と皮肉を言って出かけました。<挖苦讽刺>（BCCWJ）
[232] 「おめでとう」と祝福の言葉を送った瞬間に曇っていた。（BCCWJ）
[233] それで中将は、さきの国際法顧問団に、どうしたらよかろうかと相談をした。（BCCWJ）
[234] ケースに入った銃弾を揃えながら、「銃は絶対人に向けてはいけないのことね。自分に向けるのもダメのことよ」などと注意を与える。ぼくは一々、「わかた。わかた」とうなずいた。（BCCWJ）

5.5.2　表样态的形容词

表样态的形容词，如例[235]所示：

[235] 私は「これでいいのかなあ」とちょっと心配だった。彼女は「本当に来てくれるかなあ」と不安そうだった。（BCCWJ）

5.5.3　可以伴随话语的动作动词

「と言う」中「と」是单纯连接；「と声をかける」中的谓语是与言语行为有关的短语。「と」和思维心理类动词连接后，已经割断与言语行为的语义联系，引语是思考内容。「言う」是单纯言语动词，是简单的言说动词；「教える」表示言语类行为的动词。

口语言说动词“说”，书面语动词“写”，言说动词扩展到书写动词。书写动词在语义上已经与说话义分离，「と」帮助书写义动词引出内容小句。非单纯言语动词是表示言语类行为的动词，如「聞く、叫ぶ、許す、答える、叱る」。思维类动词，从语义上看，思维义比书写、写作义离言说义更远。引语凸显话语的有据性，从而提升可信度。引用者指出原说话者，作为自己的佐证。引用句明示话语的来源，使话语有说服力。有原说话者时，强调引语是他人的主张，不凸显说话者自己。引用者不仅仅引用话语内容，同时模仿其说话的腔调。有具体原说话者的话语引用时，有时带有“我信这话，但不是我说的”之意。引用者用他人的立场来表达自己的认识，意在拉近说话双方的距离，同时也让对方无形中认为自己听到的就是自己认同的。把说话者的认识处理为听说双方共同拥有并接受的认识，从而使听话者更容易接受说话者的观点。当说话者不想、不便说出确切来源或不知道确切来源时，主体泛化虚化。原说话者被泛指被虚化时，形成隐源引用（传闻），如例[236]—[246]所示：

[236] 全ての人には、第六感があるんだとよく母が言っていた。

（『せいせいするほど、愛してる』）

[237] ペンギンの夫婦って、生涯、寄り添うんだって。

（『世界一難しい恋』）

[238] そのペンギンの夫婦を見たカップルは幸せになれるんだって。

（『世界一難しい恋』）

[239] 指輪なんて、形式的なものだと、ある人が言いました。

（『せいせいするほど、愛してる』）

[240] 指輪は男にとって、責任の象徴だと、彼は言いました。

（『せいせいするほど、愛してる』）

[241] そのうち、紹介されたりするのかな？櫻井、俺、この人と結婚するんだ。とか言われちゃったりしてさ。

（『私結婚できないんじゃなくて、しないんです』）

[242] 社長：では、今度の件は、お前のミスだと？

（『せいせいするほど、愛してる』）

[243] 社長：つまり、海里を副社長から解任しろと？

（『せいせいするほど、愛してる』）

[244] 結婚しないと、いつまでたっても、未熟だって、成長しないって言われるんの。（『せいせいするほど、愛してる』）

[245] 時々、言われるんです。友達とか前の彼氏にも、何か、ちょっとノリが変だって。（『せいせいするほど、愛してる』）

[246] だから、結婚しないやつはダメって言われるのよ。〈泛指〉

（『私結婚できないんじゃなくて、しないんです』）

5.5.3.1　「笑う」「泣く」

「言う」是言说行为动词，需要「と」引导话语内容。「笑う、泣く、嘆く」不是言说行为动词。「笑う」句中的直接引语表示动作进行时伴随的话语内容。引用词帮助“动词”引导出该行为涉及的话语内容。「と」主要功能介引直接引语，「と笑う」中的「と」介引直接引语的功能比「と言う」中的「と」介引直接引语的功能强。

5.5.3.2　「持ってくる」「うなずく」「手を振る」「目を見張る」

「持ってくる」「うなずく」「手を振る」「目を見張る」是表示表情或姿态的，引语却是说出的话语，引语是主句动词的状语。动作进行中伴随着话语，如例[247]—[253]所示：

[247] いかつい顔を少しだけゆるめて、ああどうも、と手を振ってくる。（BCCWJ）

[248] いかがわしい株の売買やパーティー券の売り上げで、普通の人が一生かかっても稼げないような大金をポケットに入れたと言われると、政治家は「とんでもない」と手を振ってみせる。（BCCWJ）

[249] 矢口は、ミカとセットの前に立って、こっちへおいでと手を振っている。（BCCWJ）

[250] 満面の笑みで「ここだよー！」と手を振っている。（BCCWJ）

[251] 「最初、私は継臣のその言葉を理解することができませんでした。何を言っているの？と尋ねる私に継臣は、延々と自分の考えを述べたのです。その話が終わり、まさか！と目を見張る私に向かって継臣は、証拠があるんです、と言いました—」（BCCWJ）

[252] こうした現実のなかで、ただ夫にあれやこれや要求し、その働き方が人間的でないと告発したところで、それだけでは、夫を仕事と家庭の板ばさみにするだけで、おのずと限界がある。（BCCWJ）

[253] 兵卒が使う刀槍の兵法術とは異なり、将軍となれば、おのずと学ぶ刀の種類や使い方も変わる（信長や秀吉などは、剣術などは役に立たないものと無視したようだが、足利政権の時代にはこうした剣術が将軍家で尊重された）。（BCCWJ）

5.6 引用动词与引语、引用词的共现

5.6.1 言说类引用动词与引语、引用词的共现

当引语是句子时，「～と／って言う」中的引语可以是陈述句、疑问句、命令句、感叹句。原说话者可以是第一人称（引用自己的话语或思考内容）、第二人称（引用当前听话者的话语或思考内容）、第三人称（引用他人的话语或思考内容）。当原说话者是第三人称时，可以是具体的某个人，也可以泛指

某个人，还可以表示复数概念「みんな」，还可以是某一机构「会社」等。

5.6.1.1　原说话者是第一人称

原说话者是第一人称时，可以根据听话者的异同下分成两类，如下所示：

（1）听话者相同

当前听话者＝原听话者

当前说话者＝原说话者

说话者强调自己的话语，这时谓语「言う」所用的形态「言ってるの」「言ったはずなんだ」。如[254]、[255]所示：

[254] 屋代：戻ってきなさい。

白洲：いいんですか？

屋代：すぐに戻って来なさい。

白洲：じゃあ、お茶飲んだら戻ります。

屋代：だから、すぐに戻って来いって言ってんの！

（『家売るオンナ』）

[255]城ケ崎：あの、さっき、言い忘れてしまったんですけど、探していただくマンションは、2000万か2500万ぐらいで、お願いしたいんです。

…

城ケ崎：私、昨日、高くても、2500万までと言ったはずなんだけど。　（『家売るオンナ』）

例[254]中的原说话者和当前说话者是同一个人「屋代」，原语境中的听话者「白洲」并没有按照说话者的要求去做，说话者强调自己的主张，把自己的话语用引用的形式表示出来。例[255]中前后两次的说话者也是同一个人「城ケ崎」，听话者也是同一个人「庭野」。在说话者看来，听话者好像并没有理解说话者的话语，所以说话者用引用的形式重新强调了自己的主张。

（2）听话者不同

当前听话者≠原听话者

当前说话者＝原说话者

谓语「言う」的形态用「言っちゃった」「言った」「言ってある」等。引用者根据听话者的不同和强调的重点，调整自己话语内容的形式和内容，原话语和当前话语有可能是意义相反的两句话，如例[256]所示：

[256] 布施：捨てちゃえば？便所とかに。

八戸：今、白洲に、どんなアドバイスしたんですか？

布施：俺達の時代は、チラシ、一日、3000枚は配ったぜって言っただけ。（『家売るオンナ』）

例[256]中的前后两次的说话者都是同一个人「布施」，听话者分别是「白洲」「八戸」。「布施」针对不同的听话者，强调的内容不同，所以前后两次的引语内容并不相同。

5.6.1.2　原说话者是第二人称

当原说话者是第二人称（当前听话者）时，当前说话者多是原听话者，如下所示：

当前说话者　　　　原说话者

当前听话者　　　　原听话者

当原说话者做主语，谓语用主动形式，具体形态用「言ってた」「言った」等；当原听话者做主语，谓语用被动形式，具体形态用「言われた」等，如[257]、[258]所示：

[257] 貴美子：何よ今更！ほれた女と生きなおすって言ったじゃないの！（『家売るオンナ』）

[258] 庭野：11時に電話しろと言われたので。（『家売るオンナ』）

例[257]是当前说话者反问当前听话者，引语话语是当前听话者以前说过的话语，当前说话者在进行反问。例[258]句子中的主语是原听话者，引语话语是当前听话者（原说话者）以前对当前说话者（原听话者）说过的话语。

5.6.1.3　原说话者是第三人称

当原说话者是第三人称（原说话者既不是当前说话者也不是当前听话者）时，当前说话者多是原听话者，如下所示：

当前说话者　　　　　　　　原说话者

当前听话者　　　　　　　　原听话者

当引用者（当前说话者）想重现原语境，让当前听话者有身临其境之感时，直接引语居多，如例[259]所示；当引用者强调事件内容对现在的影响时，间接引语居多，如例[260]所示。「言う」的具体形态有「言った」「言ってた」「言ってる」「言って」等。

[259] よしき：その美人の横にいた男が俺を見て、「誰ですか？このおっさん」と言った。　　　　（『家売るオンナ』）

[260] 室田：私のこと、骨の髄まですきだって言ってますから。

（『家売るオンナ』）

5.6.1.4　原话语是假想引语

间接引语标记之一是引用词「ように」。引语中的谓语动词用连体形表示命令的语气，表示说话者对听话者的行为要求。「言う」除了有“言说”义之外，还有“传达”“命令”等语义，这时的引语多是假想引语，如例[261]、[262]所示：

[261] 宮澤の奥さん：だったら宮澤に女と別れるように言いなさい。（既然如此，就让宫泽和那个女人分手。）　　　　（『家売るオンナ』）

[262]客：うち、カミさん、健診なんで、終わったら来るように言うよ。

（我老婆去产检了，我让她结束后过来一趟。）

（『家売るオンナ』）

以上两例中的主句动词表示将来，引语中的行为要求还没有发生。例[261]中的「言いなさい」是当前说话者对当前听话者「三軒家万智」的行为要求，

要求她对未来情景中的听话者「宮澤」进行命令（行为要求），这一行为要求就是引语内容「女と別れる」。例[262]中的「言うよ」表示当前说话者对第三者「カミさん」有行为要求，行为要求的内容用引语「来る」表示。

5.6.2　请求邀请类引用动词与引语、引用词的共现

请求邀请类引用动词是言说类引用动词的下位分类，因为这类动词要求引语表示说话者对听话者的行为要求，比较特殊，所以单独列出进行分析。

「頼む」「誘う」既可以用引用词「と」「って」，也可以用引用词「ように」。「頼む」的引语表示命令、疑问、请求等语气；「誘う」的引语表示请求、邀请、命令等语气。引语、引用词和引用动词之间的搭配，如例[263]、[264]所示：

[263] そして、怒られるから父さんには言わないでと頼む。〈请求〉（BCCWJ）

[264] 僕は何処かにきちんと夕食を食べにいこうと誘ってみたが、彼女はここで軽く食べるくらいでいいと言った。〈邀请〉（BCCWJ）

「～ように頼む／誘う」间接引语中的谓语动词用连体形表示命令语气，如例[265]、[266]所示：

[265] 遺体を他の場所に移すように頼む。（BCCWJ）

[266] 要するに、藤野先生からマンションをたずねてくるように誘われたわけですね？（BCCWJ）

引语是言说内容，表示祈使语气（表示劝告、命令、希望、禁止、恳求、建议、邀请、祈愿等）时，引用词可以用「と／って／ように」，引用动词除了「言う」外还可以是表示祈使语气的引用动词（「勧める」「命令する」「希望する」「禁じる」「頼む」「提案する」「誘う」「祈る」）等。

5.6.3 思考类引用动词与引语、引用词的共现

和言说类一样，思考类引用动词也可以和引用词「と」「って」「ように」连用。

5.6.3.1 「と/って思う」

思考类引用动词的主体是第一人称时，引语表示思考者的意志、推断内容。思考主体是第二人称时，「と/って思う」一般用于疑问句中，「思う」的具体形态有「思ってるの？」「お思いですか？」「思ってるでしょ？」「思わない？」「思います？」等；引语可以是特殊疑问句，也可以是一般疑问句。如果引语中有疑问词，主句不是问句时，「思う」后多有语气词表示感叹，如例[267]。当思考主体是第二、三人称，并且引用句是陈述句时，「思う」的形态多是「思ってる」「思った」「思って」等，如例[268]、[269]所示。

[267] 屋代：何年やってると<u>思ってん</u>だよ。（『家売るオンナ』）

[268] 府川：女装したジジイが隣にいたら困ると<u>思って</u>、様子見に来たんだな。（『家売るオンナ』）

[269] 独白：彼らは諦めることが人生だと思っている。（『せいせいするほど、愛してる』）

5.6.3.2 「〜ように思う／考える」

「〜ように思う」的「〜」表示思考内容。按照引语的内容可分成三种：①「〜れるように思う」中的引语是思考主体不能控制的事态或是他人的动作，如例[270]；②「〜る／たように思う」中的引语是思考主体没有把握的内容，如例[271]，而且引语中多有副词「何だか」「何かしら」，代词「どこか」「何か」等在引用句中共现；③「〜る／たように思う」中的引语是引用者解释的内容，如例[272]。①的用法和「ように」表示目的用法相关联；②的用法和「ようだ」用法相关联；③用法可以和表示引用的「と」互换。

[270] 栗原：カジュアルラインのキャンペン再開のことなんですけど、出版社さんにご協力いただけるように考えてみたんです。

（『せいせいするほど、愛してる』）

[271] 何だかもうその先生が好きになったように思いました。

（BCCWJ）

[272] 彼はリンク通りのメルヘン風の豪華な建築物群を初めて見たとき、自分の大胆な芸術的夢想が実現されたように思いました。

（BCCWJ）

当引语是思考内容时，引用词可以用「と」「って」「ように」。「と／って思う／思った」表示引用自己或他人的内心想法。「ように思う」的引语内容可以有三种情况。①「～れるように思う」的引语内容是思考主体不能控制的事态或是他人的动作行为，即引语内容是所要达到的目的或结果状态，这和「ように」目的用法有关联；②「～る／たように思う」的引语内容表示不确定的或比喻的内容，这和「ようだ」的比况和推断用法有关联；③「～る／たように思う」中的引语是引用者解释的内容，如果替换成引用词「と」，语义上是有差别的，「～ように思った」所表示的引用用法和「ようだ」的推断用法有关联。

5.6.4　书写类引用动词与引语、引用词的共现

5.6.4.1　「～と書く」

「書く」是书写类引用动词的典型代表。书写类引用动词的引语是书写内容——文字。这一点是和言说类（引语是话语）、思考类（引语是内心想法）引用动词的不同之处。书写类引用动词的引语内容是语言文字，记录语言的地点用「に」或「で」表示，书写类引用句句型是「～には／では～と書いてある／ある」，如例[273]所示：

[273] それで気になって、兄と母の遺品を整理していたら、父の手帖が出てきまして、手帖を見たら、父が死んだ日に、「PM10　バー山本

12」と書いてあったんです。 （『99. 9 -刑事専門弁護士-』）

5.6.4.2 「～ように書く」

「ように書く」中的「ように」不表示引用而表示方式，怎样“写”。作为动作动词的「書く」涉及动作进行时的样态或方式，即“写”这个动作进行时的样态，如例[274]所示：

[274] 書き落としがないように書くべきである。 （BCCWJ）

引语是书写内容时，引用词只能用「と／って」，「ように書く」不表示引用，表示“书写”动作进行的方式或表示动作进行前的目的或表示动作进行后的结果状态。

引用句必须具备引语，引语、引用词、引用动词紧密相连、相互制约。详见表5.3。

表5.3 引语、引用词与引用动词的共现

引语语气	引语 句子类型	引用词	引用 动词	引用句式
表示陈述、疑问、命令、感叹、建议、商量、请求、劝阻、愿望等	陈述句 命令句 疑问句 感叹句	「と」 「って」 「ように」	言う	「～と／って言う」 「～ように言う」
表示请求、愿望、商量、建议、疑问、感叹、命令等	陈述句 感叹句 疑问句 命令句	「と」 「って」 「ように」	思う	「～と／って思う」 「～ように思う」
表示陈述、疑问、命令、感叹、建议、商量、请求、劝阻、愿望等	陈述句 命令句 疑问句 感叹句	「と」 「って」	書く	「～と／って書く」

（续表）

引语语气	引语句子类型	引用词	引用动词	引用句式
表示愿望、请求、命令等	命令句 疑问句 陈述句 感叹句	「と」 「って」 「ように」	頼む	「～ないで／～てください／～てくれ／～して／～てもらえませんか？／～てほしい／～たい／『よろしくお願いします』と／って頼む」 「～ない／～てくれる／V連体形ように頼む」
表示请求、邀请、命令等	命令句 疑问句 陈述句 感叹句	「と」 「って」 「ように」	誘う	「V命令形／よう／～ないかと／って誘う」 「V連体形ように誘う」

引用词引导出内容小句。引语是口语的产物，也是写作或思维的产物。「と」是定位虚词，搭配广泛。「と」句法功能，连接前面补足语小句或状语从句与后面动词。有时引语仅有名词，那是因为这些词是能单独成句的单位，如「いいと思う」中「いい」不是简单的形容词，而是形容词谓语句。「と」是表关系性、连接性的引语标记，表示前面的成分为内容小句，和「と」搭配的动词可以是表示言语行为、思维行为、写作书写行为的动词。「ように」的适用面比较窄，「ように」引导的引语可以表示命令或祈祷的内容，也可以表示他人或自己的内心想法。“说”“想”可以带内容小句。引用词是引入内容小句的关键手段。

直接引语模仿原话语的效果，省略号表示说者的停顿。引用动词的语义成分：①“说”；②引用动词除包含言说成分外，还有原说话者的目的，如回答、请求、命令等；③引用动词除包含言说成分外，还有原说话者的情态描写，如笑、哭等，如例[275]—[279]所示：

[275] 未亜：普通の恋人同士だったら、みんなにバレちゃったねって<u>笑っ</u>

て、で、お祝いとか、されちゃって、面倒くさいとか言いながら、やっぱり嬉しかったりして、でも、私達は違う。

（『せいせいするほど、愛してる』）

[276] 陽三：その時、母ちゃん、何て言ったか覚えてるか？お前。「しょうがないねえ」って笑って、許してくれたんだよ。お前。

（『家族ノカタチ』）

[277] 子供を叱って威圧感ばかり与えていると、子供からの話しかけが少なくなるのは当然で、家庭内で親子の会話がないと嘆いている親がいるが、親がその原因を作っている場合があるということに気付いているのだろうか。（BCCWJ）

[278] 五年前に胃の手術を受けた元漁師の寺田茂男さん（七十）は「診療所なら血圧とかちょっとした検査は簡単だったけど、今はバスを使って病院に行くだけでお金がかかる」とため息をつく。（BCCWJ）

[279] それらを完璧なコレクションとしてひとつずつ凝った額縁に納めて部屋の壁に飾り、私自身の行ないの成果として、なんとまあ無益なのだ！と嘆息してみるべきだったのかもしれないのである。（BCCWJ）

直接引语后的引用动词，直接引语中的不同语气可以对应不同的引用动词。如例[280]—[290]所示：

[280]「行け／行きなさい！」と命令した。

[281]「行ってくれ／ください」と頼んだ。

[282]「行こう／行きましょう／行かないか？」と誘った。

[283]「私が行こう」と決心した／申し出た。

[284]「本当に行くの／行くね／行くだろう？」と確かめた。

[285]「行くか？」と聞いた／たずねた／質問した。

[286] テレビを見ることで、まず、音に興味をもたせ、また、たくさんの

番組や画像を見ることで、いったいこれは何だろう？と疑問をもたせ、考えさせるようにしていました。（BCCWJ）

[287] 読みなさいと命令されなかったら、声をだして読むことがあるかな。（BCCWJ）

[288] 女将に「八重菊さんですよ」と紹介された彼は初対面を装いながら「どうしてこんな稼業に？」と聞けば「男の心理を知りたかったのです」と彼女は平然たるもの。（BCCWJ）

[289] ある日彼は愛していると告白したが、彼女は自分にとってあなたはよい勉強友だちだがそれ以上ではないと答えた。（BCCWJ）

[290] 一つには、非効率、無駄な支出が多いと批判され、公共投資増など歳出面からの措置に依存できなくなったことが理由として考えられる。（BCCWJ）

5.6.5　间接引语中的引用动词

引用是在某一语言行为进行的过程中导入另一时空的话语或思考内容的语言行为，即将他人或自己的话语转述给别人。

引用句以言说或思考动词为主句，以引述内容为从小句。引用动词表示原说话者实际会话时的语气、态度、动作。引用者用引用动词描述原说话者说话时的状态、情绪等。引用动词表明说话主体用什么语气说话，比如陈述、询问、请求等语气，引语可能是陈述句、疑问句、命令句或祈使句。人们用这种方式来转述某人对某人说了什么。请求类引用动词包含评价性的口吻。在会话中，直接引语并非仅仅是转述他人的话语，而且转述话语行为的其他方面，如例[291]—[293]所示：

[291] 彼は、何度も、本部に、足を運んだそうだ。もう一度、試験をやり直してほしいと。（『5→9ー私に恋したお坊さんー』）

[292] 久野：実は先輩、いろんな人に、hiroを紹介してもらえないかって頼み回ってたみたいなんだ。

（『5→9ー私に恋したお坊さんー』）

[293] 「あとをよろしくお願いします」と頼むと、「もう明日は退院してだいじょうぶですよ」と、これはうれしい返事でした。

（BCCWJ）

引语用疑问句而实际上是表示一个“请求”。引语使用陈述句或疑问句来直接或间接表达请求，间接表达方式比直接表达方式更礼貌、更婉转，如例[294]所示：

[294] 国のいうことを聞いて予算を確保することや、土産を持っていきコネをつくって出世することがいいことか、休まず遅れず働かずという官僚主義で本当にいいのか、それで尊敬されるのか、逆に軽蔑されるのではないかと問題提起し、職員として本当にやるべき基本的なことをやろうではないかと提案し、毎日徹底的に話し合った。

（BCCWJ）

引语用疑问句间接地提出建议，引用动词用“建议”类引用动词。引语除了命题意义外，还表示“建议”，如表5.4所示：

表5.4　直述行为和转述行为

行为者	行为类型	语类	交际目的	时间	行为类型
原说话者	直述行为	原语	请求对方做某事	第一时间空间	创造性行为
引用者	转述行为	引语	向对方转述某事	第二时间空间	重复性行为 创造性行为

引用是引用者在彼时彼地模仿原说话者话语的语音、语法、语调。引用者要传达原说话者的目的，必须描写原话语产生时的一些语境因素。引语和原语在语音、语调、语法上基本相同。

如果说引语模仿原话语的发音行为和出语行为，不带有引用者的任何感情色彩，具有客观真实性，那么引用动词作为引用者对引语发生时语境因素的描写，带有主观色彩。引用句指明说话者，有时可能提及听话者。指示代词的指称单凭即时语境有时无法实现，需要依据上下文语境才能判断出来。

转述行为借助语言，人物的话语也借助语言，因此引用语言时，是一种双重的语言行为。任何语言行为都有主体对语言的加工调节，引语就有双重的加工调节。

5.7　引用动词的主观色彩

引用动词在转述他人或自己以前的话语时起到十分重要的作用。引用动词构成引语直接的语境。言说动词引用话语；思考动词引用内心想法。

引用动词的定义：表示引用他人（有时也可包括自己）的话语、思想的动词都可以视为引用动词。表示引用者对其正在谈论的事件或命题的态度立场观点。

引用动词表达原说话者的立场观点和态度。引用者的引用行为，首先是一种重复性行为。引用者通过引用动词在彼时彼地最大限度地传达原说话者的态度观点和评价。引用动词大多表示言语过程或心理过程，具体的引语内容被引用动词思维化或言语化。引用动词是对引语内容进行抽象地阐释和评价，构成了话语最直接的交际语境。

引用动词表达引用者的观点立场和对问题的思考。引用者引用时借助语言来表述自己的心理过程，反映了引用者对引语内容的认知评判。引用动词是认知思维与言语行为的融合。

引用动词两个作用：一是通过引用动词把原说话者引入到引用句中；二是通过引用动词表述了原说话者的态度观点和评价。

引用动词特点：①句法上能带句子形式的小句；②引语内容是客观事物，句法上就表现为名词性宾语；如果是事件，句法上就表现为小句；如果是一组事件，那么引语部分就是一个复句或句群，如例[295]所示：

[295] そしたら、妊娠反応プラスなのに、胎嚢が見えないって。子宮外妊娠の可能性があるから、注意してって<u>言われてた</u>の。

（『家族ノカタチ』）

表述句是说话者保证所表述的命题是真的，如断言、结论。指令句是说话者企图让听话者做某事，如提出要求，提出疑问。受约句是说话者保证将来采取某些行为，如提出保证、提供帮助。表情句是表达说话者的心理状态，如感谢、歉意等。

引用者把某种观点归于原说话者：①或表示原说话者态度积极；②或表示原说话者中立立场；③或反映原说话者批评态度「責める、咎める、非難する」，如例[296]—[298]所示：

[296] ピーター・ウィンチは、ヴィトゲンシュタインの哲学の影響を受け、「有意味であるすべての行動は、事実上規則に従う行動でもある」と<u>主張する</u>。（BCCWJ）

[297] それを主張する論者の多くは、「アメリカ経済はいまや永遠なるインフレなき高成長が可能だ」と<u>主張していた</u>。（BCCWJ）

[298] しかし、この政宗の為し様に、「舐めてもらっては困る」と<u>反駁した</u>男がいた。（BCCWJ）

5.7.1 引用动词描写原说话者的躯体动作

言说动词扩展到表示身体行为的动词，可以通过隐喻或者转喻引申出言说类语义，进入言说的语义。

言说动词表示向某人传递某信息，其动作的完成也必须伴随话语的转移。引用者需要准确重复原说话者讲述过的字句本身，还可以采取一些辅助的方法来重现讲原话语时的真实情况，以显示出直接引语的生动性。如一是引用者用引用动词描写原说话者的手势、表情、肢体动作等；二是引用者用引用动词描写原说话者的声音。

[299] 曽根氏は立ってきて、僕の脇に並んで「ああ」と<u>頷いた</u>。（BCCWJ）

5.7.2　引用动词描写原说话者的神情

引用动词描写动作，动作进行时伴随着话语，如例[300]、[301]所示：

[300]「これはいったいぜんたい何なのだ？」と眉をひそめていると、奥の方から中国人らしき初老の太った男がのっそり現れて、「はい、おみやけ買うか？おさけ、とてもやすいあるよ。何するね」と、話しかけてきた。（BCCWJ）

[301] ちょうど酒と肴を運んできた勘助が、「だから、言わねえことじゃねえのに」と眉を顰めた。（BCCWJ）

主句有可能描写话语产生的一些副语言特征，对引语进行补充、说明、阐释，动作动词带有小句或描述性的伴随状语，如例[302]—[306]所示，引语表示动作进行时伴随着的话语。

[302] よく女は「わたしのカラダだけが目当てだったのね」と怒るけれども、目当てにされる肉体を所有していることでさいわいではないか。〈生气〉（BCCWJ）

[303] 周りの悪友たちが「昭和のおびんずる」などとからかうのを「なに！おぼえてやがれ！昔の名僧智識は、みんな、俺みたいな剃髪だったんだ！」。〈嘲笑〉（BCCWJ）

[304] まな弟子の独走ぶりに現役時代、「猛牛」の異名をとった師匠の佐渡ケ嶽親方（元横綱琴桜）も「取った、取った。ほら勝った」と興奮しきり。〈激动〉（BCCWJ）

[305] 私は「だめだったか」とがっかりした。（我失望地说：“难道不行吗？”）（BCCWJ）

[306]「うわーい、ばんざーい！」と喜んだ。（BCCWJ）

5.7.3 引用动词描写原说话者的心理状态（感情）

引用动词描写原说话者的心理状态或动作，如例[307]—[310]所示：

[307]「ど、どうするんだよ」と慌ててミラを見ると、彼女はまっすぐと前を見据えていた。（BCCWJ）

[308] 青年たちは刷新を断固として達成しようと慌てていた。（BCCWJ）

[309] 参院の「無所属の会」代表、松岡満壽男議員は「取材があってから、突然、恐喝があったとバタバタと告訴する行為自体、おかしい。秘書の監督責任もなっていない。議長は、三権の長である以上、疑惑があれば、オープンな場所で事実を明らかにする責任がある」と憤る。（BCCWJ）

[310] 結果として「耳の痛い経営者」もおられれば、「我が意を得たり」と膝を叩いた読者も大勢おられたのではないかと想像します。〈理解〉（BCCWJ）

5.7.4 引用动词表达原说话者的观点立场（肯定或否定）

引用动词表示原说话者的观点立场，如例[311]—[314]所示：

[311] レイフもそれがいいと賛成した。（BCCWJ）

[312] 魚に餌をやって今までどおり馴れさせておくだけなんだから、パンをくれ、と勇気をふりしぼって言っても、「駄目だよ。絶対におまえにはやらないよ」と許してもらえなかった。（BCCWJ）

[313] 長は、ピンときて、「これは粘土ではありませんよ」と否定した。〈否认〉（BCCWJ）

[314] T男は「かっこいいじゃん、見せてこれ」と言うが、Y男に「だめ」と拒否され、武器で斬りつけられる。（BCCWJ）

「否定する」这一行为，包含用话语来进行反驳的语义成分。话语是手段，「否定する」是目的。「否定する」可以用于引用句中。

5.7.5　引用动词描写原说话者的声音

引用动词是描写发声说话这一交际行为的动词，称为引用动词。引用动词和言语方式、言语目的、感情色彩等语义成分密切相关。交际行为是发声说话，如发声说话这一语义成分和大声（方式）、批评（目的）这一语义成分相关联时，就是「叫ぶ」「どなる」「叱る」等。「叫ぶ」「どなる」在表达交际行为（发声说话）的同时，还表达交际方式，如例[315]—[322]所示：

[315] ザクセンの小さなプードルでさえ、永遠に失われた名人をもとめて、ワンワンとほえました。（BCCWJ）

[316] 藤岩：祭りのクライマックスで、純情な典子が神輿を担ぎながらおぱっぽ～！！おぱっぽ～！！…と大声で叫ぶシーンは、さすがに問題があるかと。

（『地味にスゴイ！校閲ガール・河野悦子』）

[317] 殴ってた方が、「お前が殺したんだ」と叫んでたな。

（『99. 9 -刑事専門弁護士-』）

[318] 深山：谷繁さんは、この時、被害者の三枝さんに向かって、「お前が殺したんだ」って叫んだんです。

（『99. 9 -刑事専門弁護士-』）

[319] 立花：谷繁さんは、三枝さんを待ち伏せして、「お前が殺したんだ」と叫びながら、殴りかかった。

（『99. 9 -刑事専門弁護士-』）

[320] そして、「えらかったね」とつぶやくのである。

（『99. 9 -刑事専門弁護士-』）

[321] この世が終わるとき、キリストはただ一言「起きなさい」とささやく。（BCCWJ）

[322] みんなが血なまぐさい殺人だとわめいている。

（『99. 9 -刑事専門弁護士-』）

5.7.6 引用动词表明原说话者的态度

引用动词表明原说话者的态度，如例[323]所示：

[323] 特に香の嗅ぎ分け師は、自分の学んだ師の宗心の名が出たときに、「新左衛門さん、それは」と抗議した。（BCCWJ）

5.7.7 引用动词表明原说话者行为

引用动词表明原说话者的行为。阐述类是陈述或描述说话者认为是真实的情况；指令类是试图使听话者做某些事情；承诺类是说话者自己承诺未来要有一些行为；表达类是表达对某一现状的感情和态度；宣告类是通过说话引起骤变，如例[324]—[326]所示：

[324] 詩の質と重要性を数値にして測るという高名な英文学博士の教科書を破かせ、授業では、自力で考えること、言葉や表現を味わうことを学ぶと宣言する。（BCCWJ）

[325] 宮崎さんは、考えるより先に行動させてしまうことで、この子はこういう子だと描写するところがある。（BCCWJ）

[326] 能力を持って生まれた人は運が強く、そうでない人は運が弱い、と解釈することも可能であり、「運命論」的な響きもある。（BCCWJ）

5.7.7.1 问答、读念、吟唱类动词

如“问、答”“读、念”“叹、吟、唱”类动词，如例[327]—[329]所示：

[327] 「己卯」は韓国語で「キミョウ」と読み「奇妙」と一致する。（BCCWJ）

[328] 「南無妙法蓮華経」と唱えることを「お題目」といい、「勤行」とは区別される。（BCCWJ）

[329] やがて一人が「月はのぼる百尺の楼」と吟ずると、他の面々も声を合わせて何回もそれをくり返した。（BCCWJ）

5.7.7.2　带有感情色彩行为

带有感情色彩类行为，如例[330]—[333]所示：

[330] 喜十さんは、くりかえし「すみません、すみません」と謝って、この温泉場には目鏡屋がないことや甲府の街の目鏡屋に行くにも最早やバスがないというようなことを云った。（BCCWJ）

[331] 私の監督が至らないために、こんな不祥事を起こしてしまいまして」と謝ると、彼は大きく手を横に振る。（BCCWJ）

[332] 給食委員が調理員さんに「いつもおいしい給食をつくってくださってありがとう」と感謝する会を開く。（BCCWJ）

[333] 本もあるかもしれないが、私に新しい世界を開いてくれたすべての本に、ありがとうと感謝せずにはいられない。（BCCWJ）

5.8　小结

引用动词反映出引用者的观点立场。引用动词隐藏着引用者对转述内容的态度。

引用动词自身具有评价功能，表明引用者的评价态度；另一方面副词和情态动词也能揭示引用者的评价态度。

引用动词表达引用者的观点立场和对问题的思考。引用时引用者借助语言表述心理过程，反映了引用者对引语内容的认知评判。引用动词是认知思维与言语行为的融合。

引用动词功能表示引用者的态度和立场。引用动词可以映射出引用者自己的观点和立场，如被动句式表示引用者的观点。但这种无人称结构的句子有时也表达一种普遍的看法，而非引用者自己的观点。

引用动词通常起到两个作用：①通过引用动词把原说话者引入到引用句；②通过引用动词引用者表述了对原说话者的态度观点和评价。

第6章　引用句

6.1　引用句的基本特征

6.1.1　引用句的定义

“引用句”「引用文」是引用者用于将原话语的内容转述给第三者的句子。日语的引用句通常由引语、引用词和引用动词这三部分构成。引语蕴含了原话语，换言之，原话语是引语的根源，是原话语存在的前提，而引语则是原话语的再现形式。作为引用句核心内容的引语对原话语进行再现时，既可以全部再现，也可以部分再现；既可以原样再现（书写时多用“「　」”标明），也可以变形再现。引用词是引语的直接标记形式，标明其前面的成分是引语。同时，引用词还具有标记引用句的功能。可以说，引用词的存在是日语引用句的特殊标志。引用句还蕴含了原话语者的言语行为，引用动词就是对原话语者的言语行为进行描写的表现形式，当然，引用动词隐含的现象也屡见不鲜，这时引用词对引用句的标记作用就更加凸显出来。总而言之，引语和引用词是日语引用句不可或缺的组成部分。

当语境中出现引语时，通常情况下，原话语在先，引用句在后，如例[1]；但也有个别情况是引用句在先，引语话语的内容在后面重复出现，如例[2]：

[1] 信：俺が死ぬ時、光にはそばにいてほしい。

…

光：ねえ、信さん、前に、私に言ってくれたでしょ？俺が死ぬ時は、私に、そばにいてほしいって。その信さんの言葉が、何か、今になって、もっと染みてるの。私が死ぬ時も、信さんに、そばにいてほしいなあ。（『奪い愛、冬』）

[2] 千明：あかり、私、ずっとあかりのことが好きだった。もうず～っと。あかりは私の初恋なの。今でも、あかりが好き。だから、あかりに好きな人ができるといっつも邪魔してた。あかりが取られちゃうような気がして寂しかったんだ。ごめんね。

あかり：ごめん、千明。私、突然のことで、何て言ったらいいか…

千明：これからも親友でいようって言えばいいんだよ。すっきりした。やっぱ正直になるのが一番。意地張ってたら、幸せが逃げてっちゃうよ。勇気出して。

あかり：千明…

あかり：ねえ、千明、これからも親友でいようね。

（『せいせいするほど、愛してる』）

6.1.2　引用句的分类

在以往的研究中，通常将引用句分为直接引用句和间接引用句两种：含有直接引语的句子是直接引用句，含有间接引语的句子是间接引用句。这种根据引语的性质进行的分类，固然是合理的，有其有用性，但它不够直观。我们认为可以换一个角度，即从引用句构成的角度，进行分类也许更加直观一些，即根据有无引用动词，将引用句二分为引用动词引用句和隐含引用动词引用句。隐含引用动词引用句又分为两种：①是直接隐含引用动词，直接以引语或引用词结句；②是隐含引用动词，以动作类动词结句[①]，如图6.1所示：

① 严格地说，引用动词也是动作动词的一种，因它在本书中具有重要意义，故暂且将其独立于动作动词，特殊对待。

- 引用句
  - 引用动词引用句（完整引用句）
  - 隐含引用动词引用句
    - 引语+引用词（不完整引用句）
    - 引语+引用句+非引用类动词（引用从句）

图6.1　引用句分类

在引用动词引用句中，引语表示言说或书写行为所涉及的内容，是对言说或书写类引用动词的具体说明；言说或书写类引用动词是对引语的抽象概括。在隐含引用动词引用句中，一般通过引用词在语法形式上的明示，表明引语是言说、思考或书写内容。隐含引用动词句中存在两个事件，一是主句的动作类动词所表示的动作，另一个是引语所表示的言说、思考或书写事件。引用句的分类详见表6.1。

表6.1　引用句的分类

	引用句式	不同结句方式
引用句	引用动词引用句	言说类引用动词结句
		思考类引用动词结句
		书写类引用动词结句
	隐含引用动词句	以引语或“引语+引用词”结句 以“引语+引用词+非引用类动词”形式出现

6.1.2.1　引用动词引用句

从形式上看，使用了引用动词的引用句为引用动词引用句，而引用动词引用句又根据引用动词的语义的不同分成三类：①言说类引用动词引用句（其引语为话语内容）；②思考类引用动词引用句（其引语为思考内容）；③书写类引用动词引用句（其引语为文字内容）。

言说类引用动词的典型引用句式是 「$N_{人}$はQ[1]と言う」，N表示言说者（说

① Q代表引语。

话人），如例[3]、[4]。思考类引用动词的典型引用句式是「$N_{人}$はQと思う／思っている」，如例[5]、[6]。书写类引用动词的典型引用句式是「Qと書いてある／ある」，引语多是“写”的内容，是“写”这个动作行为的产物，“写”这个动作完成之后，写的内容就和写的主体分离了，作为结果存在，是语言行为的痕迹。如例[8]的引语「誕生日おめでとう」是“写”这个动作行为的产物，「書く」是书写类引用动词。语言的传播媒介包括语音、想法和文字。言说内容属于语音形式，如例[3]言说内容「バーで菊池さんが口説いていた」是以语音形式存在，「言う」是言说类引用动词。思考内容属于心理活动，引语思考内容以想法形式存在，如例[5]思考内容「天・天コーポレーションはサウス&スターを取引先として、信用できないと判断することになる」是以想法形式存在，「思う」是思考类引用动词。书写内容属于文字形式，如例[8]引语书写内容「誕生日おめでとう」以文字形式存在的，「書く」是书写类引用动词。

[3] 深山：根本さんは、バーで菊池さんが口説いていたと言っていましたが、営業時間にバーに行ったところ、隣の人間の会話も聞こえないほど大きな音で音楽が流れていました。

（『99. 9 -刑事専門弁護士-』）

[4]「僕は望むのはそれだけじゃないよ」と僕は言った。

（『ノルウェイの森』）

[5] 天・天コーポレーションはサウス&スターを取引先として、信用できないと判断することになると思います。

（『これは経費で落ちません！』）

[6] 僕は自分が何か間違ったことを口にしたらしいなと思った。

（『ノルウェイの森』）

[7] これ、領収書には二箱送ったって書いてあるわよ。

（『半沢直樹Ⅱ』）

[8]「誕生日おめでとう」と書いた。 （『ノルウェイの森』）

引用动词与引语的关系，详见表6.2；引用句谓语和引语的对应关系，如表6.3所示。当引用句谓语是动作类动词时，这类动词多伴随话语内容，话语内容用直接引语表示，如例[9]所示，「撫でる」是动作类动词，“摸头”这个动作进行的同时伴随的话语内容是「遅くなってごめんね」，正因为这类动作类动词能伴随话语，因此可列入引用句的研究范围。

表6.2　引用动词和引语的关系

引用词	引用动词	引语功能
引用动词	言说类引用动词：「言う」	引语是言说内容（语音）
	思考类引用动词：「思う」	引语是思考内容（想法）
	书写类引用动词：「書く」	引语是书写内容（文字）

表6.3　引用句中谓语和引语的关系

引用词	引用动词	引语功能
引用动词	言说类引用动词：「言う」	引语是言说内容（语音）
	思考类引用动词：「思う」	引语是思考内容（想法）
	书写类引用动词：「書く」 存在类引用动词：「ある」	引语是书写内容（文字）
动作类动词	肢体动作类：「入る」	引语是言说或思考内容（语音、想法）

[9]「遅くなってごめんね」とレイコさんが直子の頭を撫でた。

（『ノルウェイの森』）

6.1.2.2　非引用动词引用句

非引用动词引用句，我们指的是引用句中的谓语形式是词组形式的，如例[10]所示：

[10] 女が鍵を開けて、ここだよと優しく声をかけてあげなければ、何事もなかったふりをして通り過ぎてしまうのです。　（『昼顔』）

「ここだよ」是话语，这个话语的属性是「声をかける」，话语和表示属性的动词词组（动宾结构）共现。「声をかける」是伴随话语内容的动作，引语表示话语是个别具体的要素，「声をかける」抽象表示话语内容，表示话语的属性，引语和谓语是要素和属性的关系，表示具体、抽象的关系。「声をかける」整体表示言说行为，表示在进行言说行为的同时，伴随着某话语内容。

直接引语后的谓语，可以是词（复合词）、词组。引语表示动词“说”的具体内容。如果谓语是词组（动宾），动宾中的宾语是对引语的概括，如例[11]、[12]；或者主句中的主语是对引语的概括，如例[13]—[15]；或者名词谓语句中的名词是对引语的概括，如例[16]、[17]。引语表示谓语的具体内容，谓语表示引用者对引语的评价判断。

[11] 特に感慨もなく、母親の肩や首筋に湯をかけながら、「洗ってやろうかね」と言うと、「洗わなくていいのよ、ただこうやって湯に浸かっていれば躰はきれいになるのよ」と、こちらの申し出を断った。（BCCWJ）

[12] 悦子：けれど息子は、そんなの嫌だ、ラーメンが食べたいと駄々をこねた。（『地味にスゴイ！校閲ガール・河野悦子』）

[13] 入り口ののれんをくぐり、古ぼけたガラス張りの戸をガラッと開けると、「いらっしゃい」と元気のよい女将の声が客を誘う。（BCCWJ）

[14] 棚田：また捜査現場を荒らしに来ている、と現場から苦情が入っておる。（『IQ246〜華麗なる事件簿〜』）

[15] 壮一：亮次の弁護士から、弟が死んだと連絡があって。（『IQ246〜華麗なる事件簿〜』）

[16] 賢正：あなたは一度死にました、今までのことは忘れて、子供達と、やり直してみてはいかがですかと、若様からの伝言です。（『IQ246〜華麗なる事件簿〜』）

[17] 部下の梅原なつきさんに対し、イケメンよねと発言。（『逃げるは恥だが役に立つ』）

6.1.2.3 隐含引用动词引用句

隐含引用动词引用句，顾名思义是隐含了引用动词的引用句，以“引语+引用词”结句。在口语中，我们经常会遇到以引用词结句的引用句，因为前文出现过引用动词，或根据语境可以推知隐含的引用动词，所以没有必要重现引用动词。如例[18]—[21]所示：

[18] れい：だから、申し上げたでしょう。大丈夫だと。

（『スミカスミレ』）

[19] 由香利：何が言いたいの？

沙名子：売り上げが　故意に隠されてる可能性が　あるのではないかと。　（『これは経費で落ちません！』）

[20]笹本慶子：謝って、済むことだと思ってんの？

北野裕一郎：紗和さんは、自分で、ご主人に謝りたいと言われてました。でも、私は。まずは、私がお会いするべきだと。　（『昼顔』）

[21] 星川高嶺：ラブラブなカップルは、皆さん、ペアルックをすると、この文献に。　（『5→9ー私に恋したお坊さんー』）

由隐含引用动词引用句，我们发现了以“引语+引用词+动作类动词”结句的隐含引用动词句。

6.1.2.4 隐含引用动词句

隐含引用动词句的基本句式是「Q①と（$V_{引用動詞}$）V②」，如例[22]、[23]。隐含引用动词句表示的是两个事件，一个事件通过动作类动词表现出来，另一个事件通过引语表现出来。

（1）隐含引用动词句的主句谓语形式

A. 表示肢体动作的动词或词组

主句谓语表示动作主体的动作，引语是说出的话语，引语表示动作进行时

① 表示引语。

② 此动词表示动作类动词。

所伴随的话语。谓语描写原说话者的躯体动作。主句谓语形式包括动词词组和名词谓语句。

[22] 曽根氏は立ってきて、僕の脇に並んで「ああ」と頷いた。

（BCCWJ）

[23] みくり：嬉しい時にハグをしたり、疲れた時に甘えたり、よしよしと頭をなでてもらったり、そういう癒し合いの関係が恋人なのでは？ありますよね？ああ、疲れた、ハグされたいなって思う時。

（『逃げるは恥だが役に立つ』）

「頭をなでる」是说话者的具体动作“摸头”，「頭をなでてもらう」涉及了原听话者，原听话者得到原说话者的抚慰，引语表示动作进行时伴随着的安慰的话语。

[24] 満面の笑みで「ここだよー！」と手を振っている。（BCCWJ）

[25] 「これはいったいぜんたい何なのだ？」と眉をひそめていると、奥の方から中国人らしき初老の太った男がのっそり現れて、「はい、おみやけ買うか？おさけ、とてもやすいあるよ。何するね」と、話しかけてきた。（BCCWJ）

[26] 古美門：ごはんつぶがついているよと顔を近づけ、どさくさに、まぎれて、君、唇、うばった。（『リーガル・ハイ』）

虽然话语在前，动作在后，但时间差非常短，引语可以认为是动作进行所伴随的话语。后面的动作，是说话者的肢体动作，如“挥手”“皱眉”“把脸凑近”“点头”等，如例[24]—[26]。

B. 表示表情的动词

「言う」是言说类引用动词，需要「と」引导话语内容。「～と笑う」中的引语，表示动作进行时伴随着某话语内容，引用词帮助动词「笑う」引导出该行为涉及的话语内容。「笑う」「泣く」动作实现的过程中，可以出现“话语”，话语是动作实现的一种方式。“哭”“笑”行为经常引起发话行为，其行为本身并不是言说行为，如例[27]所示：

[27] 真紀：救急車の中で、ずっと「真紀ちゃん、真紀ちゃん！」って泣いてるんだもん。（『カルテット』）

C. 表示抽象动作的动词

肢体动作可以是具体的动作，也可以是抽象的动作。谓语是对引语的话语进行定性，把引语定性为一种行为，当进行这种行为时伴随引语这样的话语，可以翻译成“怎样说”，如例[28]、[29]所示：

[28] 百合：どういうことかと思って、中部の広報部長に電話したら、首都圏本部長の許可を得たので、問題ないって開き直られた。（『逃げるは恥だが役に立つ』）

[29] 本田：ところが、買収に成功すると…、「そんな約束しましたっけ？」って、真っ先に切り捨てる。（『リーガル・ハイ』）

「開き直る」「切り捨てる」描写了原说话者的抽象动作，也可以说是引用者概括说明解释的原说话者的动作。「開き直られる」涉及引用者（原听话者），原话语语境包括动作主体、动作、动作针对的对象，在当前语境中突出了动作针对的对象（原听话者）。

D. 表示状态的形容词

「うるさい」是引用者对原说话者所说的话语的主观感受（评价），如例[30]所示：

[30] カズ：半人前、半人前って、うるさいんだよ。（『A LIFE』）

E. 位移动词

如例[31]，「来る」表示言说行为发生后的动作。

[31] 倫子：私の友人です。一緒に来たいって、ついに来ちゃって…
（『東京タラレバ娘』）

隐含引用动词句的主句谓语可以补充出原话语情景周围的事象。引用者把原话语引入到句中，主句谓语表示引用者对原话语进行的解释、评价，引语是具体的解释，谓语是抽象的概括。引用动词可以介绍和原话语共存于一个情景的主体行为、背景等。发话的目的也可以通过谓语表示出来。

（2）隐含引用动词句的功能

“引语+引用词”和动作类动词共现时，话语与动作之间的关系可以有以下两种关系：

A. 话语和动作行为是修饰与被修饰关系

引语和引用词可以重现话语，引用句中的主句动词可以用来描写原话语的一些语境因素，包括对动作、表情的描写，如例[32]、[33]是对动作的描写，例[34]、[35]是对表情的描写。首先看肢体动作动词充当主句动词的情况，其次看表情动词充当主句动词的情况。

①主句动词是肢体动作动词

当话语在前，动作在后时，引语表示进行动作时伴随着的话语，这类引用句中的引语和谓语是共存于一个情景之中的两种不同的行为，一种行为是言说行为，另一种行为是肢体动作行为。言说行为和肢体动作行为是同一个主体所为。引语和谓语之间密切联系，都是为达到一个共同的目的，如例[32]、[33]:

[32]「遅くなってごめんね」とレイコさんが直子の頭を撫でた。
（『ノルウェーの森』）

[33] 花澤：だけどな、あえて、こっちが悪かったと大げさに頭を下げる。　（『お義父さんと呼ばせて』）

例[32]的话语「遅くなってごめんね」是对直子表示歉意，谓语「直子の頭を撫でた」是为了“安慰”直子，引语和谓语有相关性，引语不能是和“安慰”目的相矛盾的话语。例[33]的话语「こっちが悪かった」是为了表示自己的“歉意”，谓语「頭を下げる」则是表示自己“歉意”的肢体行为。

②主句动词是表情动词

表情动词也属于动作类动词，引语表示表情动作进行时伴随着的话语或内心想法，如例[34]、[35]：

[34] 笹本紗和：どうして、私の気持ちを分かってくれないの？と泣きながら、胸に飛び込むでしょう。〈疑问〉（『昼顔』）

[35] 証人：そしたら、刺された男は「残念だったな」って笑ったんだ。〈陈述〉（『99.9 -刑事専門弁護士-』）

「泣く」「笑う」和“话语”有关联性，“哭”“笑”通过“话语”来传达说话者的情感。引语是引用者描写动作者表情的同时伴随着的话语或内心想法。动词「泣く」的引语可以表示请求、疑问、命令等语气；动词「笑う」的引语可以表示陈述、疑问、命令等语气，主句动词是引用者对说话者进行的表情描写。

例[36]、[37]的小句「怒り出して」和「笑って」表示话语进行时处于某种状态之中，如下所示：

[36] 平匡：父が怒り出して、なぜ外で伸びきった、そばを食わなきゃいかんのか、それにこれは茶そばじゃなく、日本そばじゃないかって。（『逃げるは恥だが役に立つ』）

[37] 橘：笑って、おめでとうって言えるように、私も頑張ろう。そう決めたら、彼とこうなって、だから、櫻井くんのおかげかな。（『私結婚できないんじゃなくて、しないんです』）

无论是话语在前动作在后还是动作在前话语在后，语序都起到重要作用。前置的成分修饰后置的成分。当主句是动作类动词时，引语话语修饰动作、表情等谓语，如例[32]—[35]；当主句表示言说行为时，小句动作类动词修饰言说行为，小句的动作行为多表示进行言说时的表情状态，如例[36]、[37]。

这一结构和拟声词、拟态词的用法是连续统的关系，如例[38]、[39]所示，「ばん！」「おいッ」是拟声词，用来修饰后面的动词「言ってる」和名

词「声」。同理，"引语+引用词"用于修饰后面的动词。而且"引语+「って」"可以用指示副词来替换，如例[40]、[41]：

[38] 大道寺：俺だって言うべきときは、ちゃんと、きっちり、「ばん！」って言ってるよ。　　（『お義父さんと呼ばせて』）

[39] 証人：そしたら刺さってたナイフで、グサグサ、グサーッて、思わず、「おいッ」って声、出ちまって。

（『99. 9 -刑事専門弁護士-』）

[40] 沙名子：でも、それって、みんな持ってるものなのかなって。そういう現実の今の生活も悪くないのかなって、そう思ってます。　　（『これは経費で落ちません！』）

[41] 惠：私なんかさ。

陽三：私なんかさって、そういう言い方は、もうやめるって約束したろ？　　（『家族ノカタチ』）

B. 话语和动作行为是因果关系

话语在前，动作在后时，话语（引语）和动作（谓语）之间存在因果关系。引用者听完某话语后，进行某动作，动作者（引用者）和说话者不是同一个人，如例[42]、[43]；说话者说完话语后进行某动作时，动作者（不是引用者）和说话者是同一个人，如例[44]、[45]。

[42] 宮澤：これ、うちの和菓子、皆さんで。

…

足立：これ、みんなにって、頂戴したから。　（『家売るオンナ』）

[43] みやび：お肉を頼みすぎちゃって、二人じゃ食べきれないから。

…

桜井の姉：今ね、実家をどうするかって話してる最中で、そしたら、肉が余ってるからって、来ちゃった。

（『私結婚できないんじゃなくて、しないんです』）

[44] 永里陽三：俺がな、野菜育てるって言ったらな、シゲちゃんがな、
いい肥料があるからって持ってきてくれた。
（『家族ノカタチ』）

[45] 葉菜子：田中さん、仕事に向いてないからって、恋愛に逃げるの、
やめて。恋するなとは言わない。（『家族ノカタチ』）

6.1.3 引用句的功能

引用他人的话语来证明自己的观点是正确的。为自己的观点找到论据，别人也是这么论述的。引用者强调了自己的目的和态度。直接引用句能使句子更生动，间接引用句行文流畅。引用者向听话者传达了自己的看法，转述了事件的经过。

6.1.4 引用句的语序

我们将引用句的语序概括为三类：①言说主体+引语+引用词+引用动词；②言说主体+引用动词+引语+引用词；③引语+引用词+言说主体+引用动词。还分析了引用动词在句中的情况：④（言说主体+）引语+引用词+引用动词+（主句动作主体+）主句动词。

①言说主体+引语+引用词+引用动词（「（Nは／が）～と／って言う」）

在口语体中，当言说主体被省略时，在对话的上下文中能推知言说主体，因说话者和听话者都知道，所以能省略掉，使引用句更简洁，如例[46]—[50]；有时引用动词也可以被省略，如例[51]：

[46]日野：だって津崎君が夜が心配だって言うから。
（『逃げるは恥だが役に立つ』）

[47] 平匡：みくりさんは、自分のことを普通じゃないと言ったけど、僕
からしたら、今さらです。（『逃げるは恥だが役に立つ』）

[48] ゆり：あの人、今、私のこと、年取ったババアって言ったでしょ？
（『逃げるは恥だが役に立つ』）

[49] 津崎：朝まで、一緒にと、思わず言ってしまったが。
（『逃げるは恥だが役に立つ』）

[50] 海里：栗原、いますか？
あかり：会いたくないって言ってます。
（『せいせいするほど、愛してる』）

[51] 銀河テレビが、この企画を七月期の深夜の連ドラでやりたいって。
（『東京タラレバ娘』）

② 言说主体+引用动词+引语+引用词（「（N＋）V＋～と／って」）

[52] 遥香：海里ね、いつも言うのよ。朝起きて、最初に思うのは、優香のことだって。（『せいせいするほど、愛してる』）

[53] 三好海里：ほら、言ったろ、捜すのをやめたら見つかるって。
（『せいせいするほど、愛してる』）

③引语+引用词+言说主体+引用动词（「～と／って、Nは／が言う」）

当引语放前时，引用者强调话语内容，如例[54]、[55]：

[54] 香：怖いぐらい当たるって、うちのお客さんが言ってた。
（『せいせいするほど、愛してる』）

[55] 栗原：指輪は男にとって、責任の象徴だと、彼は言いました。
（『せいせいするほど、愛してる』）

④（言说主体+）引语+引用词+引用动词+（主句动作主体+）主句动词

[56] みくり：母が骨折してどうしても、帰ってきてくれと言うので、館山に行ってきます。（『逃げるは恥だが役に立つ』）

[57] 栗原未亜：私が、今の仕事が天職だって言ったら、彼、笑ったんです。（『せいせいするほど、愛してる』）

[58] 久野惇志：すぐにでも、打ち合わせしたいって言ったら、真咲さん、家にいるって言うからさ。

（『せいせいするほど、愛してる』）

隐含引用动词句的谓语形式，详见图6.2、图6.3。

- 主句谓语
  - 动词谓语
    - 表示肢体动作的动词或词组
    - 表示表情的动词
    - 表示抽象动作的动词
    - 表示其他动作的动词
  - 形容词谓语
    - 表示状态的形容词

图6.2　引用句主句谓语

- 引用句中的谓语动词形式
  - 单纯动词
  - 复合动词
  - 动词词组：动宾结构（名词+动词）（如「声をかける」）

图6.3　引用句主句谓语动词形式

6.2　引用句中引语、引用词、引用动词的共现规律

如前所述，典型的引用句通常由引语、引用词和引用动词这三个要素构成，其中引语最为重要，不可或缺。引用词和引用动词有时候可以省略。本节从引语、引用词、引用动词三者之间的关系来考察引用句。

在以下小节中，我们将考察引用动词（言说类、思考类、书写类）和引语、引用词之间的共现关系。引用句有时使用引用动词，有时隐含引用动词，我们不考察隐含引用动词的引用句。我们考察的是有标形式的引用句，即有引语、引用词和引用动词三要素的引用句和有引语、引用词两个要素的引用句。

6.2.1　引语和引用动词的共现

6.2.1.1　引语表意志、号召——引用动词表建议、命令、请求、邀请

引用动词的出现使句子没有歧义，引用者听过或说过原话语，并传达原语

境发生的事件，引用动词所表现的是引用者把握事件的方式。如例[59]，原话语内容是「見に行こう」。「う／よう」有可能表示意志，有可能表示号召，引用动词能够表明引用者向当前听话者传达的引语内容属于什么行为，是意志行为还是号召行为，而做出此判断的是引用者，如例[59]所示，当引用动词是「誘う」时，引语表示号召行为。再如例[60]、[61]，原语境表示建议、命令、请求、号召等，引用者在当前引用语境中，可能把它看成直接的命令（行为指示）。最后，我们来看原语境表示愿望的情况，可能是直接表达愿望的「たい」，如例[62]，也可能是「ます」形式，如例[63]，或者是意志形「う／ようと思う」，如例[64]。当引用者引用时，可能都用「～たい」来进行转述，「～たい」这一引语内容可能不是原话语，但是却能够表达原说话者的愿望。

[59] 如月さん、バイト始めたっていうから、様子、見に行こうって、誘われてさ。〈号召〉（『スミカスミレ』）

[60] 鮫島零治：別に、家に泊まったっていいんだ。〈建议〉

…

鮫島零治：彼女に泊まって行けと誘ったことをもっと評価してもいいんじゃないのか？〈引语表命令、邀请——引用动词表邀请〉

（『世界一難しい恋』）

[61] 貴美子：幾らでもいいですので、早く売ってください。〈命令〉

…

三軒：白洲貴美子様から、あの家を売ってくれと依頼されたら、売る。〈引语表命令、委托——引用动词表委托〉

（『家売るオンナ』）

[62]貴美子：おかあさんは、もう売りたいの。〈「たい」表示愿望〉

…

屋代：あの家はさ、白洲のお母さんが売りたいって言うんだから、売ればいいんじゃないか？〈直接表示愿望〉

（『家売るオンナ』）

[63] 三軒：お求めになりたい、ワンルームのほうですが、御茶ノ水セントラルマンションのワンルームを売りたい方がおられます。

もしよろしければ、ご覧になりますか？

保坂：見ます。＜「ます」表示愿望＞

…

三軒：マンションを内見したいとおっしゃっている保坂博人様です。＜「たい」表示愿望＞　　（『家売るオンナ』）

[64] 宮澤：今度のマンションには彼女に住んでもらうつもりなんだよ。この人のことも本気なんだ。夫婦になることはできないが、僕の気持ちの証しとして、この人にマンションを買おうと思っている。＜「う／よう」表达愿望＞

…

足立：それなのに、今日、そのお客様がいらして、愛人のためにマンションを買いたいって言うんです。＜「たい」表示愿望＞

（『家売るオンナ』）

6.2.1.2　引语表意志、发誓、约定——引用动词表意志、威胁

原话语「$V_{終止形}$／Vない」可以表示意志（包括否定性的意志），也可以表示约定、发誓，也可以表示安慰对方，让对方放心，这时通过引用动词来判断引用者是如何把握事件内容的。如例[65]的引语「会わない」表示说话者的意志，是说话者对听话者的誓言，并能通过引用动词得到印证。例[66]的引语「この会社を継ぐ」表示约定，从语用上看，是说话者对听话者的安慰，这可以通过引用动词得到印证。

[65] 優香：あれだ。海里には二度と会わないって言いに来たんだ。そうじゃなきゃ、心臓に毛が生えてるとしか思えないもんね。二度と会わないと誓ってくれたら、私も事を荒立てたりしないよ。

未亜：私、副社長とは、もうお会いしません！

（『せいせいするほど、愛してる』）

[66] 海里：約束したんだ、妻のためにも俺は、この会社を継ぐと。

（『せいせいするほど、愛してる』）

「～V終止形／Vないと脅す／説得する」中原话语可以表示说话者的命令，也可以表示说话者的目的——威胁对方或劝说对方，让对方按照自己的意愿行事。如例[67]中的引语表示说话者意志的同时，还表示对听话者的威胁，通过引用动词也可以得知表示威胁。例[68]中的引语表示说话者命令的同时，还表示对听话者的威胁。例[69]中的引语表示说话者陈述的同时，还表示对听话者的劝说，劝说听话者做某事。例[70]中的引语表示说话者命令的同时，还表示对听话者的劝说，劝说听话者做某事。例[68]和[70]中，「V連体形よう、脅す／説得する」中的引语表示命令的内容。例[67]和[69]中，「V終止形と脅す／説得する」中的引语表示陈述的内容。

[67] 竹中：サーバーを全部落とすって、脅されたら逆らえません。
　　…
　　沼田：今すぐサーバー、破壊するぞ。この社長様！
（『逃げるは恥だが役に立つ』）

[68] 立花：もしかして、殺人の罪をかぶるよう、脅されたんじゃないんですか？（『99.9 -刑事専門弁護士-』）

[69] 海里：ホント言うと、うまくいったのは栗原のおかげなんだ。ジュエリーの魅力を、人々の心に伝えたい。ティファニーはそういう社員がいる会社だって説得したんだ。
（『せいせいするほど、愛してる』）

[70] 会社に残るよう、説得してきてよ。（『家族ノカタチ』）

6.2.1.3　引语是祈使句「Vてくれ」形式

当引语是「Vてくれ」形式时，引用动词可以表示请求、愤怒等语义，如例[71]、[72]。例[73]的引用动词是典型引用动词「言う」。还可以隐含引用动词，以引用词结句，如例[74]：

[71] しゃらく：私に読んでくれと頼みにきた。
（『IQ246～華麗なる事件簿～』）

[72] 青木：存在をアピールしてる暇があったら、ちゃんと仕事をしてくれって、編集者の方に怒られたんです。

（『地味にスゴイ！校閲ガール・河野悦子』）

[73] みくり：母が骨折してどうしても、帰ってきてくれと言うので、館山に行ってきます。（『逃げるは恥だが役に立つ』）

[74] 鍵谷：もう、彼女のことは忘れてくれって。

倫子：えっ、誰に言われたの？（『東京タラレバ娘』）

6.2.1.4 引语是命令句——引用动词表示命令、请求、号召语义

A. 引语是命令句——引用动词表示命令语义

「要求する」「命令する」是指令性的言说动词，在口语中，经常隐含指令性言说动词，即指令性的言说动词以隐含的方式存在，或用中性的「言う」代替「命令する」，如例[75]—[78]：

[75] 黒木：それを解除する代わりに、全ての国民の個人データベースにアクセスするパスワードをよこせと要求してきた。

（『IQ246～華麗なる事件簿～』）

[76] 三木：俺はやめろと命令した。（『リーガル・ハイ』）

[77] 葉菜子：これ、母が持ってけって。（『家族ノカタチ』）

[78] 律子：管理人さんに言ってくれたのよ、お母さんだから入れてあげてって。（『家族ノカタチ』）

以上几例中的引语都是命令句，引用动词可以使用有标形式的「要求する」「命令する」，也可以使用典型引用动词「言う」或隐含引用动词，单凭引语中的命令句可以表示原说话者的命令。

B. 引语是命令句——引用动词表示请求、号召语义

例[79]、[80]中的引语是祈使句，表示原说话者请求、命令原听话者做某事，引用动词采取了显性形式的“请求”类言说动词。例[79]原说话者的原话语用「てほしい」表示自己的意愿，间接地表示请求原听话者做某事，引用者转

述时，可以用「てくれ」，引用动词用「頼む」，当引语用「てくれ」时，引语是站在原说话者的立场转述事件内容。原听话者理解了说话者的真实目的，准确地转述给第三者。引用者用引用句的形式凸显原说话者的目的，引语和引用动词表达了原说话者的目的。例[79]中的引语用祈使句，表示原说话者的命令、号召语气，命令、请求、号召原听话者做某事。

[79] 信：光に伝えてほしいんだ、明日の昼12時、俺は光を待っていると。康太君の口から、伝えてほしいんだ、だから、この伝言を君に託したいんだ。

…

康太：昨日、頼まれたんだよ、光に伝えてくれって。

〈命令请求—请求〉　（『奪い愛、冬』）

[80] 柴山美咲：犬の名前を考えてくれと頼まれました。

〈命令请求—请求〉　（『世界一難しい恋』）

[81] 鮫島零治：でも、泊まって行けと誘ったが、丁重に断られた。

〈命令请求号召—邀请〉　（『世界一難しい恋』）

6.2.1.5　引语是疑问句——引用动词表示疑问、请求语义

当引语是疑问句时，可以表示多种语气。

A. 引语是疑问句——引用动词表示疑问语义

当疑问句表示疑问语气时，引用动词可以使用「聞く」「伺う」等。当引用动词是「聞く」（问）时，如例[83]，第二个引用词「って」后经常隐含引用动词「答える」。

[82] 別府：すみません、かけますか？って聞けばよかったんですね。

（『カルテット』）

[83] すずめ：何で行かないの？って聞いたら、病院で風邪とか、うつされたくないからって。　（『カルテット』）

B. 引语是疑问句——引用动词表示请求语义

当疑问句表示请求语气时，引用动词可以使用「頼む」「お願いする」等，如例[84]、[85]：

[84] 久野：実は先輩、いろんな人に、hiroを紹介してもらえないかって頼み回ってたみたいなんだ。
（『せいせいするほど、愛してる』）

[85] それで、いい脚本家さんを紹介してくれないかって、早坂君に、お願いしたんです。（『東京タラレバ娘』）

6.2.1.6　引语是感叹句——引用动词表示感叹语义

当引语是感叹句时，相应的引用动词可以是「嘆息する」「罵る」「怒鳴りつける」等。引语中的感叹句，除了表示感叹语气外，还带有责骂、生气、叫喊、传达等语气，只要不和感叹语气相矛盾就可以，如例[86]、[87]：

[86]「フイルムを忘れるなんて、カメラマンとしてサイテーっスね！」と罵られながら、フイルムを借用してふたたびスタジオへ。
〈谩骂行为〉（BCCWJ）

[87] よほどの失態をして、「二度と私の前に現われるな！」とどなりつけられたのでもない限り、リカバリーはできる。〈斥责行为〉
（BCCWJ）

引用动词表示原说话者的行为，是引用者解读的原说话者的行为，如谩骂、责备行为等。

6.2.1.7　引语是陈述句

（1）「Vてくれる」——「言う」

当引语是「Vてくれる」时，引语是站在引用者的立场转述事件内容。构式一是「Vてくれる」后接引用词结句，如例[88]、[89]。构式二是「Vてくれる」

前有引用动词，后有引用词，如例[90]：

[88] 倫子：夜、おじさんたちが、うまい酒と魚、ごちそうしてくれるって！キレイな私たちに。　（『東京タラレバ娘』）

[89] 倫子：産んでいいって？

香：私の好きにしていいって。ちゃんと責任取るって言ってくれた。

小雪：本命の彼女と別れるって？

倫子：結婚してくれるって？　（『東京タラレバ娘』）

[90] 倫子：竹内さんもおっしゃってました、この企画、早坂さんがすごく推してくれたんだって。　（『東京タラレバ娘』）

（2）「お願いする」——「言う」

例[91]—[95]的引语中都有「お願いする」，表示请求，引用动词使用典型引用动词「言う」，如例[91]、[92]；或隐含引用动词，如例[93]；或引语后接「とのこと」，如例[94]、[95]。

[91] 「くれぐれもよろしくお願いします」って早坂君にしつこく言われたのよ。　（『東京タラレバ娘』）

[92] 河野：例の付箋が私ではなく、同僚のものだって言ったら、じゃあ、その方に、再校をお願いしたいって、先生がおっしゃったんです。　（『地味にスゴイ！校閲ガール・河野悦子』）

[93] 百合：だって旅館から、宿泊確認の連絡が私の方にきて、ツインって言われたっていうから、そんなはずない、ダブルベッドで、お願いしますって。　（『逃げるは恥だが役に立つ』）

[94] 茸原：再校も、ぜひ、河野さんに、お願いしたいとのことで。　（『地味にスゴイ！校閲ガール・河野悦子』）

[95] 茸原：先生が、どうしても、河野さんに、お願いしたいとのことで。　（『地味にスゴイ！校閲ガール・河野悦子』）

（3）引语是陈述句——引用动词表示叫喊、传达语义

当引语是陈述句时，可以共现的引用动词的语义除了言说义之外，还有传达义等，如例[96]所示：

[96] 大貫：古美門、島津に伝えろ。例の文書、ばらまくぞって！

（『リーガル・ハイ』）

6.2.2 引用词与引用动词的共现

6.2.2.1 引用词「と」「って」与引用动词的共现

（1）引用词「と」「って」与言说类引用动词的共现

A. 引用词「と」「って」与典型言说动词「言う」的共现

当引语是句子时，「～と／って言う」中的引语可以是陈述句、命令句、疑问句、感叹句，如例[97]—[100]：

[97] 千代能：ええ、皆さんを驚かせようと、彼は「サプライズだ」と言ってました。〈陈述句〉　（『IQ246～華麗なる事件簿～）

[98] 屋代：戻ってきなさい。
白洲：いいんですか？
屋代：すぐに戻って来なさい。
白洲：じゃあ、お茶飲んだら戻ります。
屋代：だから、すぐに戻って来いって言ってんの！〈命令句〉

（『家売るオンナ』）

[99] よしき：その美人の横にいた男が俺を見て、「誰ですか？このおっさん」と言った。〈疑问句〉　（『家売るオンナ』）

[100] 茸原：毎週出てるのに、社長から「茸原、久しぶりだな～」って言われましてね。〈感叹句〉

（『地味にスゴイ！校閲ガール・河野悦子』）

例[97]中的引语是陈述句。例[98]中的原说话者和当前说话者是同一个人

「屋代」，原语境中的听话者「白洲」并没有按照说话者的要求去做，说话者强调自己的主张，把自己说过的话语用引语的形式重新表述一遍，可以说是“自引”的形式，不过引用句大多属于“他引”。例[99]中的引用者（当前说话者）想重现原语境，让当前听话者有身临其境之感，直接引语居多。例[100]引用句中的引语是感叹句。

以上4例中，“说”这一动作发出者是原说话者（当前说话者）。引语表示具体的言说内容，主句谓语表示抽象的言说动作“说”。

B. 引用词「と」「って」与其他言说类引用动词的共现

当引语是陈述句时，引用动词除了典型言说动词「言う」外，还有其他言说类引用动词，如“传达类”「伝える」、“宣称宣布类”「宣言する」、“解释描写类”「解釈する」等。当引语是命令句时，引用动词除了中性言说动词「言う」外，多有“命令”「命令する」、“请求”「頼む」、“号召、邀请”「誘う」、“委托”「依頼する」、“建议”「アドバイスする」等。当引语是疑问句时，引用动词除了中性言说动词「言う」外，多有“疑问”「聞く」、“请求”「頼む」等。当引语是感叹句时，引用动词除了典型言说动词「言う」外，多有“感叹”「嘆く」、“责备”「しかる」、“辱骂”「ののしる」等。

（2）引用词「と」「って」与思考类引用动词的共现

「思う」「考える」是思考类引用动词的典型代表。思考类引用动词的引语是心理活动。这一点是和言说类（引语是话语）引用动词的不同之处。思考类引用动词的引语内容是内心想法，思考类引用句句型是「～と思う／考える」。思考类引用句经常出现副词，用副词和引用词淡化自己论断的绝对性。

[101] たぶん、今日中に結果が出ると<u>思う</u>よ。

（『5→9ー私に恋したお坊さんー』）

[102] 奥さんからの電話かもしれないと<u>思いました</u>。　（『昼顔』）

（3）引用词「と」「って」与书写类引用动词的共现

「書く」是书写类引用动词的典型代表。书写类引用动词的引语是书写内容即文字。这一点是和言说类（引语是话语）引用动词的不同之处。书写类引用动词的引语内容是语言文字，书写类引用句句型是「～と書いてある」，如例[103]：

[103] 三木：温泉の効能書きに、減らず口が直るって書いてあったからな。

古美門：しつこい性格のべたつきが治まるとでも、書いてあったんですか？

三木：業突張りの恥知らずはちょっと良くなるとは、書いてあった。

古美門：爬虫類顔が進化して、少し哺乳類に近づくとも、書いてあればいいですね！（『リーガル・ハイ』）

6.2.2.2 引用词「ように」与引用动词的共现

（1）引用词「ように」与言说类引用动词的共现

引用词「ように」连接引语和引用动词。「ように」要求前面的引语必须采用连体「る」形表示命令的语气，所以「～ように」所连接的引语都是间接引语。在与引用动词共现时，有时可以省去「に」，所以「よう」可以视为「ように」的变体。

A. 引用词「ように」和典型言说引用动词的共现

当「～ように言う」引语中的命令内容未发生时，「言う」的形态有「言いなさい」等，除了有词汇义“言说”义之外，增加了语法义“传达”“命令”等语义，如例[104]—[107]：

[104] 宮澤の奥さん：だったら宮澤に女と別れるように言いなさい。（『家売るオンナ』）

[105] 花澤：今度の土曜日、子供たち全員、家にいるよう、きつく言っといてよ。（『お義父さんと呼ばせて』）

[106] 萩原智也：電話するように言ってくれないかな？（『昼顔』）

[107] 客：うち、カミさん、健診なんで、終わったら来るように言うよ。
（『家売るオンナ』）

以上4例引语内容都没有发生，体现在引用动词上，这些引用动词都表示将来式，引语中的行为要求并未发生。例[104]中的「言いなさい」是当前说话者对当前听话者「三軒家万智」的行为要求，要求她对未来情景中的听话者「宮澤」进行命令（行为要求），这一行为要求就是引语内容「女と別れる」。例[107]中的「言うよ」表示当前说话者（未来说话者）要对第三者（未来听话者）「カミさん」有行为要求，行为要求的内容用引语「来る」表示，未来说话者让未来听话者做某事。

「ように」前的引语用动词的连体形表示命令语气，表示说话者对听话者有行为要求；「ように」后的主句动词表示命令或陈述（意志）语气。当引用动词是命令形式时，表示当前说话者让当前听话者进行转述，当前听话者是未来说话者，未来说话者让未来听话者做某事，如例[104]—[106]；当引用动词是陈述形式，当前说话者自己要进行转述时，当前说话者是未来说话者，未来说话者让未来听话者做某事，如例[107]。

当前说话者向当前听话者进行确认时，主句用疑问句表示疑问语气，如例[108]；当前说话者向当前听话者转述事件内容时，「ように」后的主句动词表示陈述语气，如例[109]、[110]；当前说话者向当前听话者有行为要求时，「ように」后的主句动词表示命令语气，如例[104]—[106]。

[108] 教官に言ってくれたでしょ？私と話すように。
（『ミス・パイロット』）

[109] 佐伯香澄：部長に、同行するように言われたんだけど。大変な撮影なの？　（『せいせいするほど、愛してる』）

[110] 海里：その件に関しましては高田に、佐伯に引き継ぐよう話してます。　（『せいせいするほど、愛してる』）

[111] 佐田：私は、はめられたわけじゃない。ちゃんと再捜査するように言いましたから。　（『99.9 -刑事専門弁護士-』）

例[108]—[110]的转述过程已经发生，体现在引用动词上，这些引用动词表示过去或完成，引语中的行为要求已经发生。“谁让谁做某事”，表示上级对下级的命令或下级对上级的请求。引语表示具体的行为要求。引语内容和原话语相比较，语气不同。原话语可能用命令句、疑问句或陈述句表示命令语气，而「ように」引导的间接引语只能用陈述句表示命令语气，间接引语经过了引用者的解释说明。

引用句式「$N_{人1}$は$N_{人2}$に～ように言う」中，「ように」连接引语和引用动词。引用词「ように」如果替换成引用词「と」，引语的形式也需要进行调整，如下所示：

～$V_{連体形}$ように言う＝～$V_{命令形}$／Vなさい／Vてください／Vてくれ／Vてと言う　〈引语表示命令语气〉

＝～かと言う　〈引语表示疑问、请求等语气〉

＝～してもいい／～てほしいと言う　〈引语表示建议、意志语气〉

「と」「って」既可以引导直接引语，也可以引导间接引语，引语用命令句、疑问句、陈述句的形式表示命令、疑问、请求、建议等语气；「ように」引导的间接引语用陈述句，动词的连体形形式，表示命令语气。直接引语表示引用者站在原说话者的视角，重现原话语情景中的话语；间接引语表示引用者站在自己的视角转述原话语情景中的话语。当引语是命令形，「と」「って」引导的是间接引语时，人称代词是引用者的视角，引语中的谓语是原说话者的视角，是特殊的间接引语，如例[112]：

[112] 大介：あなたに渡してくれって、浩太から。試験受かって、看護学校入ったら、使ってくれって。ちゃんと使ってやってください。　（『家族ノカタチ』）

（2）引用词「よう（に）」与表示请求、号召、命令语义引用动词的共现

A. 引用动词表示请求、号召语义

命令和请求之间是连续统的关系，如例[113]—[116]的引语用陈述句，动词的连体形表示命令、请求的语气。

[113] 遺体を他の場所に移すように頼む。（BCCWJ）

[114] 左横にスチーヴが坐り、「銃口を上に向けないように頼む。暴発してローター・ブレードを吹っ飛ばしでもしたら一巻の終りだから」と、言う。（BCCWJ）

[115] 希美は菜々子の家を訪ね、告訴を取り下げてくれるように頼む。（BCCWJ）

[116] 要するに、藤野先生からマンションをたずねてくるように誘われたわけですね？（BCCWJ）

例[113]—[116]的引语表示命令或请求的内容。引用词和引语、引用动词「頼む」的共现，详见表6.4。

表6.4　引用词与引语、引用动词的共现

引语句类	引语语气	引语类型	引用词	引用动词	引用句
命令句 疑问句 陈述句	命令请求 疑问请求 陈述请求	直接引语 间接引语	と	頼む	V命令形／Vてくださいと頼む ～かと頼む ～たい／てほしいと頼む
陈述句	命令请求	间接引语	ように	頼む	V連体形ように頼む

B. 引用动词表示命令语义

当引用动词表示命令语义时，如例[117]：

[117] 古美門：裁判長、被告に対して、仙羽化学、第四工場の大気土壌水質の検査結果文書を提出するよう、命じられることを求めます。（『リーガル・ハイ』）

当引语内容是祈使语气（劝告、命令、禁止、恳求、建议、号召等）时，引用词可以用「ように」，引用动词除了「言う」外还可以是有祈使语义的引用动词（「求める」「強要する」「請求する」「仕向ける」「勧める」「命じる」「禁じる」「頼む」「誘う」「提案する」等），如例[118]—[122]

所示：

[118] 大貫：島津エステートには、再度、説明会、開くように求めましても、一向に、返事はありません。　（『リーガル・ハイ』）

[119] 岡崎：それで、卑猥な言葉を言うように、強要するんです。（『リーガル・ハイ』）

[120] 古美門：では、当然神社にもおさい銭を返還するよう請求してるんですよね？　（『リーガル・ハイ』）

[121] 古美門：老人たちに、私のところへ来るよう、仕向けたのも、君だね？　（『リーガル・ハイ』）

[122] 古美門：裁判長、被告に対して、仙羽化学、第四工場の大気土壌水質の検査結果文書を提出するよう、命じられることを求めます。　（『リーガル・ハイ』）

「ように」连接引语和引用动词，不管后面的引用动词是什么，引用词引导命令的内容。只要引语内容是人有意志的动作行为时，「ように」前的引语都是命令内容。「ように」前面无论采用肯定连体形形式还是否定连体形形式都表示命令的内容，否定连体形表示不让进行引语动作或者不让引语事态发生。

可见结果目的用法和引用用法是连续统的关系。引语所表示的命令或请求内容，恰恰是结果目的用法中小句所要达到的目的或结果状态。当引语内容是没有实现的事件内容时，引用者期待这一事件内容变成现实，这一点和目的结果用法有相通之处。

6.3　小结

引用句的三要素包括引语、引用词和引用动词。引用句研究应该通过与“引语”“引用词”“引用动词”的关系来把握。「言う」「書く」引用句中的引语可以是陈述句、命令句、疑问句或感叹句。「言う」引用句中的引用词既可以是「と」「って」，也可以是「ように」；「書く」引用句中的引用词

只能用「と」「って」，「ように」和「書く」连用表示方式目的。

包含引语、引用词、引用动词的句子是引用句。隐含引用动词，包含引语和引用词的句子也可以是引用句。引用句必须具备引语、引用词。引语、引用词、引用动词紧密相连、相互制约。

第7章　引用和传闻

传闻是有客观依据的。「ようだ」是把听来的信息作为自己的信息，当把信息传达给他人时，把此信息看成自己的信息；「らしい」是把听来的信息作为他人的信息，当把信息传达给他人时，把此信息看成自己的信息；「そうだ」是把听来的信息以他人信息的形式存储于记忆里，当传达给他人时，把此信息看成他人的信息。引用用法有原说话者的出现。如例[1]所示：

[1] 先生は明日東京へ行くと言う。

[2]［先生は明日東京へ行く］そうだ。

引用和传闻的作用都是传达某个话语。引用传达的话语是特定的人，在特定的时间、特定的场所，说出某话语，并用引语把它表示出来。传闻是对得来的信息进行处理，然后再传达给听话者的一种表达方式。如例[3]—[7]所示：

[3] 田中さんは「私が悪かった」って言っていますよ。

[4]［田中さんは悪かった］そうです。

[5] 山田さんが「こちらにはいつ来られる？」って言っていますよ。

[6]［山田さんがこちらにはいつ来られるか知りたい］そうです。

[7]［山田さんがこちらにはいつ来られるか］とのことです。

传闻表示事态、事件信息是从第三者处获得的（信息来源），并把这一事件传达给听话者。传闻与引用的共同之处是当前说话者把信息传达给当前听

话者。引语中的语气是围绕事件的语气形式。「だろう」表示说话者的推断；「かもしれない」「に違いない」表示推断的程度；「そうだ」「ようだ」「らしい」表示有根据的推断，「そうだ」「ようだ」是主观推断，「らしい」是有根据的推断。

7.1　「って」用法

[8] 太郎は「酒は苦手だ」って言っている。

[9] 太郎は「酒は苦手だよ」って言っている。

[10] a. 太郎は酒は苦手だって。

b. 太郎は酒は苦手ですって。

例[8]、[9]是「だ」＋「って」的用法，「だ」表示「太郎」的判断。例[10]a中的「だ」表示传达者的语气，当前说话者传达信息给听话者。例[10]b的「です」是信息传达者对听话者的一种礼貌意识，而不是原说话者「太郎」的礼貌意识。

7.1.1　「って」引用用法

[11] 真美：あのね、私達結婚すんの。

空一：マジか！？いやいや。この流れはそんな感じかと思った。だよね。真美、すげえな。真美が結婚だって。さくら。

（『ラブソング』）

[12] 母親：何て言ったの？

田中：（玲玲が）今度遊びに来るって。

如例[11]所示，原说话者也在当前话语场景之中，信息来自原说话者「真美」，引用者「空一」转述「真美」的话语内容中，我们由此知道了信息路径与传达路径，间接引语是把话语材料重新组合。如例[12]所示，原说话者（玲玲）不在当前话语场景之中，是刚放下电话之后的场景。信息来自原说话者「玲玲」，引用者「田中」转述「玲玲」的话语内容。当前听话者（母亲）不在原语境中，原说话者「玲玲」不在当前语境中。间接引用忽视了被述言语行为的言说过程，仅仅传达了话语的语义内容。间接引语省略了过程部分，凸显了话语语义部分。

7.1.2 「って」传闻用法

传闻强调了所言内容是转述他人话语而来，不是自己亲眼看见或者推测的或者假设的，而是转述他人之处得到的信息。信息来源对于听话者来说并不重要，因为听话者不是原情景的当事人，没必要选择具体的信息来源，因为不利于话语的连贯性。通过运用具体的指称形式，说话者的立场相对客观，没有自己的主观视角参与其中，传闻表达了传达者的主观视角和立场。

[13] 晴の父：がんだって。
晴：何？
晴の父：母ちゃん、がんなんだって。
晴：嘘…。
晴の父：お前には、黙っとくって約束だったんだけど。母ちゃん、どんどん、悪くなってる。
晴の父：胃が痛えって、検査して、それで分かったんだ。
（『ミス・パイロット』）

例[13]从信息内容来看，我们推断此信息来源于医生。原说话者医生不在当前话语情景之中。

7.1.3 「って」传闻确定用法

「って」的传闻确定用法，如例[14]所示：

[14] A：森本さん、再婚したのね。
B：そうらしいな。
A：外国人だって。
B：ふーん。

7.2　「んだって」用法

7.2.1　「んだって」引用用法

「んだって」表示引用，「のだ」是句尾表现形式，「って」表示引用。其中，例[15]、[16]有原语境的存在。我们可以看出，「んだって」的功能就是强调，引起听话者的注意。如例[15]加绘“夸”佐佐木身材好，佐佐木本人对此进行强调，以此引起听话者的注意。例[16]则表明原说话者强调自己想要卖房子的决心。

[15] 有吉加絵：フォルムがいいなって。
…
小山有香：てか、ホントにつきあうんですか？
佐々木：何かね、俺の…フォルムがいいんだって。<引用>
（『家族ノカタチ』）

[16]今　泉：実は私、家を売りたいんですけど。
…
屋代：そうだ。三軒家君。その週刊新代の記者のこの人、家を売りたいんだって。連絡取ってあげて。　（『家売るオンナ』）

例[17]、[18]中的「んだ」是引用者的语气，通过代词可以判断出都属于间接引语。

[17] 惠：ごめん。実家にね、寄ったら、今どこで何してるんだって。しつこかったから、つい、連絡先教えちゃったの。ごめん。
（『家族ノカタチ』）

[18] お母さんと、この絵みたいな三角屋根の大きな家に一緒に住むんだって口癖のように言ってました。　（『99. 9 -刑事専門弁護士-』）

[19] 深山：何て言ってましたか？

根本：昔から君のことに、興味があったんだって。

（『99.9 -刑事専門弁護士-』）

[20] 2か月ほど前に、母が亡くなったんですが、亡くなる直前に、兄と私に言ったんです。「お父さんは、本当は殺されたんだ」って。

（『99.9 -刑事専門弁護士-』）

[21] 律子：和弥さんは言ってました。「本気で、葉菜子さんと、よりを戻したいんです」って。（『家族ノカタチ』）

[22] 深山：お兄さんは「お前が殺したんだ」と三枝さんに言っていたんですが。（『99.9 -刑事専門弁護士-』）

[23] 陽三：恵ちゃんのお兄さんっていう人から、電話があってさ、浩太に会いたいからって言ってきた。（『家族ノカタチ』）

例[17]中出现了信息来源，并且引语中带有疑问词「どこ」「何」，可以判断出是引用用法，而非传闻用法。而传闻的「（ん）だって」也可以和疑问词共现，询问传闻内容。如没有上下文语境和信息来源，当前说话者询问听话者非直接经验的信息时则是传闻用法，如“何とおっしゃったんですって？”，当前说话者询问听话者间接信息。再如“会議は何時からですか？”与“会議は何時からですって？”也有区别，前者单纯的询问会议开始的时间。后者是传闻用法，当前说话者向听话者进行询问，但是听话者没有掌握这个信息，听话者是从第三者处知道会议开始的时间。例[19]不是「んだって」，而是「のだと」。从例[20]—[22]中的人称代词可以判断出引语属于直接引语，但是因为没有语气词标记，所以直接引语的临场感不强。例[23]引语的句尾是「から」，「って」表示引用。例[20]—[23]的当前说话者均是原听话者。

7.2.2 「んだって」强调用法

强调用法中的当前说话者和原说话者是同一个人。当自己引用自己的话语时，「んだって」是引用用法中的强调用法，功能是向当前听话者进行解释说明，以此安慰听话者，或者想让听话者理解自己，并按照说话者的意愿行事。如例[24]—[30]所示：

[24] 屋代：気にすんな。もう、あっちから、断って来た、ゆうべ。だから、お前が気にすること、ないんだって。

（『家売るオンナ』）

[25] 俺な、母ちゃんに、いや、死んだ女房にな、報告したんだよ。俺、ホレた女がいるんだって。（『家族ノカタチ』）

[26] 恵ちゃん、言ったろ。寿命なんだって。（『家族ノカタチ』）

[27] だから、あらゆる治療はもうやったんだって。

（『家族ノカタチ』）

[28] 坂東健太：俺のアフロが、湿気を感じてんだって。

（『99.9 -刑事専門弁護士-』）

[29] 課長、気を使わなくていいんですって。（『家売るオンナ』）

[30] そっか。俺の順番がきたんだって、そう思ったら、すごい楽になった。（『家族ノカタチ』）

7.2.3　「んだって」解释说明

[31] 知ってた？今日、英語のテストあるんだって。

（『家族ノカタチ』）

[32] 惠：あとで聞いたら、看護学校の社会人用の試験って、受ける人多くて、一般入試より、ずっと倍率が高いんだって。

（『家族ノカタチ』）

例[31]、[32]都没有出现原说话者，信息来源不明确，但是都可以依据前文的引用动词做出判断。引用者传达从第三者处获得的信息，用自己的视角转述事件内容。「んだ」强调当前说话者的解释说明，引用词「って」和「知る」「聞く」搭配使用。当句子中没有引用动词，当前说话者和听话者不在同一场景时，如“ゆうべ地震があったんだって？”是传闻用法。

7.2.4 「んだって」传闻用法

传闻「んだって」的三种用法：一是当前说话者认为听话者不知道这个信息（信息传达）；二是当前说话者认为听话者知道这个信息（信息确认）；三是当前说话者希望听话者给予适当的说明（信息解释）。

「んだって」中的引语内容不是原话语内容，是引用者概括原话语内容，有时加入自己的推断内容，如例[33]、[34]所示。

[33] 庭野：白洲さん、相当、落ち込んでますね。ランチにも行かないで、ずっと座ってんですよ？

足立：心配なら、君が慰めればいいだろ？

庭野：白洲さんは、足立さんのファンなんですから。今夜、励ます会でもやりませんか？

室田：珍しいですね。庭野さんが、おごってくれるなんて。

庭野：自分だけじゃないよ。足立さんも。

足立：庭野は白洲のことが心配なんだって。　（『家族ノカタチ』）

[34] 竹野内：まぁ、最近の女の子はね、料理をしないらしいけど、うちの佑奈は、クッキングスクールの師範だから。まぁ、29歳なんで、相手は年下でもいい。もし、この縁談が決まったら、娘のために、マンションを買おう。

…

屋代：料理も上手なんだって。

〈传闻、解释〉　（『家族ノカタチ』）

例[33]中的传闻句是足立（原听话者）概括原说话者的话语推断出的内容。传闻句不是「庭野」在原语境中说的原话语，原话语是「白洲さん、相当、落ち込んでますね。ランチにも行かないで、ずっと座ってんですよ？」。原说话者说的是他观察到的白洲的状态——很失落；他看到的现象——白洲不去吃中饭，一直在座位上坐着。传达者总结原说话者的话语内容，得出结论“庭野很担心白洲”，并用叙述性质的语言传达给当前的听话者们一个重要的、有价的信息。

再如例[34]，同理，例子中也是信息传达者的叙述语言，信息传达者概括总结原话语者的话语内容，并传达给听话者一个有价值的信息。原说者说自己女儿的职业「クッキングスクールの師範」，引用者转述给当前听话者的信息是关于这个职业的特点「料理が上手」。

传闻和引用有重叠的部分，传闻和间接引用都转换了叙述的角度。从转述者或引用者的立场出发，转述者或引用者在原语境中都是听话者，听到了某个话语内容，并转述这个话语内容，但是传闻用法并不强调原说话者，而是强调事件内容，强调传给听话者一个有价值的信息内容。传闻和间接引语都是当前说话者的叙述性话语。

[35] あなた、こういう、色白のアイドル顔、好きでしょ？

…

足立：家は決めないのに、娘さんが僕のこと好きだとか言い出して。色白のアイドル系が好きなんだって。

（『家売るオンナ』）

[36] 陽三：花嫁の父は俺がやるからねって言っといてよ。

律子：陽三さんね、花嫁の父をやることになったんですって。

（『家族ノカタチ』）

[37] 葉菜子：あら、何で田中さん、ここに？

律子：大介さんとうまくいかなかったんですって。<传闻>

（『家族ノカタチ』）

[38] 何か、人間関係に効く石なんだって。<信息来源不明确。通过上下文也推断不出。><传闻>　（『家族ノカタチ』）

传闻和引用的共同之处都是引用者（传达者）传达某内容（信息）给当前听话者。引语内容（信息）和原话语内容有相似性，具体的语气可能不同，如例[35]原语气是疑问语气，传闻句是陈述语气。引语可以有双重视角，传闻只能是当前传达者视角，所以引语有直接和间接之分。间接引语是站在引用者的视角转述事件内容，广义上引用概念大于传闻，两者是独立的两个范畴。例[36]中，信息传达者律子传达给当前听话者叶菜子一个有价值的传闻信息。例[37]中，没有指明信息来源（原说话者），但信息源很明显是莉奈。律子把刚刚听到的信息传达给当前听话者叶菜子，与叶菜子进行确认。

7.2.5 「んだって」传闻确认

[39] 鮫島先生：友達つくらないのって聞いたら、無駄だからって。
陽三：浩太よ。お前、友達つくんねえんだって？
浩太：無駄。（『家族ノカタチ』）

[40] 送別会するんだって？陽三さんの。（『家族ノカタチ』）

[41] 大介君、あの、恋人がいないんだって？（『家族ノカタチ』）

[42] 高校の時悪かったんだってね。（『家族ノカタチ』）

[43] 屋代：盛り上がった？足立は頑張ってた？
三軒：全て想定通りです。
屋代：じゃあ、よかったじゃない。
屋代：足立、頑張ったんだって？
足立：いい試合しました。でも、負けました。
（『家売るオンナ』）

[44] 俊介：あのう。確か、七時のお約束でしたよね？いや。紗和が買い物に出掛けたまま、戻ってこないので、先に、こちらに、来てるのかと…。違いますね。
北野裕一郎：申し訳ありません。われわれに、急用ができたので、食事は、中止にさせていただきました。
俊介：そうでしたか。紗和は、そのこと知ってますか？
北野：連絡しました。
乃里子：もちろんです。奥さんなら、今の今まで、一緒でしたから。
俊介：何で、僕に、連絡ないんだろう？いや。さっきから、電話、何回もしてるんですけど。つながらなくて。

…

俊介：あれ？ママ、帰ってたんだ。北野さんとの飯、なくなったんだってな。もう、早く言ってよ。（『昼顔』）

如例[44]，传闻句的信息来源是「北野裕一郎」和「乃里子」。信息传达者传达信息给当前听话者「紗和」，其中含有抱怨语气，希望「紗和」给出解释。这一信息内容对于当前听话者来说，不是新的信息内容，所以传达者向听话者进行确认。当是新信息时是传达，不是新信息时是确认。

7.2.6　「んだって」传闻解释

[45] 客：子供、三つ子なんだって。
布施：珍しいですね。三つ子ちゃん。珍しいよね。超音波に３人写ってるんだって。〈解释引用〉（『家売るオンナ』）

[46] 陽三：それとな、律ちゃんも旦那さんところ帰るんだって。（『家族ノカタチ』）

[47] 立花：明石さん、何やってるんですか？
深山：勉強に飽きたんだってさ。（『99. 9 -刑事専門弁護士-』）

当传闻句中的小句主语是可能传闻路径的消息持有者时，容易把引用用法和传闻用法混淆。例[45]是电话内容，消息来源明确，此信息是打电话得来的信息。例[46]，不指明信息来源（原说话者），虽然信息来源很明显是「律子」，传闻不强调信息来源。原说话者在不在当前情景中没关系。例[47]表示传闻解释信息的传达。传闻表现形式有「そうだ」「らしい」「って」「だって」「んだって」「という」「とのことだ」「ということだ」「とか」等形式。

7.3　小结

当叙述不是自己的亲身体验时，不能用肯定语气的表达形式，需要用传闻表达形式。几个传闻表现中，「そうだ」最接近「…と言う／言った／言っている」引用用法，是客观传达事实的表达形式。

「そうだ」的原听话者是第一人称“我”，经常与「～によると／によれば～そうだ」共现，表示“他／她／他们（泛指）／人们说／告诉我”“某人告诉我”。「そうだ」还可以替换成「ということだ」「とのことだ」「というわさだ」「とのうわさだ」，翻译成“他们说”“据说”“听说”。「らしい」「ようだ」是对第三人称或第二人称外表观察后，得出的推断和结论。「という」也有传闻的用法。

「（ん）だって」「（ん）ですって」传闻三种用法：传闻（信息传达）、传闻确认（信息确认）和解释说明（信息说明）。「（ん）だって」「（ん）ですって」还有传闻以外的另外两个用法：表示意外、惊讶的用法和原封不动提示话语的用法，这两种用法兼有传闻和引用两类用法的特征，前者传闻性强，后者引用性强。

第8章　汉语对日语引用句的影响

引语是一种特殊的语言形式。在中国，最早记载引语行为的史书可以追溯到周代的《尚书》。日本可考证的最早记录引语行为的文献为《万叶集》，它是日本最早的诗歌总集，所收录多数为奈良时期（710—794）的诗歌。日本自古同中国有着紧密的联系，中国古代的语言和文化元素是日本效仿及学习的对象。在引用体系方面，中国对日本产生了深远的影响。《现代汉语词典（第7版）》中对于“引用”是这样定义的：“用别人说过的话（包括书面材料）或做过的事作为根据。”引用词是标记引语的定位虚词，位于引语之后，起连接引语与引用动词并表示两者之间关系的作用。引用动词也可以叫做引述动词，它包括言说动词和书写动词。日语引用体系的三要素为引语、引用词和引用动词。

8.1　汉语对日语引用词的影响

日语中的引用词「と」和「ような」经常在书面语中使用，「みたいな」经常出现于口语中。

8.1.1　引用词「と」

博大精深的中华传统文化对日本书字的形成与发展产生了重大的推动作用。日语中的万叶假名就是受到汉字的影响创造出来的，它是汉字演变为假名的过渡期文字。万叶假名中的「と」可以用汉字“等”表示。日本现存最早的诗歌总集《万叶集》中，表示引用的「と」用汉字“等”来表示。《古代汉语词典（第2版）》中“等”的第三个古汉语释义为：③〈形〉相同；一样。《陈涉世家》：“今亡亦死，举大计亦死，等死，死国可乎？”《滕王阁序》：“无路请缨，等终军之弱冠。”《马说》：“且欲与常马等不可得。”

日语中用引用词「と」连接引语和引用动词，表示引语和引用动词之间的关系，引语和引用动词是从两个角度来描述引用行为的，引语和引用动词描述的事件是“相同”的。引用词「と」用法来源于「と」的指示副词用法。「と」本来表示远指或中指，之后出现了表示引用的用法。

8.1.2 引用词「ような」「みたいな」

日语中的引用词除了「と」以外，「ような」和「みたいな」同样也有“相同、一样”的语义。「ような」是「ようだ」的连体形。「みたいな」是「みたいだ」的连体形。《大辞林（第3版）》「よう」的第五个义项为“同様、同類（同样、同类）”，第六个义项为“発言や思考の内容（表示言说或思考的内容）”。「よう」和引用词「と」都有“相似，同类”的语义。「みたいだ」是「見たようだ」的变体，属于明治中期之后的用语。《大辞林（第3版）》「みたいだ」的第三个释义为“不確実な事柄を引用するのに用いる（引用不确定的事情）”。日语的引用词大部分都和汉语的“相同、一样”这一语义相关联。

[1] 三芳野之　耳我山尓　時自久曽　雪者落等言　無レ間曽　雨者落等言
其雪　不時如　其雨　無レ間如　限毛不レ堕　思乍叙来　其山道乎
《万叶集》

例[1]是《万叶集》中的一首和歌，其中的“等”表示引用，连接引语与引用动词，表示它们之间的引用关系。

日语的引用词包括「と」「って」「ように」「みたいに」「ような」「みたいな」「との」「とは」和「とか」等。其中，引用词「と」在《万叶集》中用汉字“等”表示，有“相同、一样”的语义，而「との」「とは」「とか」都和「と」有关联。引用词「ような」和「みたいな」也有“比较、相似”的语义。之所以日语中可以隐藏言说动词，是因为这些引用词中都有

“相同、相似”的语义，表示言说内容的引语和言说动词都在解释同一个事件，引用者在转述时有不确定性，从引用词中就能看出引用者的态度。关于引用词「って」，杨文江（2014）认为：“「って」的路径变化为「と言って」→「とて」→「って」。”可见，日语中引用词的演变路径有两条：一条为依据汉语语义来表示引用关系，另一条为依据语法化路径来表示引用关系，即先隐藏引用动词「言う」，再隐藏引用词「と」。

8.2　汉语对日语引用动词的影响

汉语对日语引用动词的影响是最直接的。古汉语中表示“说”的字有“曰、云、言、道”等，语义为用言语表达意思。徐仁甫在《古书引语研究》中提到，和“曰”搭配的动词有“笑、闻、辞、叹、令、问、对、答、书、传、对、记”等；和“曰”搭配的动词后面可以带宾语，如“追之曰、歌之曰、引《诗》曰”等。和“曰”搭配的还可以是名词，如“谚曰、《诗》曰、曾子曰”等；和“曰”搭配的还可以是主谓宾结构，如“嬴引《商书》曰、孟子则变之曰、小妾闻之曰”等。可以带引语的动词除了言说动词之外，还有书写动词，如“记曰”。

动词“说”在日语中可以写成「言～」「云～」「謂～」和「曰～」这4个汉字。古汉语中表示“说”的动词有“言、云、谓、曰”等，而古汉语中的“说”和现代汉语中的“说”意义不尽相同，古语中主要是“说明、解说”的语义。动词“想”在日语中可以写成「思～」和「想～」这两个汉字。“思”在古语中的第一个义项为“思考、想”。“想”在古语中的第一个义项为“想象”，第二个义项为“思索、思考”，第三个义项为“想念、怀念”。动词“写”在日语中可以写成「書～」「描～」和「画～」这3个汉字。“書”在古汉语中的第一个义项为“写”，而古汉语中的“写”主要是“模画、抄写、誊写、模仿”之义。文字方面，从日语中最主要的两个引用动词「言う」和「書く」可以看出，汉语对日语的影响很大。按照引语内容，日语中的引用动词可以分成三大类，一类为言说类引用动词，引语为言说内容；另一类为思考类引用动词，引语为思考内容；最后一类为书写类引用动词，引语为书写内容。

8.2.1　言说动词

日语中最常见的言说动词为「言う」，除「言う」外，根据语义还可将日语中的言说动词分为请求劝告邀请类、问答同意反对类、评价批评道谢类和传达叙述发誓类等。这类动词的共同特征是引语内容为言说内容，“请求劝告邀请类”等引用动词中包含了言话者的感情行为，附加了言说之外的行为。如：

[2] おやじが大きな眼めをして二階ぐらいから飛び降りて腰を抜かす奴やつがあるかと云ったから、この次は抜さずに飛んで見せます<u>と</u>答えた。　（『坊ちゃん』）

[3] 実はゆうべ茶を買ってくれ<u>と</u>頼んでおいたのだが、こんな苦い濃茶はいやだ。　（『坊ちゃん』）

例[2]中「答える」通过“声音”媒介来表示语言活动，「答える」的意思是“回答”。例[3]中的「頼む」表示请求某人做某事，引语内容表达了原说话者的意愿，即请求原听话者做某事。除此之外，引用动词带有引用者的主观色彩，如「褒める」「賛成する」「許す」「抗議する」「否定する」「拒否する」「謝る」「感謝する」等，分别表明称赞、赞成、宽恕、抗议、否认、拒绝、道歉和感谢等行为，以此表明引用者对原说话者的态度。

8.2.2　思考动词

思考动词「思う」是通过内心活动来表达自己的想法。思考动词是对引语想法内容进行抽象概括的引用动词，语义表示思考。

[4] おれは嘘をつくのが嫌いだから、仕方がない、だまされて来たのだとあきらめて、思い切りよく、ここで断って帰っちまおう<u>と</u>思った。　（『坊ちゃん』）

[5] 当夜の宿直員は宿直中外出して温泉に行かれたようであるが、あれはもっての外の事<u>と</u>考えます。　（『坊ちゃん』）

8.2.3　书写动词

书写动词「書く」是通过“文字”媒介来表示语言活动的。书写动词是对引语书写内容进行抽象概括的引用动词，语义表示书写。如：

[6] 両人は現場にあって生徒を指揮したる上、みだりに師範生に向かって暴行をほしいままにしたりと書いて、次にこんな意見が附記してある。（『坊ちゃん』）

除「書く」外，还有「示す」「刻む」等书写动词。引用动词是对引语内容的抽象阐释或评价，此外，也可以表示引用者的立场观点和态度，是认知思维与言语行为的融合。引用者借助语言来表述说话主体的心理过程，同时也反映了引用者对引语内容的认知评判。

8.2.4　隐含引用动词

日语中存在很多隐藏引用动词的引用句，通常为“引语+引用词”结构后接动作类动词，其中的引语表示动作进行时伴随的话语内容。如：

[7] 帳場に坐っていたかみさんが、おれの顔を見ると急に飛び出してきてお帰り……と板の間へ頭をつけた。（『坊っちゃん』）

[8] 棕梠箒を小脇に抱き込んで、日清談判破裂して……と座敷中練り歩き出した。（『坊っちゃん』）

这类引用句中的主句动词由言说动词扩展到表示肢体行为的动词,动作主体动作的完成也必然伴随话语的转移。引用者重现原话语场景，以凸显引语的生动性。

8.3　汉语对日语引用结构的影响

日语的引用结构主要由引语、引用词和引用动词这三部分构成，引用动词可以省略。汉语引用句主要由引语和引用动词构成,引用句中的言说主体充当主语，主体的语言、动作、神态和心理活动描写充当补语。如：

[9] 韩文举扑过来，就到炕上去看：立即满脸泪水地就笑了，对着惊醒过来的小水叫道："孩子，你怎么不早早告诉伯伯？千不该万不该我这一夜去喝酒！"说着，突然闭口了，且用手捂了口鼻，拉七老汉到了卧房外，说："老七，你快去叫张家三嫂子来，让她来伺候小水。咱俩都喝了酒，让小水闻到酒味，会闭了孩子奶的！" 《浮躁》

[10] 画匠听了，心里倒一震，知道这是两岔乡河运队的人，就在木架上磕了烟袋，说："刘家老三，你这是在神面前咒我家金狗吗？" 《浮躁》

例9既有动作描写又有神态描写和语言描写。例10描写了主体的心理活动，且还涉及主体的听觉和知觉。通过语言、动作、心理活动、神态等的描写来突出人物特点。

藤田保幸（2000）认为："日语的引用结构有两种，一种是日语常用的引用结构「～と言う」，另一种就是日语中比较特殊的引用结构「～と＋$V_{動作動詞}$」。日本学者认为后者是引用结构中比较特殊的现象。不仅是日本的学者，Isabelle Buchstaller（2012）也认为后者是日语引用中的特殊现象。但正是由于受到了汉语的影响，日语才会出现这种结构。因为汉语中的动作描写、心理活动、神态描写都可以和言说动词"说"共现。

8.3.1 "引语+「と」+「言う」"的引用形式

古代日本受到了中国巨大影响，日语最初的假名即取自汉字的偏旁部首或由汉字草书演化而来。日语引用结构也模仿了汉语引用结构，有"「～」と曰ふ"和"曰はく「～」と"两种语序。日语属于阿尔泰语系，是典型的黏着语，语序大都为第一种语序，即"主语+宾语+动词"结构，之所以存在第二种语序"主语+动词+宾语"也是受到了汉语的影响。如例[11]所示：

[11] 但山上憶良大夫類聚歌林曰、記に、天皇十一年己亥冬十二月、己巳朔壬午、幸ニ于伊予温湯宮一云々。一書、是時、宮前在ニ二樹木一。此之二樹、斑鳩比米二鳥大集。時勅、多挂ニ稲穂而養レ之。仍歌云々。　《万叶集》

8.3.2　“引语+「と」+动作类动词”的引用形式

日语中的引语和动作之间的关系有两种，一种是修饰与被修饰关系，另一种是因果关系。区别于一般的引用形式，这类引用结构中的言说动词可以隐藏。之所以会出现这种特殊的现象，是因为汉语中存在“笑曰、叹曰”这样的搭配形式。

8.3.2.1　话语和动作行为是修饰与被修饰关系

话语和动作的修饰和被修饰关系，包括话语修饰动作和动作修饰话语两种情况。如：

[12] 温泉へ行くと、うらなり君が時々蒼い顔をして湯壺のなかに膨れている。挨拶をするとへえと恐縮して頭を下げるから気の毒になる。学校へ出てうらなり君ほど大人しい人は居ない。

（『坊っちゃん』）

[13] ここいらがいいだろうと船頭は船をとめて、錨を卸した。

（『坊っちゃん』）

上面两例是用话语修饰动作。例[12]是话语修饰头部动作,主句动词既有神态描写又有头部动作描写。例[13]的主句动词是连续的动作。在日语引用句中，除了引语之外，动作和神态也是表述的中心。引语修饰动作或神态表示在动作进行时或在某种神态下伴随着某话语或某想法。因为隐藏了言说动词，所以凸显了动作或神态。引用者用直接引语的形式模仿原说话者的话语，让听话者或读者有身临其境的效果。

[14] 平匡：父が怒り出して、なぜ外で伸びきった、そばを食わなきゃいかんのか、それにこれは茶そばじゃなく、日本そばじゃないかって。　（『逃げるは恥だが役に立つ』）

[15] 橘：笑って、おめでとうって言えるように、私も頑張ろう。

（『私結婚できないんじゃなくて、しないんです』）

上面两例用是动作或神态描写修饰言说动词。当引用者描述某种情感状态时，用直接引语的形式最为直接，能生动地模仿原说话者。但无论是话语在前、动作在后还是动作在前、话语在后，语序都起到关键作用，即前面成分修饰后面成分。

[16] 宮沢：ただティファニーにおったら、三好さんを忘れられなくて、つらいやろうけど、うちに来たら楽になれるって、そう伝えました。　（『せいせいするほど、愛してる』）

此外，当“引语+引用词”修饰后面的动词时，可以用日语中的指示副词来替换，且这种结构中的引语结构独立性更强，如例[16]。

8.3.2.2　话语和动作行为是因果关系

当原说话者说完某话语后进行了某动作时，引用者既不是原说话者也不是动作的发出者，而是站在第三者的立场进行转述，时间上有先后推进顺序，逻辑上存在因果关系。如：

[17] 靴を脱いで上がると、お座敷があきましたからと下女が二階へ案内をした。　（『坊っちゃん』）

[18] ちょっとかいでみて臭いやと云ったら、それじゃお出しなさい、取り換えて来て上げますからと、どこでどう胡魔化したか札の代りに銀貨を三円持って来た。　（『坊っちゃん』）

根据语境可见，上述两例隐藏了言说动词，引语和主句之间的关系是因果关系，当隐藏言说动词时，引语中多有表示原因的“から”。

8.4 小结

综上所述，对原话语的引用是引用句产生的直接动因，引用句由引语、引用词和引用动词组成，这些要素构成了引用体系。汉语和日语都存在引用现象，但两种语言又各有特征。本书从引用词、引用动词和引用结构三个层次出发，对比分析了汉日引用现象。在跨语言验证的基础上，得知汉语的语义、句法结构对日语的引用体系产生了影响。日本学者普遍认为特殊的引用结构，也并不特殊。

第9章　结　论

9.1　本书的主要内容和结论

本书对日语的引用体系进行了系统的描写研究，主要内容可以归纳如下：

第一，首先对日本学者有关引用的研究成果进行了较为系统的梳理和介绍，并分析了以往研究中存在的主要问题。这些内容主要反映在第2章中。

第二，尝试建构了引用的体系，明确了引用、原话语、引语、引用词、引用动词和引用句之间的关系，指出原话语是引用的前提，引用句本身则是由引语、引用词、引用动词三个要素构成，而前两者对于引用句而言是必不可少的要素，引用动词则可以省略，在对话体中这一点表现得尤为突出。

第三，以往的研究都承认引语分为直接引语和间接引语两大类，本书则将引语分为三类。在划分时，以一致性为依据，语境中出现原话语的引语为直接引语或间接引语，而未出现原话语又没有标记的引语则属于第三类——直接/间接引语，这样的区分标准明确，具有可操作性，为了进一步区分是直接引语还是间接引语，本书提出“引语度”这一标准，进而提出一级标记和次级标记这样的标记等级，以此来区分是直接引语还是间接引语。本书还对引语的句类进行了考察，描写了陈述句、疑问句、祈使句、感叹句在引语中的表现形式。

第四，在前人研究的基础上，系统地阐述了引用词的句法功能和在引用句中的地位，并且首次指出了引用词由连用引用词和连体引用词构成。

第五，在以往有关引用动词的研究中，大多数学者认为，引用动词由言说类动词、思考类动词两类组成，只有个别学者承认书写类动词也属于引用动词，本书从对引用、引用句的定义出发，明确提出引用动词是由言说类动词、思考类动词、书写类动词三类构成。

第六，本书明确指出引用句由引语、引用词和引用动词构成，但引用动词可以隐含。而且本书分析了引语与引用动词的共现关系，尤其提出了引语的句类与引用动词的语义类型的匹配关系，并阐述了引用词与引用动词的共现规律。

本书认为，对原话语的引用是引用句产生的直接动因，引用句由引语、引用词、引用动词组成，这些要素构成了引用体系，详见图9.1。引用句的构成要素，其各自又可以分为不同的类型，其类型的划分取决于一些因素，将这些要素、因素之间的相互关系明晰地表现出来，就形成了表9.1：

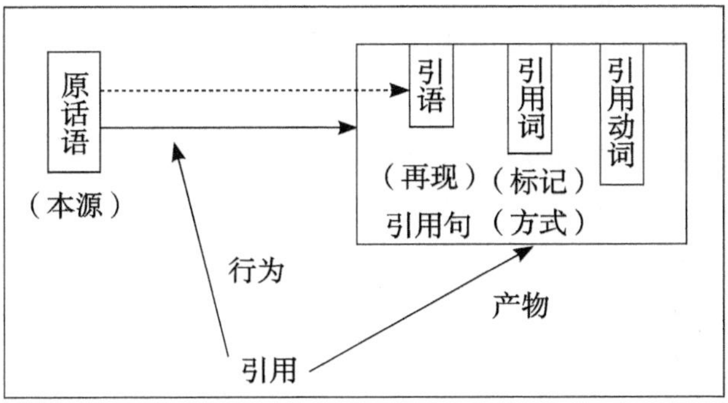

图9.1 引用体系

表9.1 引用体系及其诸要素之间的关系

<table>
<tr><th>引语类型</th><th>引语的视角类型</th><th>引语与原话语的视角关系</th><th>语境中是否出现（隐含）原话语</th><th colspan="2">引用方式（原话语与引语的关系）</th><th>引用词类型</th><th>引用动词类型</th><th>引用句类型</th></tr>
<tr><td>直接引语</td><td>原说话者视角</td><td>一致</td><td rowspan="2">出现（隐含）</td><td rowspan="2">明引</td><td>原引</td><td rowspan="3">连用
连体</td><td rowspan="3">言说类
书写类
（隐含引用动词）</td><td rowspan="3">引用动词引用句
隐含引用动词引用句</td></tr>
<tr><td>间接引语</td><td>引用者/原说话者视角</td><td>不一致/一致</td><td>变引</td></tr>
<tr><td>直接/间接引语</td><td>原说话者/引用者视角</td><td>一致/不一致</td><td>不出现</td><td colspan="2">暗引</td></tr>
</table>

9.2 本书的创新点

在本书中，笔者提出的一些新的观点散见于各章之中，现将本书的主要创新点列举如下：

（1）关于引用词，虽然并非作者第一次提出，但作者第一次全面系统地论述了它作为一类虚词的主要功能、用法和特点及其成员，它是引用句必不可少的构成要素，并指出了引用词的双重标记性特征。

（2）提出只要在语境中出现了原话语（包括隐含的原话语），那么引语必定是直接引语或间接引语，二者必居其一。同时又提出“引语度”的概念，根据一级标记和次级标记来区分直接引语和间接引语。第一次提出了第三类引语——直接/间接引语，并明确指出在语境中没有出现原话语，且引语又无特殊标记时，属于这一类型。

（3）通过考察，本书发现在对话体中引用形式的使用至少具有两个特点：一是多用隐含引用动词句，这点也符合日语口语的特点；二是多使用口语性质的引用词。

（4）建构了引用体系，并清晰地论述了引用体系诸要素之间的关系。

9.3 本书的不足之处

尽管作者为本书的写作付出了辛勤劳动，但由于主客观的原因（学识不足、时间有限），导致本书中存在着明显的不足，大致可以归纳为以下三点：

（1）本书只考察了引用词做主句谓语的引用句，而对于引用词在引用句中非结句的用法未能考察。

（2）严格地说，日语中所谓的“传闻”用法也属于引用的范畴，但本书未能论及。

（3）本书的行文、语言表达存在不够流畅、准确、简洁之处。

9.4 今后的课题

虽然本书尝试着建构了日语引用的体系，但是我们的研究才刚刚开始，今后要走的路还很长，本书所研究的内容不仅需要进一步系统化、理论化、精确化，而且还有不少相关的问题值得我们去思考，至少如下几个课题有待今后研究：

（1）小说、新闻、学术论文等非对话体的文体中引用的使用情况。

（2）各引用词的功能演变历史和功能分化过程。

（3）日语方言中引用的表现形式。

（4）汉语中的引用与日语的引用有哪些不同。

笔者今后仍将在日语引用研究方面继续探索下去。

参考文献

中文文献

中文著/译作：

[1] 陈昌来. 现代汉语动词的句法语义属性研究[M]. 上海：学林出版社，2002.

[2] 胡壮麟编著. 语篇的衔接和连贯[M]. 上海：上海外语教育出版社，1994.

[3] 黎锦熙. 新著国语文法[M]. 北京：商务印书馆，1998.

[4] 刘辰诞，赵秀风编著. 什么是篇章语言学[M]. 上海：上海外语教育出版社，2011.

[5] 刘丽艳. 汉语话语标记研究[M]. 北京：北京语言大学出版社，2011.

[6] 罗钢. 叙事学导论[M]. 云南：云南人民出版社，1994.

[7] 秦秀白编著. 文体学概论[M]. 湖南：湖南教育出版社，1986.

[8]（法）热拉尔・热奈特著，王文融译. 叙事话语，新叙事话语[M].北京：中国社会科学出版社，1990.

[9] 申丹. 叙述学与小说文体学研究（第二版）[M]. 北京：北京大学出版社，2001.

[10] 沈家煊. 不对称和标记论[M]. 南昌：江西教育出版社，1999.

[11] 束定芳编著. 现代语义学（第2版）[M]. 上海：上海外语教育出版社，2013.

[12] 石毓智. 语法的认知语义基础[M]. 南昌：江西教育出版社，2000.

[13]（法）托多罗夫著，蒋子华，张萍译. 巴赫金、对话理论及其他[M].天津：百花文艺出版社，2001.

[14] 王德春，陈瑞端. 语体学[M]. 南宁：广西教育出版社，2000.

[15] 辛斌编著. 批评语言学：理论与应用[M]. 上海：上海外语教育出版社，2005.
[16] 许余龙编著. 对比语言学（第2版）[M]. 上海：上海外语教育出版社，2010.
[17] 熊学亮. 认知语用学概论[M]. 上海：上海外语教育出版社，1999.
[18] 张斌主编. 现代汉语描写语法[M]. 北京：商务印书馆，2010.
[19] 张伯江. 从施受关系到句式语义[M]. 上海：学林出版社，2016.
[20]（美）皮尔斯著，赵星植译. 皮尔斯：论符号：李斯卡：皮尔斯符号学导论[M].成都：四川大学出版社，2014.
[21] 钟守满. 英汉言语行为动词语义认知结构研究[M]. 合肥：中国科学技术大学出版社，2008.
[22] 朱德熙. 语法讲义[M]. 北京：商务印书馆，1982.

中文期刊论文：

[1] 陈成辉，刘绍忠. 言语行为理论对外语教学的启示[J]. 四川外语学院学报，2002（第18卷第2期）.
[2] 陈素缎. 浅谈无标记与有标记词[J]. 闽西职业大学学报，2001（第4期）.
[3] 陈勇. 语言学研究中的标记理论[J]. 外语研究，2002（第6期）.
[4] 丁贤土. 直接引语和间接引语——日英引语比较探析[J]. 浙江师范大学学报，2004（第1期）.
[5] 董鑫. 试论自由间接引语的双重性[J]. 萍乡高等专科学校学报，2011（第28卷第4期）.
[6] 高天霞. 从“曰+直接引语”到“说+直接引语”的演变历程及原因分析[J]. 陇东学院学报，2010（第21卷第4期）.
[7] 高岩. 语境与引语中的指示语分析[J]. 渤海大学学报（哲学社会科学版），2006（第28卷第5期）.
[8] 吉晓霞. 学术论文中的转述动词[J]. 金陵科技学院学报（社会科学版），2006（第20卷第2期）.
[9] 金磊. 日语转述语初探[J]. 苏州大学学报（哲学社会科学版），2009（第4期）.

[10] 吕晓东. 日汉语引用范畴的比较研究[J]. 解放军外国语学院学报，2003（第2期）.

[11] 乐耀. 汉语引语的传信功能及相关问题[J]. 语言教学与研究，2013（第2期）.

[12] 李秉震. “说”类话题转换标记的语义演变[J]. 中国语文，2009（第5期）.

[13] 李翠翠.日语引用词研究之我见[J].语言学研究，2017(第2期).

[14] 李翠翠.日语引用句再思考[J].日语学习与研究，2017(第3期).

[15] 李翠翠.信息化时代外语教育教学方法新路径研究——评《外国观与外语教学》[J].人民长江，2022（第9期）.

[16] 刘大为. 句嵌式递归与动词的控制功能[J]. 语言研究，2002（第4期）.

[17] 刘大为. 虚构性言语行为的递归结构——小说、谎言和网上交谈[J]. 修辞学习，2003（第1期）.

[18] 刘鸿勇，顾阳. 凉山彝语的引语标记和示证标记[J]. 民族语文，2008（第2期）.

[19] 马景秀. 新闻话语直接引语的“修辞——评价”机制[J]. 外语教学理论与实践，2008（第4期）.

[20] 彭广陆. 论日语的系词[J]. 日语学习与研究，2013（第4期）.

[21] 彭建武. 学术话语中的引语分析[J]. 英语研究，2005（第3卷第2期）.

[22] 彭庆华. 间接引语中引述动词的使用问题[J]. 玉溪师专学报（社会科学版），1998（第14卷第3期）.

[23] 申丹. 小说中人物话语的不同表达方式[J]. 外语教学与研究，1991（第1期）.

[24] 申丹. 对自由间接引语功能的重新评价[J]. 外语教学与研究，1991（第2期）.

[25] 申丹. 从叙述话语的功能看叙事作品的深层意义[J]. 江西社会科学，2011（第11期）.

[26] 涂靖. Irony言语行为研究[J]. 四川外语学院学报，2010（第16卷第4期）.

[27] 王枫. “语告”类动词语义场的历史演变[J]. 内蒙古大学学报（哲学社会科学版），2008（第40卷第5期）.

[28] 辛斌. 新闻语篇转述引语的批评性分析[J]. 外语教学与研究，1998（第2期）.

[29] 辛斌. 间接引语指示中心的统一和分离：认知符号学的视角[J]. 外语研究，2011（第3期）.

[30] 辛斌. 引语研究的语用修辞视角[J]. 外语学刊，2010（第4期）.

[31] 姚毅. 语言转述中转述动词的认知语用解析[J]. 湖北经济学院学报（人文社会科学版），2012（第9卷第2期）.

[32] 余弦. 试论日语间接引语[J]. 天津外国语学院学报，1995（第2期）.

[33] 余弦. 日语间接引语的句法结构[J]. 日语学习与研究，2003（第1期）.

[34] 张爱玲. 江淮方言间接引语标记“说的”向语气词的词汇化[J]. 盐城工学院学报（社会科学版），2014（第27卷第1期）.

[35] 张波. 论自由间接引语的信息补差作用[J]. 青海师范大学学报（哲学社会科学版），2007（第2期）.

[36] 张立英，徐勇. 新闻直接引语的叙事功能[J]. 解放军外国语学院学报，2013（第36卷第3期）.

[37] 张荣建. 管领词的引述功能与话语功能[J]. 外国语（上海外国语大学学报），1998（第1期）.

[38] 张少燕. 论自由引语和自由思维引述[J]. 外国语（上海外国语学院学报），1988（第2期）.

[39] 章振邦. 英语中的“省略”现象[J]. 外国语（上海外国语学院学报），1983（第1期）.

[40] 赵小品. 论英语自由直接引语和自由间接引语[J]. 湖州师专学报（哲学社会科学），1999（第21卷第1期）.

[41] 赵小麒. 文本陈述中的引语异质性研究[J]. 甘肃高师学报，2010（第15卷第3期）.

中文论文集：

[1] 刘丹青. 汉语里的一个内容宾语标句词——从“说道”的“道”说起[A]. 庆祝《中国语文》创刊50周年学术论文集[C]. 北京：商务印书馆，2004.

[2] 刘丹青. 我只是接着向前跨了半步——再谈汉语的名词和动词[A]. 语言学论丛第四十辑[C]. 北京：商务印书馆，2009.

[3] 许钧.论翻译的层次[A]. 杨自俭，刘学云编. 翻译新论：1983～1992[C]. 武汉：湖北教育出版社，1994.

[4] 彭广陆. 汉语新词中的日源词——以《现代汉语词典》（2002年增补本）为考察对象[A]. 日语教育与日本学研究论丛（第一辑）[C]. 北京：民族出版社，2003.

[5] 彭广陆. 日本語における連用格と連体格との関係[A]. 外国语言研究（第一辑）[C]. 北京：中国世界语出版社，1998.

[6] 彭广陆. トノ格の名詞と名詞とのくみあわせ[A]. 日本学论丛Ⅶ[C]. 北京：外语教学与研究出版社，1995.

中文硕士/博士学位论文：

[1] 常颖. 汉、俄语言语行为动词语义对比研究[D]. 黑龙江大学，2008.

[2] 陈红. 关于引用的日汉翻译——以《哥儿》为中心[D]. 华东师范大学，2007.

[3] 刁晏斌. 虚义动词论[D]. 南开大学，2004.

[4] 丁艳菊. 湖南隆回方言的直接引语与间接引语研究——以《语法调查研究手册》为纲[D]. 湖南师范大学，2014.

[5] 刘红妮. 汉语非句法结构的词汇化[D]. 上海师范大学，2009.

[6] 彭建武. 语言转述现象的认知研究[D]. 复旦大学，2003.

[7] 王晓华. 现代日汉情态对比研究[D]. 上海外国语大学，2011.

[8] 吴怀成. 现代汉语动词指称化的层级分布及其类型学思考[D]. 上海师范大学，2012.

[9] 杨大磊. 汉语标句词研究[D]. 上海师范大学，2011.

[10] 杨文江. 日语示证范畴研究[D]. 北京大学，2014.

[11] 詹碧文. 现代汉语报纸新闻语言证据范畴考察——兼与日文报纸新闻比较[D]. 上海师范大学，2011.

[12] 钟晓君 .基于语料库试论ト引用句——以引用动词的移动和省略为切入点[D]. 天津外国语大学，2016.

中文词典：

中国社会科学院语言研究所词典编辑室编. 现代汉语词典（第7版）[Z].北京：商务印书馆，2016.

日文文献

日文著作：

[1] 加藤陽子.話し言葉における引用表現[M].東京：くろしお出版，2010.

[2] 鎌田修.日本語の引用[M]. 東京：ひつじ書房，2000.

[3] 金田一春彦.日本語動詞のアスペクト[M].東京：むぎ書房，1976.

[4] 小島剛一.再構築した日本語文法[M]. 東京：ひつじ書房，2012.

[5] 柴谷方良.日本語の分析[M]. 東京：大修館書店，1976.

[6] 杉浦まそみ子.引用表現の習得研究—記号論的アプローチと機能的統語論に基づいて—[M]. 東京：ひつじ書房，2007.

[7] 寺村秀夫.日本語の文法（下）[M].大蔵（財務）省印刷局発行，1981.

[8] 中園篤典.発話行為的引用論の試み—引用されたダイクシスの考察—[M]. 東京：ひつじ書房，2006.

[9] 藤田保幸.国語引用構文の研究[M]. 東京：和泉書院，2000.

[10] 藤田保幸.引用研究史論[M].東京：和泉書院，2014.

[11] 前田直子.「ように」の意味・用法[M].東京：笠間書院，2006.

[12] 松下大三郎.改選標準日本文法[M].東京：勉誠社，1928.

[13] 三枝令子.語形から意味へ——機能中心主義へのアンチテーセ[M].東京：くろしお出版，2015.

[14] 三上章.現代語法序説[M].東京：くろしお出版，1953.

[15] 三上章. 構文の研究[M]. 東京：くろしお出版，2002.

[16] 森山卓郎.日本語動詞述語文の研究[M].東京：明治書院，1988.

[17] 山口治彦.明晰な引用、しなやかな引用[M].東京：くろしお出版，2009.

[18] 山田孝雄.日本文法論[M].東京：宝文館出版，1908.

[19] 山田孝雄.日本文法学概論[M].東京：宝文館出版，1936.

[20] 湯沢幸吉郎.増訂江戸言葉の研究[M].東京：和泉書院，1954.

[21] 米盛裕二.パースの記号学[M].東京：勁草書房，1981.

日文期刊：

[1] 井上和子.日本語の伝聞表現とその談話機能[J].言語12卷11号，1983（12.11）:113-121.
[2] 岩男考哲.引用文の性質から見た発話「～ッテ。」について[J].日本語文法3卷2号，2003:146-162.
[3] 岩男考哲.「って」提題文の表す属性と使用の広がり[J].益岡隆志編叙述類型論，2008:45-66.
[4] 江口正.引用節・間接疑問節と内容名詞句の共起関係について[J].人間科学1，1998:325-341.
[5] 遠藤裕子.日本語の話法[J].言語11卷03号，1982：86-94.
[6] 王笑峰.引用プロトタイプ論を目指して—間接化に関する三つの原則を中心に—[J].阪大日本語研究2，1990:21-42.
[7] 大島資生.引用節内要素の後置について[J].都大論究25号，1988:1-11.
[8] 大島資生.〔書評〕藤田保幸著『国語引用構文の研究』[J].国語学五三－三，2002:70-77.
[9] 奥津敬一郎.自動化・他動化および両極化転形—自・他動詞の対応—[J].国語学，1967（70）:44-66.
[10] 奥津敬一郎.引用構造と間接化転形[J].言語研究56号，1970:1-25.
[11] 奥津敬一郎.引用[J].国文学解釈と教材の研究三八—一二，1993:74-79.
[12] 鎌田修.日本語の間接話法[J].言語一二—九，1983:108-117.
[13] 鎌田修.日本語の伝達表現[J].日本語学七—九，1988:59-72.
[14] 鎌田修.日本語の中間談話文法の一側面[J].日本語・日本文化研究，1994（1）:14-28.
[15] 金善真.聞き手を情報源とする文末の引用形式について[J].岡山大学大学院文化科学研究科紀要16，2003:322-338.
[16] 金善真.日本語の文末引用形式について[J].岡山大学大学院文化科学研究科紀要17，2004:81-97.

[17] 金善真.「～ッテ」文の引用的性質と機能[J].日本語文法5巻1号，2005:70-88.

[18] 三枝令子.『って』の体系[J].言語文化34，1997:21-38.

[19] 柴谷方良.日本語の語用論[J].講座日本語と日本語教育4，1989:388-410.

[20] 砂川有里子.引用文の構造と機能—3つの類型について—[J].文芸言語研究・言語篇13，1987:65-88.

[21] 砂川有里子.引用文の構造と機能（その２）—引用句と名詞句をめぐって—[J].文芸言語研究・言語篇14，1988:75-91.

[22] 砂川有里子.引用文における場の二重性について[J].日本語学９月号，1988:14-29.

[23] 砂川有里子.引用と話法[J].講座日本語と日本語教育第4巻日本語の文法・文体（上），1989:355-387.

[24] 砂川有里子.引用[J].別冊国文学N0.53現代日本語必携，2000:156-159.

[25] 中園篤典.引用文のダイクシス[J].言語研究一〇五，1994:87-109.

[26] 仁田義雄.引用をめぐる二三の考察[J].日本語と中国語の対照研究会編日本語と中国語の対照研究三 のち語彙論的統語論一九八〇刊・明治書院に再録，1978:175-183.

[27] 仁田義雄.主格の優性—伝達のムードによる主格の人称指定[J].日本語学，1982（10）:39-52.

[28] 丹羽哲也.引用を表す連体複合辞『トイウ』[J].人文科学四五巻第一分冊，1993: 25-60.

[29] 丹羽哲也.主題提示の『って』と引用[J].人文研究大阪市立大学文学部紀要46—2第二分冊，1994:79-109.

[30] 広瀬幸生.言語表現のレベルと話法[J].日本語学Vol.７（9），1988:4-13.

[31] 藤田保幸.準引用[J].待兼山論叢（文学篇）一五，1982:1-16.

[32] 藤田保幸.『内的引用』における話法の転換について—話法転換のa線—[J].語文四六，1985:14-21.

[33] 藤田保幸.文中引用句『～ト』による『引用』を整理する—引用論の前提として—[J].宮地裕編論集日本語研究（一）現代編，1986:206-230.

[34] 藤田保幸.『疑う』ということ—『引用』の視点から—[J].日本語学，1987a：93-106.

[35] 藤田保幸.引用されたことばと擬声·擬態語と—『引用』の位置づけのために—[J].詞林大阪大学古代中世文学研究会二，1987b：52-67.

[36] 藤田保幸.『引用』論の視界[J].日本語学９月号，1988：30-45.

[37] 藤田保幸.『実物表示』をめぐって—引用論のために—[J].国語国文学報四七，1989:47-60.

[38] 藤田保幸.『引用』の解体—『引用されたコトバ』の表現と『～ト』副詞句の表現、その諸相—[J].愛知教育大学研究報告（人文科学）四〇，1991:112-124.

[39] 藤田保幸.引用されたコトバの記号論的位置づけと文法的性格[J].詞林一六，1994:73-85.

[40] 藤田保幸.思考·発話の内容節として働く『～ヨウニ』について[J].詞林一七，1995a:58-72.

[41] 藤田保幸.引用論における『話し手投写』の概念[J].宮地裕·敦子先生古稀記念論集 日本語の研究，1995b:454-492.

[42] 藤田保幸.文法論の対象としての『引用』とは何か？—統語論的引用論の前提として—[J].詞林二〇，1996a:50-69.

[43] 藤田保幸.引用論における所謂『準間接引用句』の解消[J].語文六五，1996a：37-50.

[44] 藤田保幸.引用構文と『格』の論[J].滋賀大国文三五，1997:21-41.

[45] 藤田保幸.引用論の二つの領域[J].語文七一，1998:39-48.

[46] 藤田保幸.引用構文の構造[J].国語学一九八，1999：1-15.

[47] 藤田保幸.『話法』のとらえ方に関する覚書[J].滋賀大国文三七，1999b：20-34.

[48] 藤田保幸.引用論からみた『伝達のムード』の位置づけ[J].前田富棋先生退官記念論集 日本語日本書学の研究 同刊行会，2000b:213-224.

[49] 藤田保幸.三上章の引用研究について[J].滋賀大国文三八，2000b:87-104.

[50] 藤田保幸.日本語の引用研究·余論—鎌田修への啓蒙的批判—[J].滋賀大学

教育学部研究紀要（人文科学·社会科学）四九，2000c:118-130.
[51] 藤田保幸.文法論としての日本語引用表現の研究のために—再び鎌田修の所論について—[J].滋賀大学教育学部研究紀要（人文科学·社会科学）五〇，2001b:86-104.
[52] 藤田保幸.『話法』の発見—奥津敬一郎の引用研究について—[J].滋賀大国文三九，2001a:1-15.
[53] 藤田保幸.黎明期の引用研究—山田文法·松下文法の所説再読—[J].滋賀大学教育学部研究紀要（人文科学·社会科学），2002a（51）：56-66.
[54] 藤田保幸.話法論における連続観の問題—遠藤裕子の所説について—[J].滋賀大国文四〇，2002b: 75-84.
[55] 藤田保幸.〔書評〕鎌田修著『日本語引用』[J].国語学五三—三 2002d:15-23.
[56] 藤田保幸.『語彙論的統語論』と引用研究—仁田義雄·阿部忍の所論について—[J].龍谷大学国際センター研究年報一五，2006b:45-57.
[57] 藤田保幸.〔書評〕中園篤典著『発話行為的引用論の試み—引用されたダイクシスの考察—』[J].日本語の研究，2008:140-146.
[58] 藤田保幸.砂川有里子の話法論について[J].国文学論叢五四，2009a:82-102.
[59] 藤田保幸.引用研究史展望—松木正恵への批判とともに—[J].龍谷大学論集473，2009b:41-75.
[60] 藤田保幸.引用研究の『今』をめぐって[J].龍谷大学国際センター研究年報第19号，2010:33-47.
[61] 堀口純子.会話における引用の『ッテ』による終結について[J].日本語教育85—3，1995:12-24.
[62] 松木正恵.引用と話法に関する覚書[J].早稲田大学大学院文学研究科紀要四七 - 三，2002b：65-75.
[63] メイナード泉子.『という』表現の機能—話者の発想·発話態度の標識として[J].言語23—1，1994:81-85
[64] 山崎誠.引用の助詞『と』の用法を再整理する[J].国立国語研究所研究報告集14，1993:1-30.
[65] 山崎誠.引用·伝聞の『って』の用法[J].国立国語研究所研究報告集17，

1996:1-22.

[66] 渡辺伸治.日本語の引用節について—間接話法、直接話法そして視点—[J].言語文化研究 二三，1997:251-268.

[67] 渡辺伸治.引用節に現れる視点要素とスタイル要素の考察[J].日本語文法 3—2，2003:181-193.

日文论文集：

日高水穂.複合辞「という」の文法化の地域差[A].藤田保幸.形式語研究論集[C].東京:和泉書院，2013:285-300.

日文词典：

[1] 小泉保.日本語基本動詞用法辞典[Z].東京：大修館書店，1989.

[2] 小島憲之，木下正俊，東野治之.万葉集[Z].東京：小学館，1994.

[2] 佐藤武義，前田富祺.日本語大事典[Z].東京：朝倉書店，2014.

[3] 柴田武.新明解国語辞典（第六版）[Z].東京：三省堂，2004.

[4] 上代語辞典編修委員会編.時代別国語大辞典[Z].東京：三省堂，1967.

[5] 新村出.広辞苑（第五版）[Z].東京：岩波書店，1998.

[6] 日本語文法学会.日本語文法事典[Z].東京：大修館書店，2014.

[7] 松村明編.日本文法大辞典[Z].東京：明治書院，1971.

[8] 松村明.大辞林（第三版）[Z].東京：三省堂，2006.

[9] 森田良行.基礎日本語辞典[Z]. 東京：角川書店，1989.

英文文献

英文著作：

[1] Searle, J.R.Expression and Meaning:Studies in the Theory of Speech Acts[M]. Cambridge UniversityPress，1979.

[2] Blakemore，Diane.Understanding Utterances[M].Oxford:Blackwell，1992.

[3] Isabelle Buchstaller.Quotatives[M].John Wiley and Sons，Inc.2013.

英文期刊:

[1] Basturkmen,H.Negotiating meaning in seminar-type discussion and EAP[J]. English for Specific Purposes. 2002（21）:233-242.

[2] Baynham,M.Direct speech:What's it doing in non-narrative discourse? [J].Journal of Pragmatics 25.1996:61-81.

[3] Hyland,K.Academic attribution:citation and the construction of disciplinary knowledge[J].Applied Linguistics.1999（3）:341-367.

[4] Maynard,Senko K.Multivoicedness in speech and thought representation:The case of self-quotation in Japanese[J].Journal of Pragmatics.1996（25）:207-226.

[5] Vandelanotte,L.Deixis and grounding in speech and thought representation[J]. Journal of Pragmatics 36.2004:489-520

英文论文集:

Michael Short.Understanding texts:point of view[A].Gillian Brown etal.Language and Understanding[C].Shanghai:shanghai Foreign Language Education. 1999:170-190.

例句来源:

現代日本語書き言葉均衡コーパス（BCCWJ）[https://chunagon.ninjal.ac.jp/（中纳言）]

语料库以外:

テレビドラマ『リーガル・ハイ』2012

テレビドラマ『リーガル・ハイ』2013

テレビドラマ『ミス・パイロット』2013

テレビドラマ『昼顔』2014

テレビドラマ『5→9ー私に恋したお坊さんー』2015

テレビドラマ『オトナ女子』2015

テレビドラマ『ドS刑事』2015

テレビドラマ『お義父さんと呼ばせて』2016

テレビドラマ『家族ノカタチ』2016
テレビドラマ『スミカスミレ』2016
テレビドラマ『私結婚できないんじゃなくて、しないんです』2016
テレビドラマ『99.9—刑事専門弁護士—』2016
テレビドラマ『好きな人がいること』2016
テレビドラマ『営業部長 吉良奈津子』2016
テレビドラマ『ラブソング』2016
テレビドラマ『世界一難しい恋』2016
テレビドラマ『Good Partner』2016
テレビドラマ『家売るオンナ』2016
テレビドラマ『せいせいするほど、愛してる』2016
テレビドラマ『逃げるは恥だが役に立つ』2016
テレビドラマ『地味にスゴイ!校閲ガール・河野悦子』2016
テレビドラマ『ダメな私に恋してください』2016
テレビドラマ『IQ246～華麗なる事件簿～』2016
テレビドラマ『はじめまして、愛しています』2016
テレビドラマ『カルテット』2017
テレビドラマ『A LIFE』2017
テレビドラマ『東京タラレバ女』2017
テレビドラマ『奪い愛、冬』2017
テレビドラマ『人は見た目が100パーセント』2017
テレビドラマ『これは経費で落ちません！』2019
テレビドラマ『半沢直樹Ⅱ』2020

后　记

本书是我在博士论文基础上修改完善而成。时光荏苒，自2017年博士毕业到本书即将出版，岁月已过7载。博士毕业后就职于河北北方学院，家校之间两地奔波，专心于教学工作而放缓了研究，平时只能在教学工作之余利用碎片时间继续学习及研究。但在疫情出现后，得益于学校使用网络教学及疫情期间担任冬奥会翻译等数次大型活动后的医学隔离，使我获得了大段独享时间可以汲取国内外最新的理论知识，并继续完善博士论文内容，最终将这些年的研究成果汇总完善为这部专著付梓，虽不完美，但聊以自慰。本书是我攻读博士学位期间的研究成果汇总，在研究过程中得到了多位师长及师兄师姐师妹的指导和帮助。在此我想向他们表达我最诚挚的谢意！

首先，感谢我的导师彭广陆教授多年来的悉心教导，使我受益终身。彭老师知识渊博、治学严谨、为人正直、勤奋。彭老师作为我的导师在我读博伊始，就针对我的个人能力制定了严谨、翔实的研究计划，推荐高水平的期刊，提供各类研究文献。在选题阶段，老师综合考量国内外语言语法学界具有长期研究价值的研究方向为我推荐了引用范畴研究，至今还记得彭老师的那句“引用可以作为你一生的研究”，使我理清并确定了一辈子的“本经”。引用在国内，少有学者做专项研究，彭老师的建议使我成为了引用研究的先行者，但作为首先研究的一批人，面对的现实困难就是国内相关文献稀少且难以获得权威的定义和佐证。针对这些困难，老师建议我扩展视野，静心积淀，并为我提供了多视角多类型的研究文献，使我的研究能够顺利地进行下去。在论文盲审及答辩阶段，吉林大学对获得博士学位有较高的要求，博士研究生在论文答辩前必须有2篇符合毕业论文研究方向CSSCI期刊的文章。由于国内日语语言方向的专刊非常稀少，导致研究成果难以见刊，2年的延期答辩使我陷入了动摇。这时，老师劝慰我，并不断指导我完善稿件。幸运的是在2017年，《日语学习与研究》升格为南大核心扩展版，2017年第3期刊载了我的《日语引用句再思考》一文。连同2017年第2期《语言学研究》刊载的《日语引用词研究之我见》，终于达到要求，能够申请正式答辩，这都得益于之前不断的打磨。我的论文在盲审阶段获得了全A的好成绩，并在之后的正式答辩中获得了专家们的肯定并顺利毕业。能遇到这样的恩师，实乃人生之大幸！

其次，我要感谢在我攻读博士学位期间在学术上对我指导帮助的吉林大学的宿久高教授、周异夫教授、于长敏教授和北京大学的赵华敏教授。另外，感谢论文答辩委员会的修刚教授、皮细庚教授和陈百海教授等。各位专家的宝贵意见是这本专著顺利出版的基础。我还要感谢在吉林大学外国语学院读硕士时的导师刘树仁教授，是他指引我踏上了学术研究的道路。

再次，我还要感谢我的师兄师姐师妹们，盛文忠、孙佳音、刘艳文、周彤、费建华、刘健、毕晓燕、张典、杨文江、樊颖、张玉玲、汪然、刘爱美、王秋霞、王抒欢等人。杨文江师兄学识渊博，十分勤奋好学，热于助人。由于引用研究相关文献较少的缘故使我在研究初期捉襟见肘，对此杨师兄提供了大量关于引用方面的国内外文献，拓展了我的研究视野。杨师兄虽然人在天津，但时常同我在网络上隔空交流学术，我也在每次的“四季会”前争分夺秒地向杨师兄请教各种问题。“四季会”是老师提议组织的小型学术研讨会。起初学会每月一次，会上固定留一部分时间给未毕业的同学发表自己的论文进展，与会师兄和老师共同点评指正。因为学会每季度至少一次，老师就此定名“四季会”。彭老师培养的学生众多，师兄师姐们经年的研究使得他们都已经具有了很高的研究能力和学术水平，因此四季会学术氛围极好，我每次发表都会获得中肯的指正和建议。正是师兄师姐们犀利、充满智慧的见解，使我能够不断完善毕业论文并最终获得理想评价。

然后，要感谢的是我吉林大学的学长、同期以及后辈们，宋欣、于海霞、鲍同、杨晓辉、杨柏宏、邵艳平、于海鹏、韩凌燕、宋婷、丁跃斌、原炜珂、霍良、夏学岩、解礼业、张景荣等。吉林大学的校园生活令我难忘，衷心地感谢母校和我的同学。

最后，谨对北京大学出版社、对本人研究给予支持的河北北方学院，以及北京大学出版社的编审、河北北方学院的领导及帮助我的老师们致以衷心的感谢。

本人才疏学浅，学识能力有限，书中谬误在所难免，敬请批评指正。